Mike Stiele

Wettbewerb im Bankensektor

GABLER EDITION WISSENSCHAFT

Mike Stiele

Wettbewerb im Bankensektor

Eine Untersuchung unter besonderer Berücksichtigung des Wettbewerbsverhaltens der Sparkassen

Mit einem Geleitwort von Prof. Dr. Horst Gischer

GABLER EDITION WISSENSCHAFT

Bibliografische Information der Deutschen Nationalbibliothek
Die Deutsche Nationalbibliothek verzeichnet diese Publikation in der Deutschen Nationalbibliografie; detaillierte bibliografische Daten sind im Internet über <http://dnb.d-nb.de> abrufbar.

Zugleich: an der Fakultät für Wirtschaftswissenschaften der Otto-von-Guericke-Universität Magdeburg unter dem Titel *Wettbewerb im Bankensektor. Eine Untersuchung unter besonderer Berücksichtigung des Wettbewerbsverhaltens der Sparkassen* vorgelegte und angenommene Inauguraldissertation. Datum der Disputation: 10. 04. 2008

1. Auflage 2008

Lektorat: Frauke Schindler / Jutta Hinrichsen

Gabler ist Teil der Fachverlagsgruppe Springer Science+Business Media.
www.gabler.de

Umschlaggestaltung: Regine Zimmer, Dipl.-Designerin, Frankfurt/Main
Gedruckt auf säurefreiem und chlorfrei gebleichtem Papier
Printed in Germany

ISBN 978-3-8349-1214-5

FÜR SUSANNE

Geleitwort

Ein wesentliches Merkmal marktwirtschaftlicher Systeme ist der möglichst unbehinderte Wettbewerb unter Anbietern und Nachfragern. Die theoretisch gestützte Vorstellung effizienter, preisgeräumter Märkte steht in einem engen Zusammenhang mit der simultanen Realisierung größtmöglicher gesamtwirtschaftlicher Wohlfahrt. Gleichwohl räumen Ökonomen ein, dass es einzelne Bereiche einer Volkswirtschaft geben kann, in denen das wohlfeile „freie Spiel der Kräfte" aus unterschiedlichen Gründen nicht zum gewünschten Ergebnis führt. Ein derartiges Marktversagen erfordert begleitende oder korrigierende Maßnahmen, beispielsweise über staatliche Regulierung oder rechtliche Sonderregelungen.

Der volkswirtschaftlichen Bedeutung des Kreditsektors wird in zahlreichen Industrieländern durch eine explizite Bankenaufsicht Rechnung getragen, nicht selten ergänzt durch umfangreiche Einzelvorschriften analog zum Gesetz über das Kreditwesen (KWG) in Deutschland. Zudem sind auch die institutionellen Akteure auf den nationalen oder internationalen Kreditmärkten nicht homogen, sondern unterscheiden sich z.B. durch ihre spezifische Eigentümerstruktur. Dies gilt im Besonderen für die öffentlich-rechtlichen Kreditinstitute in Deutschland. Ihre im internationalen Vergleich außergewöhnliche Rechtsform führt regelmäßig zu Fehlinterpretationen ihrer Stellung auf dem inländischen Bankenmarkt. Nicht selten wird das Regionalprinzip der deutschen Sparkassen mit einer monopolähnlichen Marktposition gleichgesetzt, ohne zu berücksichtigen, dass alle einschlägigen Vorschriften von Kreditwesen- und Kartellgesetz auch für die öffentlich-rechtlichen Institute gelten.

Vor diesem Hintergrund ist die wissenschaftliche Motivation der vorliegenden Untersuchung einzuordnen. Mike Stiele legt mit seiner Arbeit eine hochaktuelle und tiefgehende Analyse der Wettbewerbsbedingungen deutscher Sparkassen vor. Besonders hervorzuheben ist die kritische Auseinandersetzung mit den vielfältigen, einander bisweilen widersprechenden Verfahren der Messung kompetitiver Marktverhältnisse. Der Verfasser deckt die Schwächen der zumeist deskriptiven Konzepte nachvollziehbar und wohl begründet auf, um ein alternatives Modell in die Diskussion einzuführen, welches ein belastbares und empirisch nutzbares theoretisches Fundament aufweist.

Mike Stiele wendet sich damit einem in Deutschland bislang noch wenig beachteten Zweig der Wettbewerbsforschung zu, der unter dem Rubrum „New Empirical Industrial Organization“ in der internationalen Literatur seit einigen Jahren zunehmend an Bedeutung gewinnt. Es ist ein weiteres Verdienst seiner Arbeit, durch die detaillierte Aufbereitung des sog. Panzar-Rosse-Konzeptes das Spektrum der zukünftigen Untersuchungen von Wettbewerbsbedingungen in einzelnen Märkten und Branchen fruchtbar zu erweitern.

Der Verfasser begründet in seinen Ergebnissen die außerordentlich stabile und bedarfsorientierte Ausgestaltung des deutschen Bankensystems. Er lässt an der Zweckmäßigkeit und Zukunftsfähigkeit des „Drei-Säulen-Prinzips“ keinen Zweifel. Er beschreibt fundiert und nachvollziehbar die Folgen der gravierenden Anpassungsprozesse vor allem in den peripheren Räumen der Bundesrepublik Deutschland. Die dort bestehenden Verhältnisse sind Ausdruck der unterschiedlichen Geschäftsmodelle der einzelnen Bankengruppen. Er konstatiert und belegt nachdrücklich, dass der relative Wettbewerbsvorsprung von Sparkassen in ländlichen Regionen nicht ursächlich mit ausgeübter Marktmacht begründet werden kann, sondern vielmehr mit dem freiwilligen Rückzug bisheriger Konkurrenten.

Die vorliegende Untersuchung richtet sich an einen breiten Kreis von Adressaten, an den ambitionierten Wissenschaftler ebenso wie an den erfahrenen Bankpraktiker. Es ist die gelungene Mischung aus präziser und analytischer Deskription der Verhältnisse bzw. Ergebnisse einerseits sowie der konzisen und ungemein sachkundigen Aufbereitung der z.T. sehr komplexen theoretischen Basis anderseits, die Stieles Monographie besonders lesenswert macht. Der Arbeit ist daher sowohl aus akademischer als auch aus wirtschaftspolitischer Perspektive eine weite Verbreitung zu wünschen.

Prof. Dr. Horst Gischer

Vorwort

Die vorliegende Schrift entstand während meiner Tätigkeit an der Professur für Volkswirtschaftslehre, insbesondere Geld und Kredit, in der Fakultät für Wirtschaftswissenschaft der Otto-von-Guericke-Universität Magdeburg. Während der Entstehungszeit - vom Reifen des Planes für die Arbeit im Jahr 2003 bis zur Fertigstellung im Frühjahr 2007 - habe ich umfangreiche Dankesschulden auf mich geladen, für deren Abtragung die Veröffentlichung eine ausgezeichnete Gelegenheit bietet.

Zunächst will ich meiner lieben Frau Susanne danken - ihre Großzügigkeit und Toleranz gegenüber häufiger körperlicher und geistiger Abwesenheit meinerseits habe ich in den letzten Jahren allzu oft in Anspruch genommen. Bei meinen Eltern bedanke ich mich für die Unterstützung auf meinem bisherigen Lebensweg.

Meinem Doktorvater, Herrn Prof. Dr. Horst Gischer, danke ich für die Gewährung der notwendigen zeitlichen und geistigen Freiheiten, ohne die ein solches Unterfangen nach meiner Überzeugung unmöglich gedeihen kann, für wertvolle Vor- und Ratschläge, die die Arbeit beförderten, sowie für viele erfrischende Diskussionen. Ein herzlicher Dank geht an meine Kollegen Mirko Weiß und Guido Henkel für die gute Zusammenarbeit; an Guido besonders für unzählige inspirierende Hinweise und Debatten, die mir über die Jahre neue An- und Einsichten auch jenseits des zuweilen (zu) engen Blickwinkels der Ökonomen vermittelt haben, sowie für das Korrekturlesen einer Vorabversion der Arbeit.

Ferner danke ich Herrn Prof. Dr. Bernhard Herz für die Übernahme des Zweitgutachtens. Ein besonderer Dank gilt schließlich dem Deutschen Sparkassen- und Giroverband und der Wissenschaftsförderung der Sparkassen-Finanzgruppe e.V. für die gewährte Unterstützung.

Magdeburg, im Juni 2008 Mike Stiele

Inhaltsverzeichnis

1 Einleitung

1.1 Motivation

Unter den ökonomischen Themen, die auch in der Politik und der breiteren Öffentlichkeit eine erhöhte Aufmerksamkeit genießen, nehmen Fragestellungen des Wettbewerbs auf Märkten einen prominenten Platz ein. So bieten etwa die spezifischen Situationen in der Energieversorgung und der Mineralölwirtschaft vielfältige Anlässe zu Diskussionen, in denen Wettbewerbsargumente eine zentrale Rolle spielen. Aktuell steht mit dem Gesundheitswesen ein weiterer Bereich im Fokus, bei dem man sich durch stärkeren Wettbewerb positive Effekte erhofft. Es fällt auf, dass allenthalben zwar die segensreichen Wirkungen des Wettbewerbs beschworen und deshalb seine Intensivierung gefordert wird (erinnert sei nur daran, dass die Gesundheitsreform 2007 den Gesetzgebungsprozess unter dem Titel „Wettbewerbsstärkungsgesetz“ durchlaufen hat), aber wie Wettbewerb konkret gemessen werden soll, bleibt regelmäßig unklar.

Häufig wird vermutet, dass sich Anbieter auf den genannten Märkten zum Schaden der Verbraucher in ihrem Verhalten abstimmen würden, möglicherweise sogar zu Kartellen zusammengeschlossen hätten und so den Wettbewerb außer Kraft setzten. Dies führt unmittelbar zu der Frage, wie eruiert werden kann, ob auf einem bestimmten Markt Wettbewerb herrscht. Gelegentlich wird in diesen Debatten der Eindruck vermittelt, dass bereits die Tatsache, dass unterschiedliche Anbieter auf einem Markt den gleichen Preis fordern, als Indiz für abgestimmtes Verhalten gewertet werden kann. Aus ökonomischer Sicht ginge ein solcher Schluss gänzlich fehl, weist doch das Law of Indifference (Gesetz der Unterschiedslosigkeit der Preise)[1] darauf hin, dass auch auf einem vollkommenen Wettbewerbsmarkt ein einheitlicher Preis entsteht.

Kann aus dem entgegengesetzten Fall, dem Bestehen unterschiedlicher Preise auf einem Markt, irgendein Schluss auf die Wettbewerbssituation gezogen werden? Wohl kaum, auch

[1] Vgl. Jevons (1879), S. 98 f.

diese Preise können sowohl das Ergebnis von Absprachen unter den Anbietern als auch das Ergebnis eines Wettbewerbsprozesses sein, wobei sich die Produkte möglicherweise qualitativ unterscheiden oder - trotz homogener Produkte - unterschiedliche Preise zustande kommen, etwa weil aufgrund unvollständiger Informationen der Marktteilnehmer eine Angleichung der Preise dauerhaft behindert wird. Zur Beurteilung der Konkurrenzsituation auf einem Markt reicht die alleinige Betrachtung des augenblicklich herrschenden Preisgefüges offensichtlich nicht aus und die Überlegungen illustrieren, dass die Bestimmung der Wettbewerbsverhältnisse auf einem Markt mitnichten ein triviales Unterfangen ist.

Diese Arbeit widmet sich dem Wettbewerb im deutschen Bankensektor. Die informationsökonomisch fundierte Weiterentwicklung der Banktheorie hat in den letzten rund 25 Jahren deutlich gemacht, dass die besonderen Eigenschaften der Beziehungen zwischen Kreditgebern und -nehmern erhebliche Einschränkungen des kompetitiven Potentials verursachen können. Hinzu tritt, dass der Bankensektor in der Bundesrepublik Deutschland wie auch in anderen Ländern erheblichen aufsichtsrechtlichen Vorschriften unterworfen ist, wodurch die Wettbewerbsintensität ebenfalls verringert werden kann. Im scharfen Gegensatz hierzu wird der Wettbewerb auf dem deutschen Bankenmarkt insbesondere im sogenannten Zinsgeschäft regelmäßig als überaus hart charakterisiert.

In zwei kontrovers diskutierten Veröffentlichungen hat der Internationale Währungsfonds die besondere Struktur des deutschen Bankensystems mit Fragestellungen des Wettbewerbs und der Performance des Systems verknüpft.[2] In den Debatten zu diesem Thema wird neben der vorgeblich zu starren Struktur des Drei-Säulen-Systems häufig auf den geringen Konsolidierungsgrad des Bankensektors in Deutschland verwiesen. In seinem Jahresbericht 2004/2005 hat der Sachverständigenrat zur Begutachtung der gesamtwirtschaftlichen Entwicklung dargelegt, dass aufgrund der vielfältig denkbaren Interdependenzen zwischen Bankenstruktur und Wettbewerbsgrad bei der Beurteilung eines Bankensystems keine einfachen, holzschnittartigen Antworten erwartet werden dürfen. Nach seiner Auffassung wird eine entsprechende Betrachtung des deutschen Bankensektors dadurch erschwert, dass „angesichts der oftmals theoretisch nicht eindeutig entscheidbaren Fragen eine befriedigende Antwort letztlich auf fundierten empirischen Analysen fußen muss. Diesbezüglich steht die Forschung

[2] Vgl. IMF (2003) und Brunner et. al. (2004).

hinsichtlich der für Deutschland spezifischen Probleme erst am Anfang."[3] Hierzu einen Beitrag zu leisten, ist Ziel dieser Arbeit. Die zentralen Fragen lauten: Wie lässt sich auf dem Bankenmarkt das vielschichtige Phänomen Wettbewerb quantitativ erfassen? Und: Wie verhalten sich Sparkassen im Wettbewerb? Die Untersuchung wird sich damit einer Institutsgruppe widmen, die in den aktuellen Debatten um die Situation des deutschen Bankensektors eine herausragende Rolle spielt.

1.2 Gang der Untersuchung

Kapitel 2 erörtert den Raison d'être der Banken und beleuchtet die besondere Rolle dieser Institutionen im Wirtschaftssystem. Die Fragen nach den Gründen der Existenz und den Funktionen von Banken dienen der genaueren Charakterisierung des Untersuchungsgegenstandes Bank und seines Umfeldes im Lichte der modernen Banktheorie und ermöglichen eine erste Einschätzung über die Natur des Wettbewerbs auf dem Kreditmarkt. Kapitel 3 beschäftigt sich detailliert mit den institutionellen Verhältnissen und Rahmenbedingungen auf dem deutschen Bankenmarkt und geht dabei auch auf aktuelle Diskussionen über die rechtlichen und wirtschaftlichen Gegebenheiten auf diesem Markt ein.

Vor diesem Hintergrund setzt sich das 4. Kapitel mit verschiedenen Verfahren der Wettbewerbsmessung auseinander und prüft ihre Eignung zur Untersuchung des Wettbewerbs auf dem angesprochenen Markt. Klassische Verfahren der Bestimmung der Wettbewerbssituation mit marktstrukturellen Größen stellen sich, soviel sei bereits vorweggenommen, unter verschiedenen Aspekten als unbefriedigend heraus. Kapitel 5 widmet sich daher mit dem Ansatz von Panzar und Rosse einem besonders aussichtsreichen Verfahren zur empirischen Bestimmung der Wettbewerbsintensität. Methodische Vorüberlegungen für die Implementation dieses Ansatzes und eine eingehende Darstellung der Datengrundlagen für die empirische Schätzung bestimmen das 6. Kapitel. Im Kapitel 7 erfolgt die Untersuchung des Wettbewerbsverhaltens der Sparkassen in West- und Ostdeutschland. Daran anschließend werden Differenzen in der Modellierung zwischen in der Literatur verwendeten Spezifikationen und der hier gewählten eruiert. Das 8. Kapitel fasst die Ergebnisse der empirischen Untersuchung zusammen und bildet den Schluss der vorliegenden Arbeit.

[3] Sachverständigenrat (2004), Ziff. 354.

2 Existenz und Funktionen von Banken im Wirtschaftssystem

Moderne Volkswirtschaften sind ohne das reibungslose Funktionieren eines Bankensektors undenkbar. Private Haushalte, Staat und Unternehmen nutzen auf vielfältige Weise die von Banken angebotenen Leistungen, als Beispiele seien hier nur die Abwicklung des bargeldlosen Zahlungsverkehrs und die Kreditvergabe genannt. Die folgenden Ausführungen sollen verdeutlichen, warum Banken existieren und welche Funktionen sie in einer Volkswirtschaft erfüllen. Die Diskussion konzentriert sich auf die finanzwirtschaftliche Bedeutung dieser Institutionen. Von monetären Aspekten, etwa der Rolle der Banken im Rahmen der geldpolitischen Transmission, wird abgesehen.[4]

2.1 Transformationsfunktionen der Banken

Kern der Tätigkeit einer Bank ist die Finanzintermediation. Als Finanzintermediär[5] erhält eine Bank gegen Zahlung von Zinsen Kapital von Depositenkunden und reicht dieses Kapital, ebenfalls gegen Zahlung von Zinsen, an andere Wirtschaftssubjekte weiter. Da in der Regel die Vorstellungen der potentiellen Kapitalgeber und -nehmer hinsichtlich der Fristigkeit, des Volumens sowie der Riskantheit des anzulegenden bzw. aufzunehmenden Betrages nicht übereinstimmen, nehmen die Banken hier eine Transformationsfunktion wahr. Adolph Wagner hat schon vor 150 Jahren die Fristen-, Losgrößen- und Risikotransformation als die wesentlichen Funktionen einer Bank herausgearbeitet.[6] Die bankwissenschaftliche Literatur nennt außerdem die Liquiditätstransformation als weitere Leistung von Banken, die mit den anderen Funktionen in engem Zusammenhang steht.[7] Ferner lässt sich eine räumliche Transformationsfunktion erkennen, da Banken regionale Unterschiede überbrücken und so

4 Vgl. hierzu z.B. die ausführlichen Darstellungen in Vathje (1998) und Küppers (2000).

5 Die Begriffe „Finanzintermediär" und „Bank" sind nicht synonym, da auch andere Institutionen, beispielsweise Versicherungen, die beschriebene Intermediationsfunktion teilweise wahrnehmen. In einem weiteren Sinne können auch Institutionen, die Informationen „produzieren" und damit die Intermediation erleichtern (Bsp.: Rating-Agenturen), als Finanzintermediäre bezeichnet werden - vgl. Ramakrishnan/Thakor (1984). Im Folgenden soll jedoch unter einem Finanzintermediär stets eine - das Einlagen- und Kreditgeschäft betreibende - Bank verstanden werden.

6 Vgl. Wagner (1857).

7 Vgl. etwa Büsselmann (1993), S. 12.

gegebenenfalls ein Überschussangebot an Kapital an einem Ort für die Kreditvergabe andernorts nutzen.[8]

Typischerweise sind die einzelnen Einlagen von Depositenkunden bei den Banken kurzfristiger Natur und haben einen relativ geringen Umfang. Außerdem werden bevorzugt risikoarme Anlagemöglichkeiten gewünscht, die im Notfall kurzfristig liquidierbar sein sollen. Unternehmen hingegen fragen häufig langfristige Kredite mit großen Volumina nach, die in riskante, kurzfristig nicht liquidierbare Projekte investiert werden. Die Bank ist daher mit gänzlich unterschiedlichen Präferenzen ihrer Kundschaft auf beiden Seiten konfrontiert.

Im Rahmen der Losgrößentransformation sammelt eine Bank das Kapital vieler Kleinanleger ein und wandelt es in wenige, großvolumige Kredite. Aufgrund des Diversifikationseffektes lassen sich Portefeuilles riskanter Kreditausleihungen mittels risikoarmer Anlagemöglichkeiten für Sparer finanzieren (Risikotransformation).[9] Viele kurzfristige Einlagen bei Banken (Sichteinlagen, Tages- und Monatsgelder usw.) weisen eine höhere tatsächliche Verweildauer in der Bank auf, als dies vertraglich zwischen der Bank und den Einlegern vereinbart wurde. Es existiert ständig ein Bodensatz von eigentlich fälligen Einlagen, denen faktisch eine höhere Fristigkeit zugeordnet werden kann, weil die Bank von einer regelmäßigen Prolongation dieser Gelder ausgeht.[10] So können bei der Fristentransformation langfristige Ausleihungen durch Prolongation kurzfristiger Einlagen bzw. durch Substitution abgezogener Einlagen durch neue Einlagen finanziert werden. Der Bodensatz lässt sich auch zur Liquiditätstransformation nutzen, d.h. illiquide Ausleihungen in Form von Krediten können durch liquide Einlagen finanziert werden. Fristen- und Liquiditätstransformation sind allerdings dafür verantwortlich, dass Banken der Gefahr überraschender, nicht eingeplanter Abzüge von

---

8 So beispielsweise schon Schmalenbach (1933), S. 112.

9 Hier zeigt sich eine starke Ähnlichkeit zur Tätigkeit einer Versicherung, die relativ sichere Einzahlungen (Prämien) erhält und daraus riskante Auszahlungen (Regulierung von Schadensfällen) leisten muss.

10 Hierzu Wagner sehr anschaulich: „Es wäre ganz richtig zu sagen, ein stets fälliges Deposit darf nicht verwendet werden, aber es ist ganz unrichtig, daraus den Schluss zu ziehen, dass 1000 stets fällige Depositen ebenfalls nicht verwendet werden dürfen." (Wagner (1857), S. 167.) Zur Frage, wieviel die Bank ausleihen darf, verweist Wagner auf die Erfahrung: „Sie darf also nur so weit gehen, dass sie die Depositen immer nur dann verwendet, wenn sie von ihren Eigenthümern nicht gebraucht würden. Da sie nun bei sich eine grosse Menge von Depositen stehen hat, so kann sie davon immer einen Theil ohne Risiko anlegen, indem sie die Ansprüche des Einen, dessen Depositum etwa gerade ausgeliehen ist - wenn man sich die Sache einmal so zerlegt denkt - mit dem noch vorhandenen Depositum des Andern deckt, welcher augenblicklich desselben nicht bedarf. Eben Beobachtung muss dann hier die Bank leiten, wie sie zu handeln habe." (Wagner (1857), S. 169.)

Einlagen ausgesetzt sind. Dies bildet die Grundlage für das Problem der sogenannten Bank Runs.

Auslöser für einen Bank Run können negative Nachrichten sein, die ein Anleger über seine Bank erhält, zum Beispiel die mögliche Insolvenz eines Großkreditnehmers der Bank oder hohe drohende Verluste aufgrund riskanter Engagements an den Kapitalmärkten.[11] Der Anleger steht dann vor der Frage, ob er seine Einlagen bei dieser Bank jetzt schnell abzieht, oder ob er die weitere Entwicklung abwartet. Dabei riskiert er, seine Einlagen ganz oder teilweise zu verlieren, falls die Bank tatsächlich zahlungsunfähig wird. Der Kunde reagiert deshalb in der Regel auf den Vertrauensverlust in eine Bank mit dem sofortigen Abzug seiner Anlagen. Das Verhalten des Einlegers impliziert einen negativen externen Effekt, weil die Liquiditätssituation der Bank durch den Abzug der Einlagen des betreffenden Kunden weiter verschärft wird und die Wahrscheinlichkeit, die Ansprüche der anderen Einleger befriedigen zu können, sinkt. Da die Kunden um diese Problematik wissen, kommt es zu einem regelrechten Wettrennen um den schnellstmöglichen Abzug der Einlagen. Weil die Ausleihungen einer Bank aber in aller Regel illiquider als die Einlagen sind, ist das Ergebnis dieses Runs die Zahlungsunfähigkeit der Bank.[12]

Zu einer Gefahr für die gesamte Volkswirtschaft wird dieser Run auf eine einzelne Bank, wenn er sich zu einem allgemeinen Bank Run ausweitet. Da die Einleger nur über geringe Informationen über das spezifische Risikoprofil einer Bank verfügen, können sie zwischen den verschiedenen Risikopositionen der Banken nicht unterscheiden. Sie werden deshalb von den Schwierigkeiten der einen Bank auf mögliche Probleme bei anderen Banken schließen. Aufgrund dieser Homogenitätsannahme kann es nun zu einem Run auch auf die anderen Banken kommen. So können auch von den ursprünglichen Problemen nicht betroffene Banken insolvent werden und schließlich das gesamte Bankensystem in Gefahr geraten.[13] Man bezeichnet dieses Risiko als Systemrisiko (Systemic Risk) des Bankensektors.[14] Die Problematik soll an dieser Stelle nicht weiter vertieft werden, es sei lediglich noch darauf

[11] Es ist dabei letztlich unerheblich, ob diese Nachrichten begründet oder unbegründet sind. Entscheidend ist vielmehr, dass diese Nachrichten glaubwürdig erscheinen.

[12] Vgl. Diamond/Dybvig (1983) und Wallace (1988).

[13] Neben der hier skizzierten Übertragung durch Einleger sind auch andere Übertragungswege für sogenannte Dominoeffekte im Bankensystem denkbar - vgl. Körnert (1998), S. 102 ff.

[14] Eine detaillierte Diskussion des Begriffs sowie einen Überblick über die theoretische und empirische Literatur zum Systemrisiko des Bankensektors geben De Bandt/Hartmann (2002) und Summer (2003).

hingewiesen, dass diese Gefährdung der Stabilität und Funktionsfähigkeit des Bankensystems durch Dominoeffekte letztlich den entscheidenden Grund für die Regulierung des Bankensektors liefert.[15]

2.2 Transformation über Kapitalmärkte

Die genannten Funktionen der Banken erklären noch nicht, warum zur Wahrnehmung dieser Funktionen spezielle Institutionen erforderlich sind. Mit anderen Worten: Warum können Unternehmen nicht auf direktem Wege von den Sparern bzw. über Kapitalmärkte finanziert werden? Unter direkter Finanzierung soll dabei die Finanzierung von Unternehmen ohne Einschluss eines Intermediärs verstanden werden. Hier sind zwei Varianten denkbar: der Abschluss individuell ausgehandelter und angepasster Finanzierungsverträge zwischen Unternehmen und einzelnen Sparern sowie die Finanzierung über anonyme Kapitalmärkte. Die Finanzierung über Kapitalmärkte unterscheidet sich vom Abschluss individueller Finanzierungsverträge, welche die Rechte und Pflichten (insbesondere Zahlungspflichten) jedes Vertragspartners detailliert regeln würden, durch die Standardisierung. Diese ermöglicht die Emission handelbarer Titel (Aktien, Anleihen etc.) mit festgeschriebenen Charakteristika.

Auch über Kapitalmärkte können offenbar Transformationsleistungen erbracht werden. So ermöglicht die Emission von Anleihen Unternehmen die Finanzierung großvolumiger Investitionen, wobei sich aufgrund der Stückelung Sparer individuell in einem für sie akzeptablen Umfang an der Finanzierung beteiligen können (Losgrößentransformation). Durch die Handelbarkeit der Anteile an einem Sekundärmarkt können langfristige Investitionen finanziert werden, trotzdem können sich einzelne Anleger auch kurzfristig durch Verkauf von ihren Anteilen trennen (Fristentransformation).[16] Schließlich ermöglicht die Anlage überschüssiger Mittel in Anleihen verschiedener Firmen den Sparern, sich ein relativ risikoarmes Portefeuille zusammenzustellen, während die mit den Anleihen finanzierten Investitionen jeweils riskanter Natur sein können (Risikotransformation).

[15] Vgl. z.B. Büsselmann (1993), S. 39 f.
[16] Dies gilt selbstverständlich nicht für die Gesamtheit der Anleger zu einem gegebenen Zeitpunkt. Ebensowenig wie bei den Bankeinlagen können bei der Anleihe alle Anleger gleichzeitig „zur Tür hinaus".

Augenscheinlich können die den Banken zugeschriebenen Transformationsleistungen auch von Kapitalmärkten erbracht werden und es stellt sich die Frage, warum sich die Einschaltung einer zusätzlichen Institution, des Finanzintermediärs, lohnen sollte. Dabei ist zunächst zu ergründen, warum Unternehmen in der realen Wirtschaft überwiegend kreditfinanziert sind, bevor erklärt werden kann, warum diese Kredite vornehmlich von Banken bereitgestellt werden.

2.3 Der Kreditvertrag als Lösung des Problems der Informationsasymmetrie

Zunächst ist daher zu klären, welche Arten von Finanzierungsverträgen zwischen Kapitalnehmern (typischerweise Unternehmen) und Kapitalgebern (Banken/Sparern) abgeschlossen werden. Dabei kann grundsätzlich zwischen Beteiligungsfinanzierung und Kreditfinanzierung unterschieden werden.[17] Die Beteiligungsfinanzierung ist dadurch charakterisiert, dass aus einer Beteiligung am Eigenkapital in Höhe eines Prozentsatzes x am Ende der Periode ein Anspruch entsteht auf x Prozent des Gewinns, der nach Befriedigung etwaiger Ansprüche von Fremdkapitalgebern verbleibt. Sollte durch die Befriedigung der Gläubiger kein Gewinn verbleiben, so gehen die Eigenkapitalgeber leer aus. Im Unterschied dazu hat der Kreditgeber einen Festbetragsanspruch, der auf Rückzahlung des von ihm eingesetzten Kapitals zuzüglich der vereinbarten Zinsen lautet. Sollten die Ansprüche der Gläubiger nicht befriedigt werden können, so tritt der Konkursfall ein und die Gläubiger erhalten das Unternehmensvermögen.

Eine zentrale Erkenntnis der neoklassischen Finanzierungstheorie besteht darin, dass unter den Bedingungen eines vollkommenen Kapitalmarktes für die Bewertung der Vorteilhaftigkeit eines Projektes bzw. den Wert eines Unternehmens, welches ein oder mehrere Projekte durchführt, die Art der Finanzierung des Projektes bzw. des Unternehmens irrelevant ist. Für den Wert eines Unternehmens ist vielmehr der leistungswirtschaftliche Rückstrom, der aus den Projekten erwirtschaftet wird, maßgeblich und nicht, wie dieser Rückstrom im Nachhinein zwischen verschiedenen Gruppen von Kapitalgebern aufgeteilt wird (Modigliani-Miller-Theorem).[18] Demnach sollte keine bestimmte Präferenz für eine der Finanzierungs-

[17] Von Mischformen (Mezzanine) soll aus Vereinfachungsgründen abgesehen werden.
[18] Vgl. Modigliani/Miller (1958), S. 268 f.

formen existieren. In der Praxis ist jedoch zu beobachten, dass Unternehmen überwiegend fremdfinanziert sind. Wie kann man dies erklären?

Nach Gale/Hellwig (1985) ist der Kreditvertrag das Ergebnis einer ex-post-Informationsasymmetrie hinsichtlich der von einem Unternehmer erzielten Rückflüsse aus seinem Projekt.[19] Ausgangspunkt der Betrachtungen ist ein risikoneutraler Unternehmer, der zum Zeitpunkt 0 einen gewissen Betrag in ein Projekt investiert, welches zum Zeitpunkt 1 einen unsicheren Rückstrom y(s) in Abhängigkeit des eingetretenen Umweltzustandes s und der getätigten Investitionshöhe[20] liefert. Sein vorhandenes Vermögen reicht nicht aus, um das Projekt durchzuführen. Es existieren jedoch potentielle Kapitalgeber, die sich risikoneutral verhalten und bereit wären, das Projekt zu finanzieren, wenn sich dadurch das von ihnen eingesetzte Kapital K mindestens mit der am kompetitiven Kapitalmarkt herrschenden sicheren Rendite i verzinst. Die Investoren können annahmegemäß in unbegrenzter Höhe Finanzkapital am Kapitalmarkt zum risikolosen Zinssatz aufnehmen, daher erhält ein Unternehmer nur von einem Investor Kapital. Hinsichtlich des eingetretenen Umweltzustandes besteht zum Zeitpunkt 1 eine Informationsasymmetrie: Während der Unternehmer den Zustand und damit den Projektrückstrom y feststellen kann, ist dies dem Kapitalgeber nur zu (fixen) Kosten von c möglich.

Der Gewinn des Unternehmers im Zeitpunkt 1 ergibt sich aus dem Projektrückfluss y abzüglich seiner Zahlung z an den Investor. Aufgrund der Informationsasymmetrie hat der Unternehmer einen Anreiz, den Kapitalgeber über den Projektausgang zu täuschen und mit Verweis auf einen schlechten Projektausgang nur eine geringe Zahlung an diesen zu leisten. Der Investor kann diesen Täuschungsversuch durch Beobachtung aufdecken. Die kostenträchtige Beobachtung erfolgt jedoch nicht in allen Umweltzuständen, sondern nur, wenn sie vom Investor gewünscht wird. Dies wird in einer Beobachtungsvariable B(s) festgehalten, die den Wert Eins annimmt, falls die Beobachtung erfolgt, und den Wert Null in allen sonstigen Zuständen. Es ist unmittelbar ersichtlich, dass ein Vertrag, der eine Beteiligung am Eigenkapital vorsieht, nicht sinnvoll ist. In diesem Fall könnte der Unternehmer seinen Kapital-

[19] Vgl. Gale/Hellwig (1985), S. 650 ff.

[20] Die Abhängigkeit von der Investitionshöhe ist ebenso wie die exakte Höhe der anfänglichen Vermögensausstattung des Unternehmers inessentiell, da sie die Entscheidung über die optimale Form des Finanzierungsvertrages zwischen Kapitalgeber und Unternehmer nicht beeinflusst. Vgl. zum vereinfachten Gale/Hellwig-Modell z.B. Freixas/Rochet (1997), S. 95 ff. oder Hartmann-Wendels/Pfingsten/Weber (2004), S. 136 ff.

geber immer über den Ausgang des Projektes täuschen. Um dies zu vermeiden, müsste in allen Umweltzuständen beobachtet werden.

Eine Alternative stellt der Abschluss eines anreizkompatiblen Vertrages dar, der den Unternehmer motiviert, zum Zeitpunkt 0 vereinbarte Zahlungen auch tatsächlich im Zeitpunkt 1 zu leisten. Es lässt sich zeigen, dass ein Vertrag nur dann anreizkompatibel ist, wenn gilt:

1. Wenn $B(s) = 0$, dann $z(s) = h$.
2. Wenn $B(s_1) = 0$ und $B(s_2) = 1$ sowie $z(s_1) \leq y(s_2)$, dann $z(s_2) \leq z(s_1)$.

Gemäß der ersten Bedingung ist die Rückzahlung in allen nichtbeobachteten Zuständen eine Konstante h. Dies muss erfüllt sein, da der Unternehmer sonst stets einen anderen nichtbeobachteten Zustand angibt, in dem seine Zahlung geringer ist. Die zweite Bedingung stellt eine Anforderung an eine Kombination aus zwei Zuständen s_1 und s_2. Im wahren Zustand s_2 wäre es dem Unternehmer möglich zu lügen, weil sein Vermögen in diesem Zustand größer ist als die Zahlung, die er bei erfolgreichem Vortäuschen des Zustandes s_1 leisten müsste.[21] Zur Herstellung der Anreizkompatibilität muss in einem solchen Zustand die Zahlungsverpflichtung geringer sein als im Zustand s_1. Wäre diese Bedingung nicht erfüllt, würde der Unternehmer einen anderen, nichtbeobachteten Zustand vortäuschen, weil seine Zahlungsverpflichtung in diesem Zustand geringer ist.

Der optimale Vertrag zwischen Unternehmer und Investor ergibt sich nun durch Wahl eines Zahlungs- und Beobachtungsschemas als Lösung des Problems:

$$\begin{aligned} & \max_{z,B} E\left[y(s)-z(s)\right], \\ \textit{wobei} \quad & z(s) \leq y(s), \\ \textit{und} \quad & E\left[z(s)-cB(s)\right] \geq (1+i)K. \end{aligned}$$

Der optimale Vertrag maximiert den erwarteten Überschuss des Unternehmers, wobei die Rückzahlung des Unternehmers nicht höher ausfallen kann als der tatsächliche Projektrückfluss. Ferner muss der erwartete Ertrag des Investors nach Abzug der Beobachtungskosten

[21] Im entgegengesetzten Fall $z(s_1) > y(s_2)$ kann der Unternehmer aufgrund des nicht ausreichenden Vermögens den Zustand s_1 nicht vortäuschen.

mindestens dem Rückzahlungsbetrag aus einer alternativen Anlage am Kapitalmarkt entsprechen.

Die Lösung des Problems stellt der Standardkreditvertrag (Standard Debt Contract - SDC) dar, in dem eine feste Rückzahlungsverpflichtung h vereinbart wird.[22] Es gilt:

1. Falls $y(s) \geq h$, dann $z(s) = h$ und $B(s) = 0$ (normale Rückzahlung).
2. Falls $y(s) < h$, dann $z(s) = y(s)$ und $B(s) = 1$ (Konkurs).

Liegt der Projektertrag über der Rückzahlungsschwelle, dann leistet der Unternehmer die vereinbarte Rückzahlung und es fallen keinerlei Beobachtungskosten an. Die Beobachtungskosten fallen nur im Konkursfall an, wenn der Unternehmer die vereinbarte Zahlung nicht leisten kann. Der Unternehmer erhält in diesem Fall nichts, weil der Investor mit y(s) so viel wie möglich erhält. Die maximale Zahlung an den Investor im Konkursfall erlaubt nämlich die Minimierung der Rückzahlungsschwelle und infolgedessen die Minimierung der Eintrittswahrscheinlichkeit für einen Konkurs und dadurch der erwarteten Beobachtungskosten.[23]

Somit wird zwischen Unternehmer und Kapitalgeber ein Standardkreditvertrag abgeschlossen, weil dieser das Problem der ex-post-Informationsasymmetrie zu geringeren Kosten löst als jeder andere Finanzierungsvertrag, insbesondere als ein Beteiligungsvertrag.

2.4 Finanzintermediation - effizientes Instrument der Überwachung des Kreditnehmers

2.4.1 Marktunvollkommenheit als Schlüssel für die Existenz von Banken

Nachdem der Kreditvertrag als vorteilhaftes Instrument der Unternehmensfinanzierung erkannt wurde, ist die Frage zu beantworten, durch wen die Kreditvergabe erfolgt. Während einige Firmen die Finanzierung über Märkte vornehmen (können), sind gleichzeitig andere Firmen nahezu ausschließlich auf den Bankkredit als Instrument der externen Unternehmensfinanzierung angewiesen. Wenn man jedoch einmal Finanzierung über Märkte und ein

[22] Vgl. Gale/Hellwig (1985), S. 655.
[23] Vgl. Gale/Hellwig (1985), S. 648.

anderes Mal die Finanzierung durch Einschaltung von Finanzintermediären beobachten kann, so muss es Gründe dafür geben, dass man auf die Existenz von Banken nicht verzichten kann.

In der Welt des friktionslosen (d.h. Abwesenheit von Unteilbarkeiten, Steuern, Transaktionskosten, Leerverkaufsbeschränkungen), vollständigen, kompetitiven und arbitragefreien Kapitalmarktes, in dem alle Teilnehmer über dieselben Informationen verfügen, spielen Finanzintermediäre keine Rolle. Sie sind bestenfalls redundante Institutionen, die am Geschehen nichts ändern. Berücksichtigt man zusätzlich, dass Intermediäre zum eigenen Betrieb notwendigerweise Kosten verursachen, so verschwinden diese Institutionen, da niemand bereit ist, diese Kosten zu tragen. Ihre Leistungen können nämlich auch durch direkte Beziehungen zwischen Kapitalgeber und -nehmer hergestellt werden. So werden beispielsweise alle vorteilhaften Projekte, d.h. Projekte, deren (risikoadäquat) diskontierte zukünftige Einzahlungen die heutigen Auszahlungen übersteigen, über den Markt finanziert werden. Nichtvorteilhafte Projekte finden dagegen auch keine Kapitalgeber. Mehr noch, durch den Handel von Wertpapieren mit zustandsabhängigen Auszahlungen auf vollkommenen Märkten kann auch eine effiziente Verteilung von Risiken erreicht werden.[24] Mit anderen Worten: Weder auf der Seite der Nachfrager von Finanzkapital noch auf der Seite der Anbieter ergibt sich irgendein Vorteil aus der Einführung eines Intermediärs.

Die Existenz von Banken muss daher auf die Unvollkommenheit von Kapitalmärkten zurückzuführen sein. In einem älteren Erklärungsansatz werden Finanzintermediäre als ein Instrument zur Reduzierung von Transaktionskosten angesehen, etwa weil die Einschaltung eines Intermediärs die Zahl der abzuschließenden Verträge zwischen Anbietern und Nachfragern von Kapital senkt[25] oder die Suche nach einem geeigneten Vertragspartner vereinfacht.[26] Als äußerst fruchtbar hat sich ein anderer Ansatz erwiesen, der die Gründe für die Existenz von Finanzintermediären in der Tatsache sucht, dass der reale Kapitalmarkt durch

---

[24] Vgl. Arrow (1964).

[25] Bei m Kapitalgebern, die insgesamt N Unternehmen finanzieren, wobei zur Diversifikation jeder Kapitalgeber zu einem gewissen Betrage in jedes Unternehmen investieren soll, sinkt die Zahl der abzuschließenden Verträge von mN durch Einschaltung eines Intermediärs auf m+N. Nimmt man an, dass die Kosten des Vertragsabschlusses fix sind oder zumindest nur unterproportional mit dem Finanzierungsvolumen steigen, so ergeben sich daraus für genügend große m und N erhebliche Einsparungen an Transaktionskosten.

[26] Einen Überblick über diesen Zweig der Literatur gibt Santomero (1984).

vielfältige Informationsasymmetrien gekennzeichnet ist.[27] Beginnend mit Bryant (1980) und Diamond/Dybvig (1983) wurden die Aktivitäten von Banken auf der Passivseite ihrer Bilanz erklärt (Bereitstellung von schnell liquidierbaren Anlagemöglichkeiten). Demnach sind Banken eine Versicherung, welche Akteure, die unvorhersehbaren Liquiditätsschocks ausgesetzt sind, vor den Folgen dieser Schocks schützt.

Mit Blick auf das Aktivgeschäft lässt sich die Existenz von Finanzintermediären mit Kostenvorteilen bei der Gewinnung von Informationen über Schuldner begründen. Die zu überwindenden Informationsasymmetrien zwischen Gläubigern und Schuldnern können zum einen bereits ex ante, d.h. vor Vertragsabschluss bestehen, weil Gläubiger etwa nicht erkennen können, ob es sich beim potentiellen Schuldner um ein gutes oder schlechtes Risiko handelt (Hidden Characteristics). Akerlof (1970) hat gezeigt, dass unter diesen Umständen der herkömmliche Marktmechanismus aufgrund negativer Auslese (Adverse Selection) versagt.[28]

Zum anderen kann ex post, d.h. nach Vertragsabschluss, eine Informationsasymmetrie beispielsweise dahingehend bestehen, wie der Schuldner das ihm überlassene Kapital verwendet (Hidden Action). Ist zwischen Kapitalgeber und Unternehmer ein Kreditvertrag abgeschlossen worden und hat der Unternehmer Zugriff auf unterschiedlich riskante Investitionsmöglichkeiten mit gleichem erwarteten Ertrag, so besteht für ihn ein Anreiz, auf ein riskanteres Projekt zu wechseln, weil er von positiven Projektausgängen profitiert, ohne von negativen geschädigt zu werden. Dieses Risikoanreizproblem (Asset Substitution Problem) ist ein Beispiel für die aus der nachvertraglichen Informationsasymmetrie resultierenden Probleme des Moral Hazard. Ein weiteres Beispiel hierfür ist die bereits im Zusammenhang mit dem Modell von Gale/Hellwig (1985) erwähnte ungleiche Informationsverteilung am Ende eines Projektes bezüglich der vom Unternehmer erwirtschafteten Rückflüsse. So sind die Kapitalgeber in der Praxis gewöhnlich nur schlecht oder gar nicht darüber informiert, welchen Rückfluss ein Unternehmer mit seinen Investitionen tatsächlich erwirtschaftet hat,

[27] Zur Entwicklung der informationsökonomischen Theorie der Finanzintermediation sowie der Begründung der Existenz von Intermediären vgl. Bhattacharya/Thakor (1993) und Gorton/Winton (2003).

[28] Neben dem vielzitierten Gebrauchtwagenmarkt werden von Akerlof als mögliche Anwendungsfälle Versicherungs-, Arbeits- und Kreditmärkte genannt. Das Marktversagen kann sich dabei nicht nur in der Verdrängung guter Qualitäten durch schlechte äußern, so dass nur noch mit den „Zitronen" gehandelt wird, sondern kann im Fall eines Kontinuums unterschiedlicher Qualitäten zum völligen Zusammenbruch des Marktes führen, so dass zu keinem Preis irgendein Handel zustandekommt - vgl. Akerlof (1970), S. 490 f.

und es besteht die Gefahr, dass der Unternehmer diesen Informationsnachteil der Kapitalgeber zu seinen Gunsten ausnutzt. Daraus resultiert für die Kapitalgeber die Notwendigkeit, den Unternehmer zu überwachen. Doch diese Überwachung verursacht Kosten.

Nimmt man an, dass von den Aktivitäten eines Kapitalgebers zur Überwachung auch andere Kapitalgeber profitieren, so nehmen die beobachteten Informationen den Charakter eines öffentlichen Gutes an, und es entsteht das bekannte Free-Rider-Problem. Jeder wird versuchen, von den Beobachtungen der anderen zu profitieren, und seinerseits nichts in die Beobachtung investieren.[29] Letztlich findet dann überhaupt keine Überwachung statt. Nimmt man aber an, dass die beobachteten Informationen nur jenen Gläubigern zur Verfügung stehen, die in die Beobachtung investieren, so ist das Resultat eine Vervielfachung der Aufwendungen zur Überwachung. Sind sehr viele Kapitalgeber involviert (und aufgrund der zuvor erwähnten Losgrößenproblematik wäre dies in der Realität nahezu immer der Fall), so können die Gesamtkosten extrem hoch sein.

Es mag daher von Vorteil sein, die Finanzierung indirekt, d.h. durch Einschaltung eines Finanzintermediärs vorzunehmen, und die Aufgabe der Überwachung an diesen Intermediär zu delegieren. Doch der möglichen Einsparung bei den Kosten der Überwachung des Unternehmers stehen zusätzliche Kosten für die Einschaltung des Intermediärs gegenüber, denn auch der Intermediär muss entweder überwacht werden oder mit Anreizen ausgestattet werden, die eine Überwachung durch die Kapitalgeber erübrigen. Diese Delegationskosten können so hoch sein, dass die Einschaltung eines Intermediärs nicht lohnt. Diamond lieferte 1984 das erste Modell, in dem diese Delegationskosten explizit berücksichtigt und analysiert werden.[30]

2.4.2 Modell-Annahmen und Vertrag ohne Überwachung

Im Einzelnen wird eine Ökonomie mit risikoneutralen Akteuren (Unternehmer und Kapitalgeber) betrachtet, in der es nur ein Gut gibt und die nur für eine Periode existiere.

[29] Im Modell von Gale/Hellwig (1985) wurde dieses Problem durch die Annahme ausgeschaltet, dass nur ein Kapitalgeber für die Finanzierung benötigt wird.

[30] Grundsätzliche Überlegungen hinsichtlich der Überwindung von Informationsasymmetrien durch Finanzintermediäre waren bereits zuvor geäußert worden - vgl. z.B. Leland/Pyle (1977), S. 382 ff.

Ausgangspunkt der Betrachtungen ist ein Unternehmer, der über keinerlei persönliches Vermögen verfüge. Er würde ein unteilbares Projekt mit Investitionsausgaben von 1 und unsicherem Rückstrom $\tilde{y}$ durchführen, falls er genügend Kapital beschaffen kann, um die notwendigen Ausgaben zu tätigen. Der erwartete Rückstrom aus dem Projekt übersteige den Rückfluss R aus einer sicheren Anlage.

Außerdem existieren risikoneutrale Investoren, deren verfügbares Vermögen jeweils 1/m betrage. Der Unternehmer kann daher sein Projekt durchführen, wenn er m dieser potentiellen Kapitalgeber überzeugt, dass ihr erwarteter Rückfluss aus einer Investition in sein Projekt mindestens R (bzw. R/m pro Investor) beträgt.

Am Beginn der Periode besteht eine Unsicherheit bezüglich der zukünftigen Realisation y des Projektrückstroms, es existiert zu diesem Zeitpunkt aber keine Informationsasymmetrie. Alle Individuen wissen, dass $\tilde{y}$ Werte zwischen 0 und einer endlichen Obergrenze annehmen kann, und stimmen über die Wahrscheinlichkeitsverteilung von $\tilde{y}$ überein. Welche Realisation von $\tilde{y}$ eintritt, kann nicht vom Unternehmer beeinflusst werden.

Zum Ende der Periode kann allerdings nur vom Unternehmer beobachtet werden, welche Realisation y tatsächlich vorliegt. Aufgrund dieser Informationsasymmetrie ist es für ihn immer möglich zu behaupten, dass ein niedriger Wert von y vorliegt. Die Differenz zwischen dem tatsächlichen y und seiner Zahlung z an die Investoren kann der Unternehmer für sich behalten. Da auch das Null-Ergebnis ein mögliches Projektresultat darstellt, könnte der Unternehmer sogar einen vollständigen Zahlungsausfall rechtfertigen. Damit die Gläubiger dem Unternehmer Kapital zur Verfügung stellen, müssen sie davon überzeugt sein, dass der Erwartungswert ihrer Rückflüsse mindestens R beträgt. Doch die erwähnte ex-post-Informationsasymmetrie scheint genau dies zu verhindern. Da die Gläubiger die Entwicklung antizipieren, wird kein Vertrag zustandekommen.

Dieses Problem lässt sich durch die Einführung von Anreizen, die den Unternehmer zu einer Zahlung $z>0$ motivieren, lösen. Eine Möglichkeit wäre die Aufnahme nicht-pekuniärer Penalties (Strafen) in die Verträge zwischen Gläubiger und Unternehmer. Diese Penalties erhält der Unternehmer, wenn die tatsächliche Rückzahlung z an die Gläubiger unter einen vereinbarten Wert h fällt. In der Realität treten solche Penalties in Form eines Verlustes an Reputation oder als Kosten eines entlassenen Managers für die Suche nach einem neuen Job auf. Auch die Zeit, die er zum Beispiel im Konkursverfahren verbringt, stellt einen solchen Penalty dar. Physische Bestrafung wäre - zumindest in moderner Zeit - sicherlich ein weniger realistisches Beispiel.[31]

Mit Hilfe dieser Penalties kann nun ein Vertrag geschlossen werden. Der optimale Kontrakt zwischen Unternehmer und Investoren muss folgende Anforderung erfüllen:

$$\max_P E\left[\max_z \tilde{y} - z - P(z)\right]$$

$$\textit{wobei} \qquad z \in \arg\max_{z\in[0,y]} y - z - P(z)$$

$$\textit{und} \qquad E[z] \geq R$$

Der optimale Vertrag maximiert den erwarteten Überschuss des Unternehmers. Dieser kann seine Zahlung z an die Gläubiger wählen, muss aber damit rechnen, einen Penalty P(z) zu erhalten. Der Penalty kann nur von z abhängig sein, denn dies ist die einzige für die Gläubiger direkt beobachtbare Größe. Falls der Unternehmer zwischen verschiedenen Werten von z indifferent ist, wählt er denjenigen, der von den Gläubigern bevorzugt wird. Schließlich muss der optimale Kontrakt den Gläubigern mindestens einen erwarteten Rückstrom in Höhe von R versprechen.

Im optimalen Vertrag lautet die Penalty-Funktion $P^*(z) = \max(h-z,0)$, wobei h die kleinstmögliche Lösung ist, für die gilt: $p(\tilde{y}<h) \cdot E[\tilde{y}|y<h] + p(\tilde{y}\geq h) \cdot h = R$.[32] Der optimale Vertrag ist also ein Kreditvertrag[33] mit einer festen Rückzahlungsverpflichtung in Höhe von h. Kommt der Unternehmer dieser Verpflichtung nicht nach, so sieht der Vertrag für ihn einen Penalty in der Höhe vor, in der er hinter der vereinbarten Zahlung zurückbleibt. Aufgrund dieser Vereinbarung hat der Unternehmer jetzt keinen Anreiz mehr zu lügen. Falls er h zurückzahlen kann, so wird er diese Zahlung leisten; falls er dazu nicht in der Lage ist, so wird er wenigstens die ihm mögliche Zahlung $y<h$ leisten. Der Erwartungswert dieser

[31] Vgl. Diamond (1984), S. 396.
[32] Vgl. Diamond (1984), S. 397.
[33] Es ist erneut evident, dass ein Vertrag, der eine Beteiligung am Eigenkapital vorsieht, nicht möglich ist, da der Unternehmer seine Kapitalgeber immer über den Ausgang des Projektes täuschen kann.

Zahlungen entspricht im optimalen Kontrakt gerade dem sicheren R.

Die Ergebnisse für die einzelnen Parteien lauten daher in Abhängigkeit vom Projektrückfluss:

1. Falls $y \geq h$, dann Unternehmer: $y - h$ Kapitalgeber: h,
2. Falls $y < h$, dann Unternehmer: $-P = y - h$ Kapitalgeber: y.

2.4.3 Überwachung als Möglichkeit zur Pareto-Verbesserung

Die nicht-pekuniären Penalties stellen für den Unternehmer eine Einbuße dar, denen bei den Gläubigern kein Nutzenzuwachs gegenübersteht. Sie bedeuten deshalb einen Wohlfahrtsverlust in der betrachteten Ökonomie. Die Penalties waren notwendig geworden, weil der tatsächliche Projektrückfluss y nicht beobachtet werden konnte. Wäre y beobachtbar, so wäre vielleicht eine Pareto-Verbesserung möglich.

Angenommen, es existiert eine Möglichkeit zur Beobachtung der Realisation y. Die Investition in diese Informationstechnologie koste jeden Kapitalgeber den (positiven) Betrag c. Dieser Betrag muss investiert werden, bevor y bekannt wird.[34] Weiterhin wird bezüglich der Beobachtungstechnologie angenommen, dass die anderen Kapitalgeber, die nicht in die Überwachung investieren, nicht y beobachten können, also nicht von den Beobachtungen der „Überwacher" profitieren. Dann sind prinzipiell 3 Möglichkeiten denkbar:

a) Es wird der obige optimale Vertrag geschlossen. Dieser verursacht Kosten in Höhe der erwarteten Penalties $E[P^*(z)]$.

b) Jeder der m Gläubiger investiert in die Technologie zur Beobachtung von y. Die Kosten hierfür betragen $m \cdot c$. Variante b) wird offensichtlich a) vorgezogen, wenn gilt: $m \cdot c \leq E[P^*(z)]$. Sind sehr viele Gläubiger involviert, so ist die Gültigkeit dieser Ungleichung

[34] Dies ist ein wesentlicher Unterschied zum Modell von Gale/Hellwig (1985), die basierend auf dem State Verification Problem von Townsend (1979) annehmen, dass die Entscheidung über die kostenverursachende Beobachtung nach Bekanntgabe des Umweltzustandes und damit in Abhängigkeit der Zahlung des Unternehmers an den Kapitalgeber getroffen wird. Im Modell von Diamond (1984) wird dagegen zu Beginn der Periode vereinbart, ob ein Vertrag mit Penalties oder mit Überwachung, deren Kosten dann grundsätzlich anfallen, abgeschlossen wird.

unwahrscheinlich. Außerdem wären in diesem Fall die Kosten für die Überwachung sehr hoch.

c) Die Aufgabe der Überwachung wird an eine Institution delegiert, die diese im Auftrag der Gläubiger wahrnimmt. Auch diese Institution muss den Betrag c aufwenden, um y beobachten zu können.[35] Damit die Institution die ihr übertragene Aufgabe auch wirklich durchführt, müssen entsprechende Anreize existieren. Diese verursachen weitere Kosten D. Variante c) stellt damit die beste Möglichkeit dar, wenn gilt: $c+D \leq \min\{m \cdot c, E[P^*(z)]\}$.

2.4.4 Der optimale Vertrag zwischen Kapitalgebern und Intermediär

Um die Vorteilhaftigkeit von Finanzintermediation zu untersuchen, wird das Spektrum der Anlagemöglichkeiten auf N Unternehmer erweitert, da, wie noch zu zeigen sein wird, Intermediation mit einem Unternehmer niemals lohnend ist. Der risikoneutrale Finanzintermediär, der Kapital von Anlegern erhält und dieses an Unternehmer weitergibt, die es in die Realisierung jeweils eines Projektes investieren, steht vor dem gleichen Problem wie ehemals die Kapitalgeber. Er kennt nicht die wahre Realisation y_i des Projektes des Unternehmers i. Um zu verhindern, dass der Unternehmer einen zu geringen Wert von y_i angibt, investiert er in eine Technologie zur Beobachtung von y_i.[36] Diese Investition verursacht Kosten in Höhe von c je überwachten Unternehmer. Weiterhin sei angenommen, dass die Kapitalgeber weder die Zahlungen der Unternehmer an den Intermediär noch die Realisationen der Projektrückflüsse y_i beobachten können und auch nicht wissen, ob der Intermediär überhaupt die Unternehmer überwacht.

Aufgrund dieser Informationsasymmetrie könnte nun der Intermediär stets behaupten, dass die Zahlungen g_i, die er von den Unternehmern erhalten hat, gering waren und seinerseits eine zu geringe Zahlung Z_N an die Kapitalgeber leisten. Das Informationsproblem in der

[35] Es wird mithin nicht angenommen, dass die neu zu schaffende Institution per se einen Kostenvorteil bei der Überwachung hat. Vielmehr wird unterstellt, dass diese die gleiche Technologie zur Beobachtung zu den gleichen Kosten nutzt, wie sie auch den Kapitalgebern zur Verfügung steht.

[36] Prinzipiell könnte der Intermediär mit dem Unternehmer auch einen Vertrag schließen, der mit Hilfe der oben beschriebenen Penalties Anreizkompatibilität herstellt. In diesem Fall könnte der Unternehmer aber auch direkt mit den Investoren den Vertrag abschließen, da Intermediation hier keinen Vorteil bietet, sondern nur zusätzliche Kosten verursacht.

Beziehung zwischen Intermediär und Kapitalgeber entspricht damit dem der Beziehung Unternehmer - Kapitalgeber aus der vorhergehenden Betrachtung. Die Gesamtsumme der Zahlungen der Unternehmer an den Intermediär sei $\tilde{G}_N$. Die Realisationen G_N dieser Zufallsvariable können Werte zwischen 0 und einer endlichen Obergrenze annehmen. Da die Kapitalgeber G_N annahmegemäß nicht beobachten können, müssen sie mit dem Intermediär einen Vertrag schließen, der Anreize für eine Zahlung $Z_N > 0$ liefert. Im Erwartungswert müssen diese Zahlungen mindestens $N \cdot R$ betragen, weil die Kapitalgeber auch die Möglichkeit haben, in eine sichere Anlage zu investieren.

Die gewünschten Anreize liefert wieder ein Vertrag mit nicht-pekuniären Penalties $P(Z_N)$ zwischen Kapitalgeber und Intermediär. Der Vertrag hat die gleiche Struktur wie der zuvor beschriebene Vertrag zwischen dem einen Unternehmer und seinen Kapitalgebern. Der optimale Penalty lautet $P(Z_N) = \max (H_N - Z_N, 0)$, wobei H_N die kleinstmögliche Lösung ist, für die gilt: $p(\tilde{G}_N<H_N) \cdot E[\tilde{G}_N|G_N<H_N] + p(\tilde{G}_N \geq H_N) \cdot H_N = N \cdot R$.[37] Der Vertrag ist ein Kreditvertrag mit Rückzahlungsverpflichtung H_N und nicht-pekuniären Penalties $P(Z_N)$, für den Fall, dass der Intermediär seiner Zahlungsverpflichtung nicht nachkommt. Unter diesem Vertrag hat der Intermediär keinen Anreiz zu lügen. Er wird seiner Rückzahlungsverpflichtung nachkommen, wenn er dazu in der Lage ist. Ist dies nicht der Fall, so wird er wenigstens die ihm mögliche Zahlung G_N leisten. Der Erwartungswert dieser Zahlungen entspricht gerade dem Rückstrom aus einer sicheren Anlage.

Der optimale Vertrag zwischen Intermediär und Einlegern liefert nicht nur Anreize für die Erfüllung der Rückzahlungsverpflichtung. Er löst auch das Problem der Informationsasymmetrie bezüglich der Ausgaben, die für die Überwachung der Unternehmer getätigt werden müssen. Der erwartete Rückfluss des Intermediärs beträgt $E[\tilde{G}_N]-H_N$. Will er seinen Rückfluss maximieren, so muss er $E[\tilde{G}_N]$ maximieren. Er wählt daher die Ausgaben für die Überwachung genau so, wie er es tun würde, wenn diese Ausgaben frei beobachtbar wären.

[37] Vgl. Diamond (1984), S. 400.

2.4.5 Wann lohnt Intermediation?

Die oben beschriebene Intermediation stellt die beste Lösung dar, wenn sie geringere Kosten verursacht als das direkte Abschließen von Verträgen zwischen Kapitalgebern und Unternehmern. Die Gesamtkosten der Intermediation setzen sich zusammen aus den Kosten für die Überwachung der Unternehmer ($N \cdot c$) und den Kosten für die Delegation dieser Aufgabe an den Intermediär (D). Diese Delegationskosten entstehen aus der Notwendigkeit der Einbeziehung von Penalties in den Vertrag zwischen Intermediär und Einlegern, um Anreizkompatibilität zu gewährleisten. Die Penalties schädigen den Intermediär, ohne den Kapitalgebern einen direkten Nutzen zu stiften. Der Erwartungswert der Penalties stellt daher die Kosten der Delegation dar.

Bei direkten Vertragsabschlüssen zwischen Kapitalgebern und Unternehmern fallen entweder Kosten für die Überwachung der Unternehmer an ($m \cdot N \cdot c$), oder man schließt anreizkompatible Verträge ab, die dem optimalen Kontrakt mit Penalties entsprechen; die Kosten betragen dann $N \cdot E[P^*(z)]$.

Intermediation ist daher sinnvoll, wenn gilt: $N \cdot c + D \leq \min\{m \cdot N \cdot c, N \cdot E[P^*(z)]\}$. Dies ist äquivalent zur Bedingung $c + D_N \leq \min\{m \cdot c, E[P^*(z)]\}$ mit D_N als Delegationskosten pro Unternehmer.

Für den Fall, dass der Intermediär nur mit einem Unternehmer arbeitet, ist die Einschaltung des Intermediärs niemals lohnend. Der direkte Vertragsabschluss zwischen Unternehmer und Kapitalgebern verursacht entweder Kosten von $E[P^*(z)]$ (optimaler Kontrakt mit Penalties) oder $m \cdot c$ (Überwachungskosten). Die Kosten mit Intermediation sind in diesem Fall immer höher als die bei direktem Vertragsabschluss, wie die folgende Überlegung zeigt. Verantwortlich hierfür sind letztlich die Delegationskosten. Der Intermediär hat gegenüber den Kapitalgebern eine Rückzahlungsverpflichtung H_1, die mindestens so hoch ist wie die des Unternehmers bei direktem Abschluss. Dies ist der Fall, weil er den Kapitalgebern einen Ertrag versprechen muss, der mindestens ebenso hoch ist wie der, den sie bei direktem Abschluss mit dem Unternehmer erzielen könnten. Da der Unternehmer dem Intermediär nicht mehr zahlen kann, als er zur Verfügung hat, und der Intermediär seinerseits den Kapitalgebern nicht mehr zahlen kann, als er hat, gilt $Z_1 \leq g_1 \leq y_1$. Dies bedeutet: Falls der

Unternehmer seiner Rückzahlungsverpflichtung nicht nachkommen kann, so kann der Intermediär seinerseits seiner Zahlungsverpflichtung nicht nachkommen. Er erhält dann einen Penalty, der mindestens genauso hoch ist wie derjenige, den der Unternehmer bekommen würde. Zusätzlich wendet der Intermediär auch noch die Kosten c zur Überwachung des Unternehmers auf. Damit sind die Gesamtkosten mit Intermediation höher als ohne diese. Man kann daher feststellen, dass Intermediation ohne Diversifikation niemals lohnend ist.

Die Delegationskosten pro Unternehmer verringern sich jedoch mit zunehmender Zahl von Unternehmern. Den Grund dafür liefert das Gesetz der großen Zahl. Die Projektrückflüsse der Unternehmer sind annahmegemäß identisch verteilte und miteinander nicht korrelierte Zufallsgrößen.[38] Der Intermediär hat immer dann einen (partiellen) Kreditausfall zu beklagen, wenn die Unternehmer nicht ihrer vereinbarten Rückzahlungsverpflichtung nachkommen können. Trifft dies auf eine genügend große Zahl von Unternehmern zu, so kann auch der Intermediär seinen Verpflichtungen nicht mehr nachkommen. Die Wahrscheinlichkeit, dass dieser Fall eintritt, verringert sich allerdings mit zunehmender Zahl von Unternehmern, denn die Wahrscheinlichkeit, dass der durchschnittliche Projektrückfluss unterhalb eines bestimmten Wertes liegt, welcher kleiner als der Erwartungswert der Rückflüsse ist, nimmt monoton ab. Deshalb streben die Delegationskosten pro Unternehmer gegen Null, wenn N über alle Maßen wächst.[39] Die Gesamtkosten der Intermediation reduzieren sich damit auf die Kosten der Überwachung in Höhe von c pro Unternehmer. Dies bedeutet, dass Finanzintermediation die Lösung mit den minimalen Kosten darstellt.

Zusammenfassend lässt sich feststellen, dass für N=1 Finanzintermediation niemals lohnend ist, da in diesem Fall die Kosten der Delegation so hoch sind, dass der direkte Vertragsabschluss zwischen Kapitalgebern und Unternehmer letztlich billiger ist. Für $N \rightarrow \infty$ stellt Finanzintermediation stets die beste Lösung dar. Es existiert also ein Wert N>1 bei dem Intermediation gerade lohnend wird, nämlich wenn erstmals gilt: $c + D_N \leq \min\{m \cdot c, E[P^*(z)]\}$.

[38] Diese Bedingung kann etwas relaxiert werden. Für den Fall, dass die Projektrückflüsse korreliert sind, weil sie von gemeinsamen, beobachtbaren Faktoren abhängigen (etwa der Entwicklung von Zinsen, BIP, Rohstoffpreisen), lässt sich argumentieren, dass der Intermediär diese Risiken hedgen kann (z.B. am Futures-Markt) oder Verträge mit den Depositenkunden schreibt, die von der Entwicklung dieser Faktoren abhängen, so dass er selbst diese Risiken nicht tragen muss. In diesem Fall würden nur die firmenspezifischen, unkorrelierten Risiken bei ihm verbleiben. Vgl. Diamond (1984), S. 402 f.

[39] Zum Beweis siehe Diamond (1984), S. 401.

Obwohl alle Individuen in der betrachteten Ökonomie risikoneutral sind, ist Diversifikation die entscheidende Voraussetzung dafür, dass Finanzintermediation lohnend ist. Der tiefere Grund dafür ist die unterstellte Informationsasymmetrie hinsichtlich der Projektergebnisse und die Tatsache, dass niemand eine höhere Zahlung leisten kann, als er an Vermögen besitzt („non-negative-consumption-Bedingung"). Zur Herstellung der Anreizkompatibilität ist ein nicht-pekuniärer Penalty notwendig, der einen Wohlfahrtsverlust in der betrachteten Ökonomie darstellt. Die Wahrscheinlichkeit, dass ein solcher Penalty tatsächlich realisiert wird, sinkt jedoch durch Diversifikation. Diversifikation erlaubt deshalb die Herstellung einer paretobesseren Allokation.

In einer Modell-Variante mit risikoaversen Individuen unter Aufhebung der „non-negative-consumption-Bedingung" kann ebenfalls gezeigt werden, dass mit Hilfe von Finanzintermediation paretobessere Allokationen erreicht werden können.[40] Wie unter Risikoneutralität spielt Diversifikation dabei die Schlüsselrolle.

2.4.6 Schlussfolgerungen

Das Diamond-Modell zeigt, dass Banken das Problem der Überwachung zu den geringstmöglichen Kosten lösen, falls sie in hinreichend viele unterschiedliche Unternehmen investieren, d.h. ein diversifiziertes Portefeuille halten. Banken existieren also, weil sie bestimmte Leistungen billiger bereitstellen können, als dies durch das direkte Abschließen von Verträgen zwischen Kapitalanbietern und -nachfragern möglich wäre. Diamond konnte ferner zeigen, warum auf der Passivseite einer Bank Kredite die dominierende Finanzierungsform darstellen. Schließlich impliziert das Modell, dass der Bankrott einer Bank unvermeidlicherweise ein mögliches Resultat der Banktätigkeit darstellt.[41] Zwar wies das Modell einige Schwächen auf, jedoch gehen viele später diskutierte Ansätze auf diese Arbeit zurück. Eines der Probleme besteht in den zunehmenden Skalenerträgen, da die Kosten für die Einschaltung

[40] Vgl. Diamond (1984), S. 403 ff.

[41] Unternehmer, die mit Sicherheit den Investoren mindestens R zahlen könnten, können sich direkt finanzieren. Im Portefeuille der Bank befinden sich daher nur Unternehmer, die mit einer gewissen Wahrscheinlichkeit weniger als R erwirtschaften. Da die Zahlungsverpflichtung der Bank gegenüber ihren Depositoren sogar höher als N·R ist (sie muss den Investoren *im Erwartungswert* mindestens N·R bieten, da diese sonst in die risikolose Anlage investieren), ist es unvermeidlich, dass sie in einigen Umweltzuständen ihren Zahlungsverpflichtungen nicht nachkommen kann.

des Intermediärs je vergebenen Kredit stetig abnehmen. Das Modell impliziert somit die Existenz eines einzigen Intermediärs.

Winton hat später gezeigt, dass die optimale Größe einer Bank endlich ist, wenn man berücksichtigt, dass das haftende Eigenkapital einer Bank eine Pufferfunktion ausübt. Kreditausfälle führen damit nicht unbedingt zur Zahlungsunfähigkeit der Bank.[42] Für die Einleger erübrigt sich somit die kostspielige Überwachung, wenn sie davon ausgehen können, dass ein genügend hohes Eigenkapital zur Erfüllung der Zahlungsverpflichtungen der Bank vorliegt. Mit zunehmender Größe, d.h. mit wachsender Zahl vergebener Kredite, verringert sich jedoch bei gegebener Menge an Eigenkapital der Eigenkapitalanteil und damit die Wahrscheinlichkeit, Kreditausfälle abfangen zu können. Es besteht also ein trade-off zwischen den Vorteilen der Diversifikation und denen einer hohen relativen Eigenkapitalausstattung. Es existiert daher ein inneres Optimum für die Bankgröße. Wie schon im Modell von Diamond stellt das Halten eines gut diversifizierten Portefeuilles den Schlüssel für den Erfolg einer Bank dar.

Darüber hinaus kann die optimale Größe einer Bank endlich sein, wenn man in die Überlegungen einbezieht, dass eine Bank keine monolithische Institution ist, sondern aus Individuen besteht, welche die Aufgabe der Überwachung wahrnehmen. Den Vorteilen aus der zunehmenden Größe einer Bank in Form von besserer Diversifikation stehen dann Nachteile aufgrund zunehmender interner Organisations- und Anreizprobleme gegenüber.[43]

Das Modell besitzt auch Implikationen für Fragestellungen zum Wettbewerb auf Kreditmärkten. Allgemein lässt sich feststellen, dass Banken existieren, gerade weil eine der typischen Annahmen des vollkommenen Marktes, die gleiche Informationsausstattung aller Marktteilnehmer, verletzt ist. Es darf daher nicht überraschen, wenn der Wettbewerb auf dem Kreditmarkt nicht perfekt ist. Konkret wohnt dem Diamond-Modell eine Tendenz zum natürlichen Monopol inne, welche durch die zuvor erwähnten realistischeren Annahmen bzw. Erweiterungen beseitigt werden kann.[44] Die vom Intermediär erhobenen Informationen stellen

---

[42] Vgl. Winton (1995), S. 166 f.
[43] Vgl. Cerasi/Daltung (2000).
[44] Allerdings kann auch ein endliches Optimum für die Betriebsgröße der Bank mit einem natürlichen Monopol vereinbar sein, wenn dieses Optimum für den Markt zu groß ist, d.h. die Marktnachfrage nicht ausreicht, um das optimale Angebot zu absorbieren. Auch in diesem Fall würde für den betreffenden Markt nur eine Bank resultieren.

jedoch private Informationen dar, die nicht von anderen potentiellen Kapitalgebern, beispielsweise anderen Intermediären, beobachtet werden können. Die mit der Informationserhebung verbundenen Kosten schaffen eine Bindung zwischen Intermediär und Unternehmer, die den Wettbewerb beeinträchtigt.[45]

Als Ergebnis lässt sich festhalten, dass aufgrund unterschiedlicher Präferenzen von Kapitalanbietern und -nachfragern in einer Ökonomie sowie aufgrund von Marktunvollkommenheiten Banken beim Bereitstellen der von Sparern und Unternehmen gewünschten Dienstleistungen nicht ersetzt werden können. Wegen seiner vielfältigen Funktionen und seiner zentralen Stellung im Geflecht der wirtschaftlichen Beziehungen innerhalb eines Landes können Schwierigkeiten im Bankenbereich erhebliche Störungen in der realen Wirtschaft verursachen. Die Weltwirtschaftskrise zu Beginn der 30er Jahre des letzten Jahrhunderts lieferte hierfür ein eindrucksvolles Beispiel. Die Existenz eines funktionsfähigen Bankensektors muss deshalb im vitalen Interesse jeder entwickelten Volkswirtschaft liegen.

[45] Vgl. auch Gischer (1995), der vor dem Hintergrund empirisch beobachtbarer Zinsdifferenzen bei der Kreditvergabe aufzeigt, dass unter der Annahme hinreichend hoher Suchkosten der Nachfrager (Bereitstellung von Informationen durch den Kreditinteressenten in Form von Vermögensaufstellungen, Finanzplänen etc., Zeitaufwand für Gespräche zur Vertragsanbahnung usw.) diese die Zinsdispersion unterschiedlicher Anbieter nicht vollständig auszunutzen vermögen und die resultierenden Anbieterrenten vom unvollkommenen Wettbewerb nur unzureichend erodiert werden.

3 Der deutsche Bankenmarkt

Nach der relativen Bedeutung der an Finanzierungstransaktionen beteiligten Institutionen lassen sich nationale Finanzsysteme in bank- und marktbasierte Systeme einteilen. Das deutsche Finanzsystem entspricht traditionell einem bankbasierten System, in dem sich Unternehmen und private Haushalte überwiegend durch Bankkredite finanzieren. Dies äußert sich in einem beträchtlichen Bestand an Aktiva bei den Banken. Die Bilanzsumme aller deutschen Banken entspricht etwa dem Dreifachen des Bruttoinlandsprodukts. Dies ist im europäischen Vergleich ein hoher Wert. Die Bedeutung der Finanzierung über Kapitalmärkte (Aktien- oder Anleihenmarkt) ist dagegen relativ gering.[46] Entgegen einer verbreiteten Meinung spricht einige empirische Evidenz dafür, dass die erhebliche Bedeutung der Banken innerhalb des deutschen Finanzsystems im Zeitablauf relativ stabil ist. Ein allgemeiner Trend der Disintermediation, verbunden mit einem Wechsel zu einem marktbasierten System, ist nicht zu beobachten.[47]

Das vorliegende Kapitel setzt sich zunächst mit der Struktur und den institutionellen Grundlagen des deutschen Bankensektors auseinander und beleuchtet dann die Performance der Kreditinstitute in der Zeit seit der deutschen Wiedervereinigung. Eine Untersuchung der These, dass Deutschland „overbanked" sei, beschließt das Kapitel.

3.1 Struktur des Bankensektors in Deutschland

Das System der Geschäftsbanken in Deutschland besteht aus rund 2.000 rechtlich selbständigen Kreditinstituten. Dabei handelt es sich im Wesentlichen um Universalbanken, die (fast) alle der im § 1 Abs. 1 des Kreditwesengesetzes (KWG) enumerativ aufgezählten Bankgeschäfte betreiben, welche die Grundlage für die an dieser Stelle vorgenommene Legaldefinition des Begriffes „Kreditinstitut" darstellen. Demnach sind Kreditinstitute „Unter-

---

[46] Vgl. Sachverständigenrat (2004), Ziff. 355. Alternativ lässt sich die Bedeutung der Banken auch am Verhältnis der von Banken vergebenen Kredite an Nichtbanken zum BIP eines Landes ablesen. Auch diese Größe liegt deutlich über der einer vergleichbar entwickelten Volkswirtschaft mit marktbasiertem Finanzsystem wie den USA - vgl. DIW (2004), S. 25 f.

[47] Vgl. Schmidt/Hackethal/Tyrell (1999) und Hackethal (2004), S. 90 ff.

nehmen, die Bankgeschäfte gewerbsmäßig oder in einem Umfang betreiben, der einen in kaufmännischer Weise eingerichteten Geschäftsbetrieb erfordert."[48] Zu diesen Geschäften gehören u.a. das Einlagen-, Kredit-, Diskont-, Investment-, Emissions-, Garantie- und Girogeschäft. Daneben existieren Spezialbanken, wie Realkreditinstitute, Bausparkassen, Kapitalanlagegesellschaften und Bürgschaftsbanken, die sich zumeist auf einzelne dieser Geschäfte konzentrieren.

Das Führen eines Bankbetriebs setzt nach § 32 KWG das Vorliegen einer entsprechenden Erlaubnis der Bundesanstalt für Finanzdienstleistungsaufsicht (BaFin) voraus. Die Erteilung der Erlaubnis ist an die Erfüllung einer Reihe von Anforderungen u. a. an die Qualifikation der Geschäftsleiter, die Organisation des Betriebes und das Vorhandensein eines bestimmten Anfangskapitals - mindestens 5 Millionen Euro bei sogenannten Einlagenkreditinstituten - geknüpft.[49] Aufgrund der Harmonisierung des Bankenaufsichtsrechts und der Schaffung eines gemeinsamen EU-Binnenmarktes können Banken mit einem Sitz in anderen EU-Staaten und einer entsprechenden Zulassung ihres Herkunftslandes laut § 53b KWG ohne Erlaubnis durch die BaFin in Deutschland Zweigniederlassungen errichten oder im Wege des grenzüberschreitenden Dienstleistungsverkehrs Bankgeschäfte betreiben. Zur Sicherung der Transparenz im Geschäftsverkehr ist schließlich das Führen der Bezeichnungen „Bank" oder „Bankier" gemäß § 39 Abs. 1 KWG auf Unternehmen beschränkt, die die vorgenannte Erlaubnis besitzen bzw. Zweigniederlassungen nach § 53b führen.

3.1.1 Kreditbanken

Ein besonderes Merkmal des deutschen Bankensektors ist das Drei-Säulen-System. Die erste Säule bilden die privatrechtlich organisierten Kreditbanken. Zu dieser heterogenen Gruppe zählen zum Ende des Jahres 2005 insgesamt 357 Institute mit 14.044 Zweigstellen,[50] darunter

[48] § 1 Abs. 1 Satz 1 KWG.

[49] Vgl. § 32 Abs. 1 und § 33 Abs. 1 KWG.

[50] Sofern nicht anders angegeben, stammen diese und nachfolgende Angaben aus den im Rahmen der jährlichen Berichte der Deutschen Bundesbank zur Ertragslage der Deutschen Kreditinstitute veröffentlichten Tabellen zu den „Strukturdaten der deutschen Kreditwirtschaft" - vgl. exemplarisch Deutsche Bundesbank (2006a), S. 15 ff. Es existieren unterschiedliche Abgrenzungen und daher unterschiedliche Angaben zur Zahl der Institute, Zweigstellen etc. Die Abgrenzung des Kreditinstitutsbegriffs hier erfolgt entsprechend § 1 Abs. 1 KWG (ohne Bausparkassen und in der monatlichen Bilanzstatistik nicht erfasste Bankengruppen). Die Angaben sind nicht identisch mit denen aus anderen Quellen (z.B. Statistiken der Europäischen Zentralbank).

die namhaften Großbanken (Deutsche Bank, Dresdner Bank, Commerzbank, Bayerische Hypo- und Vereinsbank sowie seit 2004 die Deutsche Postbank), die Regionalbanken und sonstigen Kreditbanken (einschließlich der früher von der Deutschen Bundesbank als gesonderte Kategorie geführten Privatbankiers) sowie die Zweigstellen ausländischer Banken.

Die Großbanken sind überwiegend am Beginn der 70er Jahre des 19. Jahrhunderts im Zuge der Industrialisierung Deutschlands gegründet worden, um eine Finanzierung von Großunternehmen und den Ausbau des Eisenbahnnetzes zu ermöglichen, die durch die vorhandenen Privatbankiers nicht gewährleistet werden konnte.[51] Heute stellen die Großbanken deutschlandweit (und darüber hinaus) operierende Vollbanken dar, die ein breites Spektrum von Finanzdienstleistungen für Privat- und Geschäftskunden offerieren. Im Gegensatz dazu werden unter Regionalbanken Institute subsumiert, die typischerweise in begrenzten geographischen Gebieten, teilweise nur an einem Ort, Filialen unterhalten. Ein besonderer Fall stellt die aus der Deutschen Bundespost hervorgegangene Postbank dar, die seit Januar 1995 als Aktiengesellschaft firmiert. Ihr Schwerpunkt ist das Privatkundengeschäft, gemessen an der Kundenzahl ist sie mit über 14 Millionen Privatkunden landesweit die größte Bank in diesem Segment.[52] Sie verfügt aufgrund ihrer Verflechtung mit der Deutschen Post AG über das dichteste Filialnetz im deutschen Bankenmarkt, rund zwei Drittel aller Zweigstellen privater Kreditbanken entfallen auf die Postbank.

3.1.2 Genossenschaftsbanken

Die zur genossenschaftlichen Bankengruppe gehörenden Institute bilden die zweite Säule des deutschen Bankensektors. Hierzu zählen neben den Volks- und Raiffeisenbanken die Sparda-Banken (ehemals Spar- und Darlehenskassen) sowie die zwei als Zentralbanken der Kreditgenossenschaften fungierenden DZ Bank und WGZ-Bank. Insgesamt gehören 1.293 Banken mit 12.722 Zweigstellen zu dieser Gruppe (ohne Spitzeninstitute). Die Institute dieser Säule firmieren typischerweise als eingetragene Genossenschaft. Die ersten derartigen Kreditinstitute wurden ab der Mitte des 19. Jahrhunderts als Selbsthilfeeinrichtungen ihrer Mitglieder vor allem aus dem Handwerk und der Landwirtschaft gegründet. Laut § 1 Abs. 1 des

---

[51] Vgl. Hansen (2006), S. 32.
[52] Vgl. Deutsche Postbank (2006), S. 26 und 104.

Genossenschaftsgesetzes (GenG) ist es ihre Aufgabe, „den Erwerb und die Wirtschaft ihrer Mitglieder ... durch gemeinschaftlichen Geschäftsbetrieb zu fördern".

Im Laufe der Zeit erweiterten die ländlichen Raiffeisenbanken und die eher im städtisch-gewerblichen Umfeld angesiedelten Volksbanken ihre Aktivitäten und präsentieren sich heute als Universalbanken mit breiter Angebotspalette, die teilweise über Verbundunternehmen (u.a. Union Investment, DG Hyp) realisiert wird. Sowohl einlagen- als auch kreditseitig stehen ihre Angebote auch Nichtmitgliedern zur Verfügung. Kunden sind vor allem private Haushalte und kleinere Unternehmen. Die Volks- und Raiffeisenbanken agieren jeweils in lokal eng begrenzten Gebieten, während die 12 Sparda-Banken in größeren geographischen Räumen tätig sind.

3.1.3 Öffentlich-rechtliche Banken

Die dritte Säule besteht aus den öffentlich-rechtlichen Kreditinstituten. Hierzu zählen die Sparkassen, die Landesbanken, die DekaBank als Zentralinstitut der Sparkassen-Finanzgruppe und einige Spezialkreditinstitute. Die 11 Landesbanken fungieren als Girozentralen der Sparkassen in ihrer jeweiligen Region, die ein oder mehrere Bundesländer umfasst. Sie sind mit der Besorgung der Bankgeschäfte der betreffenden Länder beauftragt und sollen die Wirtschaft in ihrer Region fördern. Sie unterliegen insofern einem öffentlichen Auftrag. Landesbanken sind entweder als Anstalt öffentlichen Rechts oder als Aktiengesellschaft organisiert. Eigentümer einer Landesbank sind regelmäßig Bundesländer, Sparkassenverbände der jeweiligen Region und andere Landesbanken.

Landesbanken übernehmen Kreditengagements, deren Volumen für einzelne Sparkassen zu hoch ist, und führen im Verbund mit den Sparkassen Geschäfte durch, die von diesen nicht getätigt werden können (komplexe Kapitalmarkttransaktionen, Auslandsgeschäft). Sie sind dabei subsidiär tätig, das heißt, sie werden erst aktiv, wenn ein Geschäft von einer Sparkasse nicht durchgeführt werden kann bzw. diese das Geschäft nicht durchführen will. Einige wenige Landesbanken üben in kleineren Regionen aus historischen Gründen auch die Sparkassenfunktion aus, dieses Geschäft besitzt allerdings nur einen unerheblichen

Stellenwert.[53] In der jüngeren Vergangenheit hatten die Landesbanken ihre Geschäftsbankaktivitäten ausgebaut und insbesondere das Geschäft mit Großkunden sowie das Investment Banking intensiviert. Landesbanken finanzieren sich überwiegend am Kapital- und Interbankenmarkt, da aufgrund des kaum vorhandenen Retailgeschäfts die Kundeneinlagen einen relativ geringen Umfang annehmen. Sie sind deshalb in weitaus stärkerem Ausmaß als die Sparkassen von den Veränderungen bei Anstaltslast und Gewährträgerhaftung[54] betroffen und befinden sich derzeit in einem ausgeprägten Umstrukturierungsprozess.

Die erste Sparkasse wurde 1778 als „Ersparungsklasse" der „Allgemeinen Versorgungsanstalt" in Hamburg gegründet. Die Errichtung dieser Anstalt erfolgte auf Betreiben der „Patriotischen Gesellschaft", einem Zusammenschluss engagierter, wohlhabender Bürger. Sie sollte vor allem ärmeren Personen die sichere und gewinnbringende Anlage auch kleinster Beträge ermöglichen und so die Ersparnisbildung und Vorsorge vor Notfällen und Alter breiter Schichten der Bevölkerung fördern.[55] Mit der Gründung der „Spar- und Leih-Casse Göttingen" entstand 1801 die erste kommunale Sparkasse. Danach wurden von vielen Gebietskörperschaften Sparkassen errichtet, zu deren Aufgaben es nun auch regelmäßig gehörte, der örtlichen Bevölkerung Kreditmöglichkeiten zur Verfügung zu stellen.

In einem langen Entwicklungs- und Konsolidierungsprozess bildeten sich dann 463 Sparkassen mit insgesamt 13.950 Zweigstellen heraus. Darunter befinden sich auch 7 sogenannte freie Sparkassen, die inzwischen hauptsächlich in der Rechtsform einer Aktiengesellschaft organisiert sind und sich nicht in Trägerschaft einer Gebietskörperschaft befinden. Alle übrigen Institute haben Landkreise, Städte oder von diesen gebildete Zweckverbände als Träger und sind selbständige Anstalten des öffentlichen Rechts. Nach dem Regionalprinzip sind ihre Aktivitäten auf das Gebiet des jeweiligen Trägers beschränkt. Allerdings existieren in einigen Regionen aus historischen Gründen auch sogenannte Gemengelagen, so etwa im Raum Frankfurt/Main, in denen mehrere Sparkassen operieren.[56] Zusammen bilden die Spar-

[53] Eine gewisse Ausnahme stellt allerdings das Sparkassengeschäft in Berlin dar, welches für die Landesbank Berlin eine spürbare Bedeutung besitzt.

[54] Siehe nachfolgenden Abschnitt.

[55] Vgl. etwa Haasis (2006), S. 36 f. Einen umfassenden Einblick in die Gründungs- und Entwicklungsgeschichte der Sparkassen in Deutschland gewähren Trende (1957), der die Entwicklung bis in die ersten Jahre des 20. Jahrhunderts verfolgt, und daran anschließend Pohl/Rudolph/Schulz (2005).

[56] Ashauer (2005), S. 38 f., gibt einige Beispiele für Gemengelagen. So unterhalten Kreissparkassen verschiedentlich auch Bankstellen in der jeweiligen Kreisstadt, die das Geschäftsgebiet einer Stadtsparkasse bildet.

kassen ein landesweites Netzwerk von Universalbanken, welche neben der Erbringung von Finanzdienstleistungen für Kommunen und andere Gebietskörperschaften mit Kreditbanken und Kreditgenossenschaften vor allem im sogenannten Retail Banking um die Gunst von Privat- und Unternehmenskunden werben.

3.1.4 Rechtsrahmen der Sparkassen-Tätigkeit und aktuelle Diskussion

Den rechtlichen Rahmen für die Geschäftstätigkeit und die Organisation dieser Institute bilden die von den einzelnen Bundesländern beschlossenen Sparkassengesetze und Mustersatzungen für die Sparkassen. So sind beispielsweise gemäß dem Sparkassengesetz des Landes Sachsen-Anhalt (SpkG-LSA) die Sparkassen „Wirtschaftsunternehmen mit der Aufgabe, in ihrem Geschäftsgebiet die Versorgung mit geld- und kreditwirtschaftlichen Leistungen sicherzustellen. Sie stärken den Wettbewerb im Kreditgewerbe. Sie erbringen ihre Leistungen für die Bevölkerung, die Wirtschaft, insbesondere den Mittelstand, und die öffentliche Hand unter Berücksichtigung der Markterfordernisse.“[57] Die Sparkassen haben dabei unter Wahrung ihres öffentlichen Auftrages ihre Geschäfte nach kaufmännischen Grundsätzen zu führen.[58] Zur Unterstützung dieses öffentlichen Auftrages waren die Sparkassen in der Vergangenheit durch Anstaltslast und Gewährträgerhaftung auf besondere Weise mit ihrem Träger verbunden.[59]

Anstaltslast beinhaltet die Verpflichtung des Trägers, das Institut so auszustatten, dass die für die Aufgabenerfüllung notwendige wirtschaftliche Basis gesichert ist und so die Funktionsfähigkeit für die Dauer des Bestehens aufrechterhalten wird. Gewährträgerhaftung bedeutet, dass der Träger für alle Verbindlichkeiten des Instituts unbeschränkt haftet, falls diese das Vermögen übersteigen. Der Umfang des öffentlichen Auftrages sowie Gewährträgerhaftung

Aufgrund des aus den Grundrechten abgeleiteten vertrauensschützenden Grundsatzes der Besitzstandswahrung, dessen Geltung für kommunale Gebietskörperschaften bzw. von diesen errichteten Einrichtungen indessen unter Juristen nicht unumstritten ist, dürfen diese Filialen weiterbetrieben werden. Die juristischen Hintergründe beleuchtet z.B. Nierhaus (2006), S. 27 f. Die freien Sparkassen sind an das Regionalprinzip nicht gebunden und können daher, falls dem nicht Regelungen in ihrer eigenen Satzung entgegenstehen, ebenfalls ihre Tätigkeit auf das Geschäftsgebiet einer anderen (kommunalen) Sparkasse erweitern.

[57] § 2 Abs. 1 SpkG-LSA.

[58] Vgl. § 2 Abs. 3 SpkG-LSA.

[59] Zur historischen Entwicklung von Anstaltslast und Gewährträgerhaftung, die anfänglich nicht allgemein verbreitet waren und sich erst später als ein regelmäßiger Teil der institutionellen Grundlagen des Sparkassenwesens etablierten, vgl. Wehber (2005).

und Anstaltslast haben in Politik und Wirtschaft in der Vergangenheit immer wieder zu kontroversen Diskussionen hinsichtlich ihrer wettbewerbspolitischen Implikationen geführt.

Die Auseinandersetzungen mündeten im Dezember 1999 in einer Beschwerde der Europäischen Bankenvereinigung (European Banking Federation), der auch der Bundesverband deutscher Banken, die Interessenvertretung der privaten Kreditbanken in Deutschland, angehört, bei der Europäischen Kommission gegen Anstaltslast und Gewährträgerhaftung in drei Einzelfällen (Westdeutsche Landesbank, Stadtsparkasse Köln und Westdeutsche Immobilienbank). Von den Beschwerdeführern wurde, letztlich erfolgreich, argumentiert, dass die öffentlich-rechtlichen Kreditinstitute keine besonderen Aufgaben der bankwirtschaftlichen Versorgung erfüllen und eine Sonderbehandlung durch den Staat daher nicht gerechtfertigt ist.[60]

Dies führte zur Brüsseler Verständigung vom 17. Juli 2001 zwischen der EU-Kommission und den deutschen Vertretern über die (mit Übergangsfristen versehene) Abschaffung der Gewährträgerhaftung und der Einschränkung der Anstaltslast auf einen mit den beihilferechtlichen Bestimmungen des EG-Vertrages konformen Umfang.[61] Demnach wurden Anstaltslast in alter Form und Gewährträgerhaftung zum 19. Juli 2005 abgeschafft, wobei für die am 18. Juli 2001 bestehenden Verbindlichkeiten sowie für zwischen dem 19. Juli 2001 und dem 18. Juli 2005 entstandene Verbindlichkeiten mit Fälligkeit bis zum 31. Dezember 2015 die Gewährträgerhaftung fortwirkt.

Nach § 40 Abs. 1 KWG ist die Bezeichnung „Sparkasse" für öffentlich-rechtliche Institute reserviert sowie für diejenigen Unternehmen, die bereits bei Einführung des Gesetzes diese Bezeichnung führten (freie Sparkassen).[62] Um diesen Namensschutz der Sparkassen hatte sich im Zuge der anstehenden Privatisierung der Landesbank Berlin, zu der die Berliner Sparkasse gehört, in jüngster Zeit ebenfalls eine heftige Auseinandersetzung entwickelt. Während Vertreter des Deutschen Sparkassen- und Giroverbandes naturgemäß die Beibehaltung der

60 Vgl. Gleiss/Lutz/Hootz/Hirsch (2000), S. 1 f. und ausführlich S. 120 ff.
61 Vgl. Kommission der Europäischen Gemeinschaften (2002), S. 122 ff.
62 Eine entsprechende Regelung für die „Volksbanken" findet sich in § 39 Abs. 2 KWG, der diese Bezeichnung für Kreditinstitute in der Rechtsform einer eingetragenen Genossenschaft reserviert. Im Gegensatz zum Namensschutz der Sparkassen wird dieser Regelung kaum öffentliche Aufmerksamkeit zuteil.

exklusiven Namensverwendung durch die öffentlich-rechtlichen Kreditinstitute verlangten,[63] forderten Vertreter des Bundesverbandes deutscher Banken, dass bei Übernahme einer Sparkasse durch private Erwerber diese den Namen Sparkasse fortführen dürfen, wodurch auch eine Konsolidierung im Bankenmarkt über Säulengrenzen hinweg ermöglicht wird.[64]

Die EU-Kommission hatte im Juni 2006 ein seit 2003 ruhendes Vertragsverletzungsverfahren gegen die Bundesrepublik Deutschland in dieser Sache wiederaufgenommen. Nach ihrer Ansicht verstößt die Regelung gegen EU-Recht. Sie forderte daher die Bundesrepublik auf, den Paragraphen zu ändern.[65] Hierzu kam es jedoch nicht. Nachdem die Bundesregierung im konkreten Fall der Berliner Sparkasse ein Zugeständnis machte und die Weiterführung des Namens Sparkasse auch durch private Investoren, falls diese bei der Privatisierung den Zuschlag erhalten, zusicherte[66] und ferner zusagte, sich auch künftig bei der Anwendung des § 40 KWG an EU-Recht zu halten, verzichtete die EU-Kommission auf eine Änderung des Wortlautes des Paragraphen und stellte das Vertragsverletzungsverfahren ein.[67] Was dies konkret in Bezug auf mögliche zukünftige Fälle bedeutet, bleibt abzuwarten.

3.2 Strukturelle Unterschiede der Kreditinstitute in den einzelnen Säulen

Spätestens seit dem Ende des 2. Weltkriegs vollzog sich eine weitgehende Angleichung der Geschäftstätigkeit der Kreditinstitute in den einzelnen Säulen.[68] Sparkassen und Kreditgenossenschaften wurden wie schon zuvor die privaten Kreditbanken zu Universalbanken, die sich über ihr ursprüngliches Klientel hinaus um Kunden bemühten. Hierdurch entstand eine große Zahl von Kreditinstituten, welche die gleichen oder zumindest sehr ähnliche Geschäftsfelder bewirtschaften. Dies hat zu engen Konkurrenzbeziehungen zwischen diesen Instituten insbesondere im Retail Banking, d.h. im Marktsegment der Privatkunden und SMEs (Small and Medium-sized Enterprises), geführt.

63 Das Beharren auf dem Namensschutz folgt dabei einer von den Sparkassen seit langem verfochtenen Linie. Bereits um die Wende vom 19. zum 20. Jahrhundert bekämpften Vertreter der Sparkassen die Verwendung dieser Bezeichnung durch (einzelne) Kreditgenossenschaften - vgl. Trende (1957), S. 575 ff.
64 Vgl. exemplarisch o.V. (2006a) und o.V. (2006b).
65 Vgl. o.V. (2006c).
66 Vgl. o.V. (2006d).
67 Vgl. o.V. (2006e).
68 Vgl. Hansen (2006), S. 35.

Rein quantitativ war die Entwicklung in der Nachkriegszeit in Westdeutschland im langjährigen Vergleich von zwei Trends geprägt: zum einen von einem starken Rückgang in der Anzahl der selbständigen Kreditinstitute und zum anderen von einem umfassenden Ausbau des Zweigstellennetzes, der bis in die 80er Jahre hinein anhielt. Lag die Gesamtzahl der Banken 1957 noch bei über 13.300, so sank diese in den folgenden 30 Jahren auf rund 4.500. Dies war im Wesentlichen auf den fusionsbedingten Rückgang der Institutszahlen im Genossenschaftssektor zurückzuführen. Parallel dazu hatte sich jedoch die Zahl der Zweigstellen aller Institute im Bundesgebiet von rund 13.000 auf über 39.900 im Jahr 1987 mehr als verdreifacht.[69]

Abbildung 3.1: Entwicklung der Zahl der Kreditinstitute

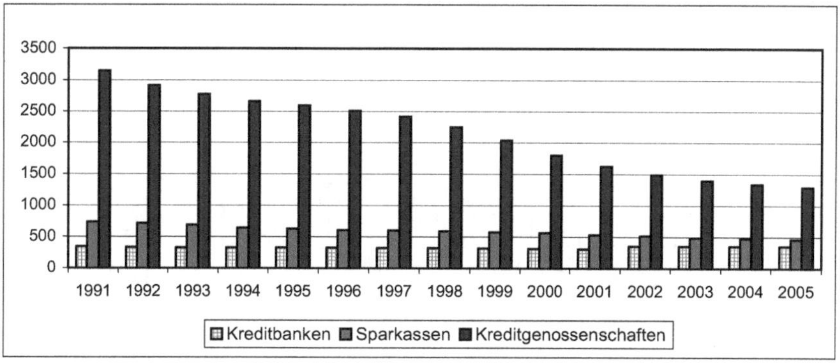

Auch nach der Wiedervereinigung war der Bankensektor in Deutschland von starken Veränderungen geprägt. So halbierte sich die Zahl der Kreditinstitute von 1991 bis 2005 von 4.290 auf 2.169. Die Entwicklung vollzog sich dabei in den einzelnen Säulen des Bankensystems recht unterschiedlich, wie Abbildung 3.1 zeigt. Während die Zahl der privaten Kreditbanken im Betrachtungszeitraum praktisch unverändert blieb, ist sie im Genossenschaftssektor auf rund 40 % des Ausgangsniveaus gefallen. Ursache hierfür waren vor allem Zusammenschlüsse kleiner Kreditgenossenschaften, die aus betriebswirtschaftlichen Erwägungen zu größeren Einheiten fusionierten. Auch die Zahl der Sparkassen sank durch Zusammenschlüsse regional angrenzender Institute um rund ein Drittel und trug damit, wenn auch

[69] Vgl. Deutsche Bundesbank (2006b), S. 104 (Angaben ohne Vorgängerinstitutionen der Postbank).

weit weniger stark als der Genossenschaftssektor, zum Rückgang der Gesamtzahl selbständiger Kreditinstitute bei.

Die Zahl der Zweigstellen in Deutschland sank seit 1991 von 44.813 bis zum Jahr 2003 um rund ein Viertel auf 33.753. Infolge der Berücksichtigung der Deutschen Postbank stieg die ausgewiesene Zweigstellenzahl jedoch wieder an und erreichte 41.394 im Jahr 2005. Abbildung 3.2 veranschaulicht die Verhältnisse und die Entwicklung in den einzelnen Säulen. Die Anzahl der Zweigstellen der privaten Kreditbanken entsprach bereits 1991 jeweils weit weniger als der Hälfte derjenigen von Sparkassen und Kreditgenossenschaften. In der Folge sank bis zum Jahr 2003 in allen Institutsgruppen die Zahl der Zweigstellen um rund ein Viertel.

Abbildung 3.2: Entwicklung der Zahl der Zweigstellen

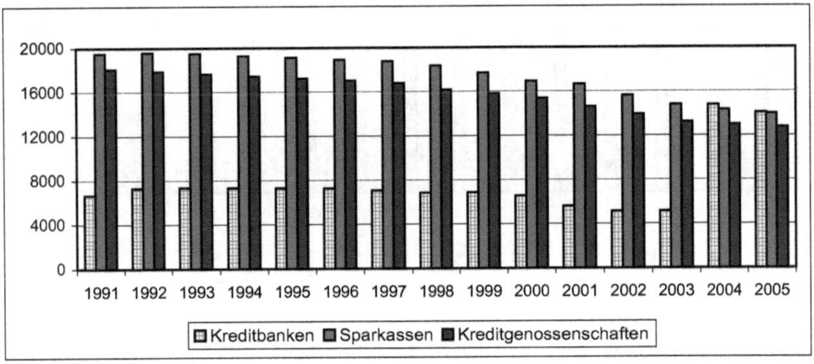

Bei Sparkassen und Kreditgenossenschaften erfolgten die Anpassungen der Filialzahlen beinahe kontinuierlich im Rahmen der Bereinigung erwähnter „Gemengelagen" und einer eher vorsichtigen Ausdünnung des Zweigstellennetzes ohne wirkliche Aufgabe von Standorten (im Sinne geographischer Orte und Regionen). Bei den privaten Kreditbanken, die ihr Zweigstellennetz noch bis 1993/94 leicht ausgebaut hatten, waren Filialschließungen jedoch regelmäßig mit einer Aufgabe von Standorten verbunden und es kam zu einem ausgeprägten Rückzug aus der Fläche. Dies gilt insbesondere für die Großbanken, deren Zweigstellenzahl zwischen 1991 und 2003 um über 35 % sank.

Im Ergebnis waren die privaten Großbanken im Jahr 2003 in fast 10 % der Landkreise nicht mehr präsent, in mehr als 20 % unterhielten sie lediglich eine Geschäftsstelle, in weiteren über 20 % waren sie nur noch mit zwei Zweigstellen vertreten.[70] Mit anderen Worten: In rund der Hälfte des Landes waren die Großbanken nicht oder nur noch unmerklich präsent. In diesen vornehmlich ländlich geprägten und strukturschwachen Gebieten wird ein nennenswertes Filialnetz häufig nur von Sparkassen, Kreditgenossenschaften sowie der Postbank unterhalten. Erst die Subsumierung der Zweigstellen Letzterer unter die der privaten Kreditbanken führte zu einem vergleichbaren Umfang der Filialnetze in allen drei Säulen.

Wie zuvor erwähnt, erfolgt in Deutschland die Fremdfinanzierung von Unternehmen und Privatpersonen weitgehend über institutionelle Darlehensgeber. Ein Blick auf die Entwicklung der relativen Positionen der einzelnen Bankengruppen am Markt für Kredite an deutsche Unternehmen und Privathaushalte ermöglicht einen ersten Eindruck von der relativen Stärke dieser Gruppen auf dem heimischen Bankenmarkt. Abbildung 3.3 zeigt die Entwicklung der relativen Anteile am Markt für Kredite an inländische Unternehmen und Privatpersonen (inkl. Wohnungsbaukredite).[71]

Die Kreditgenossenschaften konnten ihre Position in den ersten Jahren nach der Herstellung der deutschen Einheit ausbauen, verfügen jedoch weiterhin über den geringsten Marktanteil aller Bankengruppen in diesem Segment. Ebenfalls gelang es den Sparkassen, unmittelbar nach 1990 Anteile hinzuzugewinnen. Zwangsläufig nahm die relative Bedeutung der Kreditbanken in diesem Zeitraum ab, blieb im weiteren Verlauf der 90er Jahre jedoch stabil. Nach einem erneuten Rückgang nach der Jahrtausendwende stabilisierte sich der Anteil der Kreditbanken bei rund 38 % und entspricht damit seit 2003 dem zuvor gestiegenen Anteil der Sparkassen.

70 Vgl. DSGV (2006), S. 7 f.

71 Die Anteile der drei Gruppen addieren sich zu 100 %. Durch diese Konvention wird der Einfluss von Spezialbanken (z.B. Girozentralen und Realkreditinstitute) ausgeschaltet und eine Betrachtung der Entwicklung der Positionen der Universalbanken im Verhältnis untereinander ermöglicht. Die betrachteten Institute hatten am Gesamtmarkt einen Anteil von 72,0 % (1991) bzw. 67,5 % (2005).

Abbildung 3.3: Relative Anteile der Institutsgruppen an den Krediten an Unternehmen und Privatpersonen

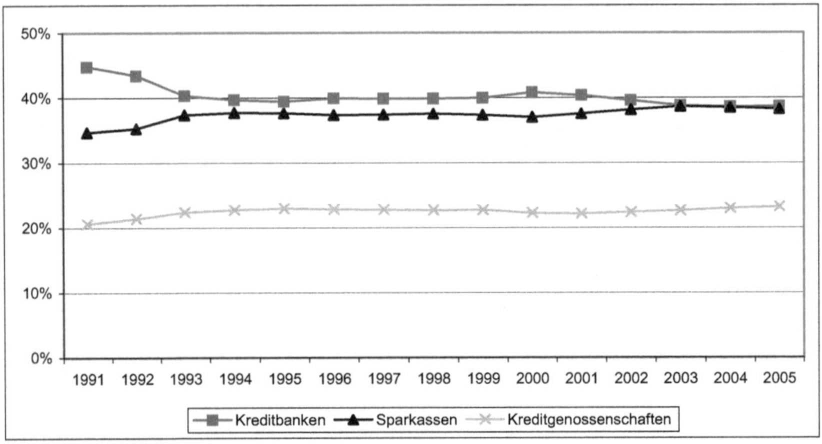

Zwischen den Bankengruppen bestehen erhebliche Unterschiede im Volumen der von den einzelnen Kreditinstituten verwalteten Aktiva. So betrug die durchschnittliche Bilanzsumme am Ende des Jahres 2005 bei den privaten Kreditbanken rund 7,7 Mrd. €. Darunter befinden sich die fünf privaten Großbanken mit durchschnittlich 245,4 Mrd. € Bilanzsumme, deren gesamte Aktiva entsprechen bereits 63,5 % der Aktiva aller privaten Kreditbanken. Die Sparkassen verwalteten im Mittel 2,2 Mrd. €, die Genossenschaftsbanken trotz der zahlreichen Fusionen der Vergangenheit weniger als 0,5 Mrd. €.[72]

Auch in der Struktur der Aktiva lassen sich deutliche Differenzen zwischen den Instituten der einzelnen Säulen ausmachen. Betrachtet man zunächst als Referenzgröße die Entwicklung bei allen Banken, so lässt Abbildung 3.4 erkennen, dass im Jahr 1991 die Kredite an Nichtbanken rund sechs Zehntel der Bilanzsumme aller Banken ausmachten. Bis 2005 sank dieser Anteil um sechs Prozentpunkte. Im Gegenzug erhöhte sich der Anteil der an andere Kreditinstitute vergebenen Darlehen um sechs Prozentpunkte, so dass die Restgröße aus Beteiligungen, Kassenbeständen und sonstigen Aktiva praktisch unverändert blieb. In den einzelnen Säulen zeigen sich spürbar gegenläufige Tendenzen. Wiesen die Kreditbanken 1991 mit 67 % der

[72] Alle Angaben zu Bankbilanzen und Kreditvolumina basieren auf dem regelmäßig veröffentlichten Datenmaterial der Deutschen Bundesbank zur Bankenstatistik - vgl. exemplarisch Deutsche Bundesbank (2006b).

Bilanzsumme noch den höchsten Anteil der Kredite an Nichtbanken auf, sank dieser in der Folge deutlich ab und entspricht nunmehr gerade noch der Hälfte der Aktiva dieser Banken. Die Entwicklung bei den Großbanken (hier nicht dargestellt) entsprach diesbezüglich der Entwicklung bei den Kreditbanken insgesamt. Ausgehend von einem etwas schwächeren Niveau als bei den Kreditbanken legte der Anteil der Nichtbankenkredite bei Genossenschaften und Sparkassen hingegen zu.

Abbildung 3.4: Vergleich der Aktivstrukturen 1991 und 2005

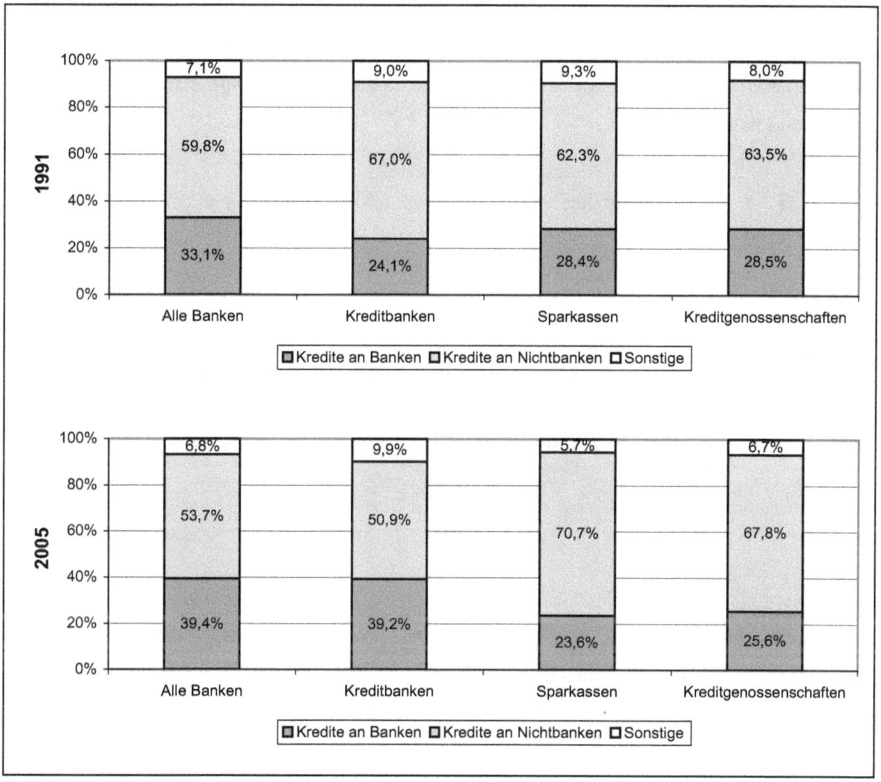

Die gesunkene Bedeutung des zinsabhängigen Geschäfts für das Gesamtgeschäft der Kreditbanken insbesondere auf dem Heimatmarkt verdeutlicht Abbildung 3.5. Die Grafik abstrahiert von den eher margenschwachen Kreditvergaben an andere Banken und an staatliche Institutionen und konzentriert sich auf Kredite an Inländer (inkl. Wohnungsbaukredite). Der Anteil dieser Kredite an der Bilanzsumme der Kreditbanken ist beinahe kontinuierlich gesunken. Geradezu dramatisch ist der Bedeutungsverlust dieses Marktsegments bei den Großbanken.[73] Wiesen diese zu Beginn des Betrachtungszeitraums mit rund 58 % noch den höchsten Wert auf, so hat sich dieser bis zum Ende mehr als halbiert auf weniger als 26 %. Kreditgenossenschaften und Sparkassen haben ausgehend von mit den Kreditbanken vergleichbaren Werten den Anteil der Kredite an inländische Unternehmen und Privatpersonen an ihren Aktiva bis zur Mitte der 90er Jahre noch ausbauen und danach weitgehend unverändert halten können.

Abbildung 3.5: Anteil der Kredite an Unternehmen und Privatpersonen an der Bilanzsumme

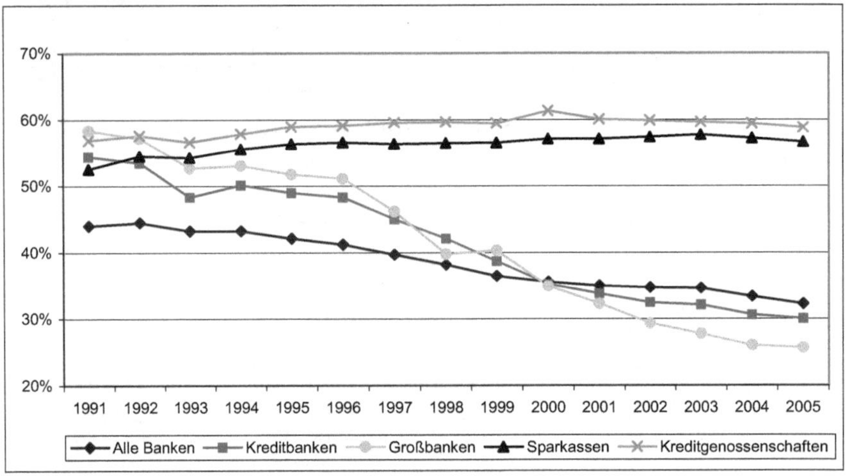

[73] Aufgrund der besonders prägnanten Entwicklung und der Tatsache, dass gerade diese Gruppe besonders häufig im Fokus der öffentlichen Wahrnehmung liegt, werden die Großbanken gesondert berücksichtigt. Bei der Betrachtung langfristiger Entwicklungen dieser Gruppe sind stets statistische Brüche, von denen diese Bankengruppe besonders betroffen ist (u.a. Berücksichtigung HypoVereinsbank ab 1999, Deutsche Postbank ab 2004), zu beachten und Interpretationen daher mit einer gewissen Vorsicht vorzunehmen.

Ausgeprägte Unterschiede zwischen den Bankengruppen sowie markante Veränderungen im Zeitablauf zeigen sich auch auf der Passivseite der Bilanz. Die Entwicklung des Anteils der Einlagen und aufgenommenen Kredite von Nichtbanken an der Bilanzsumme zeigt Abbildung 3.6. Diese Art der Refinanzierung stellt sich als wesentlich kostengünstiger dar als beispielsweise die Refinanzierung am Interbankenmarkt. Von den Anlegern werden jedoch für ihre Ersparnisse vermehrt alternative Anlagemöglichkeiten bei Versicherungen und in Investmentfonds genutzt, so dass sich die Grenzen zwischen Banken-, Versicherungs- und Wertpapiersektor diesbezüglich zunehmend auflösen.[74] Im langfristigen Vergleich zeigt sich daher generell eine fallende Tendenz der Bedeutung der Kundeneinlagen für die Refinanzierung der Banken.

Abbildung 3.6: Anteil der Einlagen von Nichtbanken an der Bilanzsumme

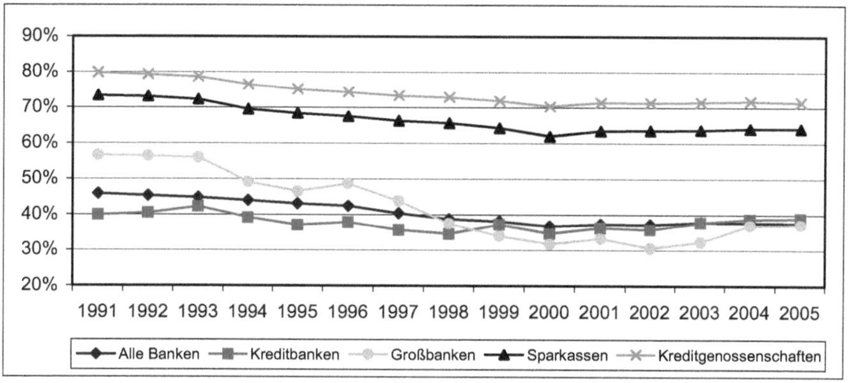

Sparkassen und Kreditgenossenschaften vermögen dennoch nicht zuletzt aufgrund ihres ausgedehnten Zweigstellennetzes in erheblichem Umfang finanzielle Mittel in Form von Einlagen auf Girokonten, Sparbüchern sowie in kurz- und langfristigen Terminanlagen zu attrahieren. Dabei werden vielfach auch Kunden in lokalen Märkten bedient, für die das moderne Internet- und Telefon-Banking (noch) keine akzeptable Alternative darstellt. Bei diesen Bankengruppen weisen die Kundeneinlagen einen deutlich höheren Stellenwert auf als bei den Kreditbanken. Am stärksten fielen die Veränderungen im Zeitablauf wieder bei den Großbanken aus. Im Zuge des Rückzugs aus der Fläche und der Abkehr vom Retail Banking

[74] Vgl. Sachverständigenrat (2004), Ziff. 361.

hatte sich der Anteil der Kundeneinlagen bei diesen Kreditinstituten verglichen mit dem Jahr 1991 zwischenzeitlich fast halbiert. Erst die Aufnahme der Postbank mit ihrem umfangreichen Privatkundengeschäft und die erneute Hinwendung zu diesen Kunden auch bei den anderen Großbanken bewirkten wieder einen Anstieg des Anteils der Kundeneinlagen dieser Gruppe zum Ende des Untersuchungszeitraums.

3.3 Profitabilität der Kreditinstitute

Nach der Betrachtung der strukturellen Unterschiede soll im Folgenden die Performance der Institute des deutschen Bankensektors untersucht werden. Abbildung 3.7 veranschaulicht zunächst die Entwicklung des Zinsüberschusses, mithin der Differenz aus Zinserträgen und Zinsaufwendungen, in Relation zur (durchschnittlichen) Bilanzsumme. Diese auch als Zinsspanne oder Zinsmarge bezeichnete Größe gibt Auskunft über die aus der Intermediation erzielten Beiträge zum Geschäftserfolg einer Bank.

Abbildung 3.7: Zinsüberschuss in Relation zur Bilanzsumme

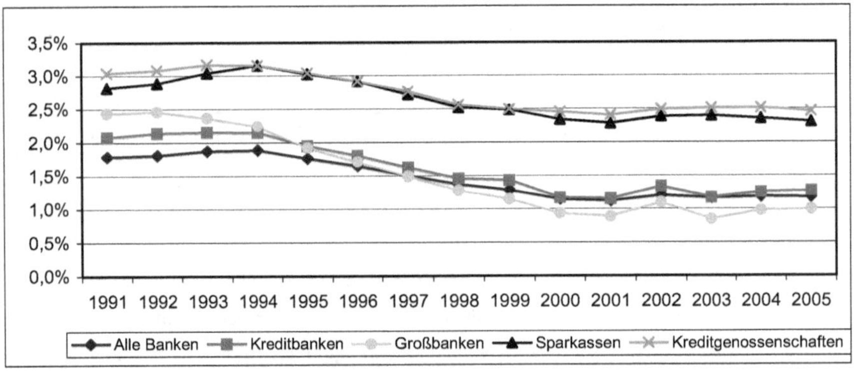

Die Entwicklung der Zinsspanne weist langfristig bei allen Kreditinstituten eine fallende Tendenz auf (rund ein halber Prozentpunkt zwischen Beginn und Ende des Untersuchungszeitraums). Dies kann Ausdruck eines preissensibleren Verhaltens der Anleger als auch auf verminderte Preissetzungsspielräume der Banken gegenüber den Kreditnehmern zurückzuführen sein, so dass die im Intermediationsgeschäft erzielbare Zinsspanne allgemein zurückgeht. Auffälliger sind indes die beträchtlichen Niveauunterschiede zwischen den betrachteten Bankengruppen.

Kreditgenossenschaften und Sparkassen konnten durchweg wesentlich höhere Zinsmargen durchsetzen als die Kreditbanken. Den stärksten Rückgang des Zinsüberschusses sowohl absolut als auch relativ zu den anderen Bankengruppen mussten die Großbanken hinnehmen. So erzielten die Sparkassen gegenüber den Großbanken 1991 einen Vorteil beim Zinsüberschuss von rund 0,4 Prozentpunkten, der bis zum Jahr 2003 auf 1,5 Prozentpunkte anwuchs und sich seitdem nur unwesentlich wieder verringert hat. Hier macht sich die veränderte strategische Ausrichtung der Großbanken bemerkbar. Die auch im vorhergehenden Abschnitt aufgezeigten Tendenzen wie die generell gesunkene Bedeutung des Kreditgeschäfts für diese Banken, der Rückzug aus der Fläche, die Abwendung vom Retail Banking und die verstärkte Internationalisierung haben relativ zu Sparkassen und Genossenschaftsbanken aktivseitig zu verschlechterten Preissetzungsmöglichkeiten und passivseitig zu einer ungünstigeren Refinanzierungsstruktur geführt.

Das Zinsgeschäft ist jedoch nur eine Komponente des Bankgeschäfts und Kreditinstitute mit niedrigen Zinsspannen müssen nicht grundsätzlich ertragsschwach sein. Daher ist die Zinsspanne nur begrenzt als alleiniges Kriterium für den Geschäftserfolg geeignet. Aus dem Handel mit Wertpapieren, der Depotführung, Vermögensberatung und -verwaltung für Privat- und Geschäftskunden entstehen Banken Provisionseinkünfte. Insbesondere bei den Kreditbanken und unter diesen wiederum bei den Großbanken besitzt das Provisionsgeschäft traditionell einen großen Stellenwert. Obwohl nicht unproblematisch, da dieses Geschäft typischerweise außerbilanziell erfolgt, ist es üblich, auch den Provisionsüberschuss in Relation zur Bilanzsumme auszudrücken und als Erfolgsindikator des Provisionsgeschäfts zu verwenden.

Lässt man die Großbanken zunächst außer Acht, so weisen in der Abbildung 3.8 die Kreditbanken insgesamt für den überwiegenden Teil der Untersuchungsperiode den höchsten Wert für die Provisionsspanne auf. Zum Ende des Zeitraums wurden die Kreditbanken von den Sparkassen eingeholt und von den Kreditgenossenschaften sogar überholt. Besonders markant fiel erneut die Entwicklung bei den Großbanken aus, bei denen der Provisionsüberschuss in Bezug auf die Bilanzsumme nahezu kontinuierlich gesunken ist.

Abbildung 3.8: Provisionsüberschuss in Relation zur Bilanzsumme

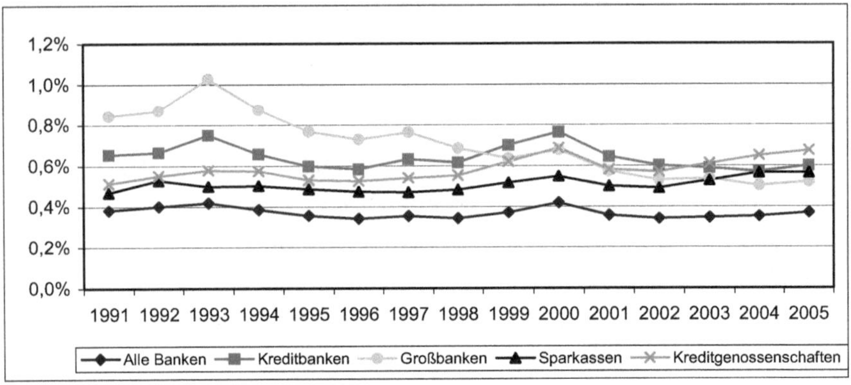

Die relative Bedeutung des Provisionsgeschäftes wird jedoch an einer anderen Größe deutlicher, die ohne Bezugnahme auf die Bilanzsumme auskommt. Das Verhältnis von Provisions- zum Zinsüberschuss ist im Mittel aller Kreditinstitute von rund 0,21 auf 0,31 im Zeitraum 1991 bis 2005 gestiegen, bei den Großbanken sogar von 0,34 auf 0,52.[75] Mithin erreichte der Provisionsüberschuss am Ende des Betrachtungszeitraums bereits die Hälfte des Zinsüberschusses der Großbanken, davon blieben Sparkassen und Genossenschaftsbanken, bei denen der Provisionsüberschuss etwa einem Viertel des Zinsüberschusses entsprach, weit entfernt.

Aufgrund ihres ausgedehnten Zweigstellennetzes und der Fokussierung auf Privat- sowie klein- und mittelständische Gewerbekunden produzieren Sparkassen und Kreditgenossenschaften mit einer höheren Personalintensität als die privaten Kreditbanken. Sowohl das Volumen der vergebenen Kredite als auch der aus Zins- und Provisionsgeschäft erzielte Netto-Ertrag sind bezogen auf das eingesetzte Personal bei Sparkassen und Genossenschaftsbanken kleiner als bei den Kreditbanken, jedoch fällt auch der Personalaufwand je Mitarbeiter in den erstgenannten Instituten geringer aus als in den Kreditbanken.[76] Diese Gegebenheiten finden sämtlich ihren Niederschlag in der sogenannten Aufwands-Ertrags-Relation oder Cost-Income-Ratio (CIR). Sie ist definiert als das Verhältnis aus der Summe der Verwaltungsaufwendungen (Personal- und andere Aufwendungen) zur Summe aus Zins- und Provi-

[75] Im Jahr 2000, der DAX und viele internationale Börsenindizes erreichten im Verlauf dieses Jahres historische Höchststände, wurde sogar ein Wert von 0,72 erzielt.

[76] Vgl. Gischer/Reichling/Stiele (2007).

sionsüberschuss.[77] Ziel ist naturgemäß das Erreichen einer möglichst geringen CIR, international wird regelmäßig ein Wert von 60 % angestrebt. Abbildung 3.9 zeigt die Entwicklung der CIR für die deutschen Banken während des Untersuchungszeitraums.

Abbildung 3.9: Cost-Income-Ratio

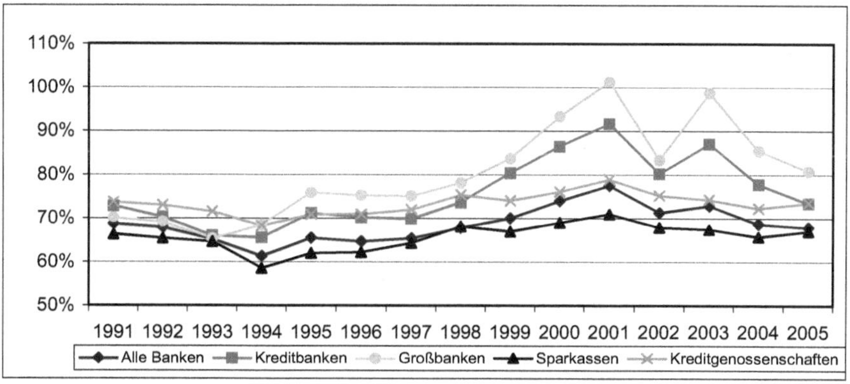

Vergleicht man die Situation am Ende des Zeitraums mit der zum Beginn, so fällt auf, dass die deutschen Kreditinstitute im Mittel ihre Cost-Income-Ratio kaum verbessern konnten. Sie sank zwischen 1991 und 2005 von rund 69 % auf 68 %. Auch in der Einzelbetrachtung erreichen Sparkassen, Kreditgenossenschaften und Kreditbanken nahezu exakt die Ausgangswerte. In der Gruppe der Großbanken verschlechterte sich die CIR deutlich um rund zehn Prozentpunkte. Stellte sich bereits zur Mitte der 90er Jahre die Situation für diese Banken schlechter dar als für die Konkurrenz, so sind insbesondere die im Zuge der Internationalisierung und des Ausbaus des Investmentbankings gestiegenen Aufwendungen, die nicht von adäquaten Erträgen begleitet wurden, für den zwischenzeitlich starken Anstieg der CIR verantwortlich. Insgesamt gesehen gelingt es diesen Banken nicht, ihre Schwäche im Zinsgeschäft in ausreichendem Maße durch Erträge aus dem Provisionsgeschäft und/oder

[77] Die Cost-Income-Ratio existiert in unterschiedlichen Abgrenzungen. Die hier verwendete entspricht einer engen Fassung der CIR zur Beurteilung des operativen Kerngeschäftes einer Bank. Daneben existiert auch eine CIR in weiter Abgrenzung, die zusätzlich den Netto-Ertrag aus Finanzgeschäften und den Saldo der sonstigen ordentlichen Erträge und Aufwendungen im Nenner berücksichtigt. Vgl. z.B. Ashauer (2005), S. 144, und Deutsche Bundesbank (2006a), S. 22.

geringere Kosten zu kompensieren.[78] Auffällig ist ferner, dass die Sparkassen gemessen an der CIR im gesamten Verlauf des Beobachtungszeitraums offenbar relativ effizient gewirtschaftet haben.

Ein umfassendes Bild vom wirtschaftlichen Erfolg vermittelt der Jahresüberschuss vor Steuern. In ihm schlägt sich u.a. der Netto-Ertrag aus Finanzgeschäften nieder, welcher für die Großbanken mitunter in einzelnen Jahren erhebliche Bedeutung für das Gesamtergebnis erlangt.[79] Weiterhin fließen der Saldo der sonstigen ordentlichen Erträge und Aufwendungen, das Bewertungsergebnis sowie der Saldo der anderen und außerordentlichen Erträge und Aufwendungen in den Jahresüberschuss vor Steuern ein, dessen Entwicklung in Prozent der Bilanzsumme Abbildung 3.10 widerspiegelt.

Abbildung 3.10: Jahresüberschuss vor Steuern in Relation zur Bilanzsumme

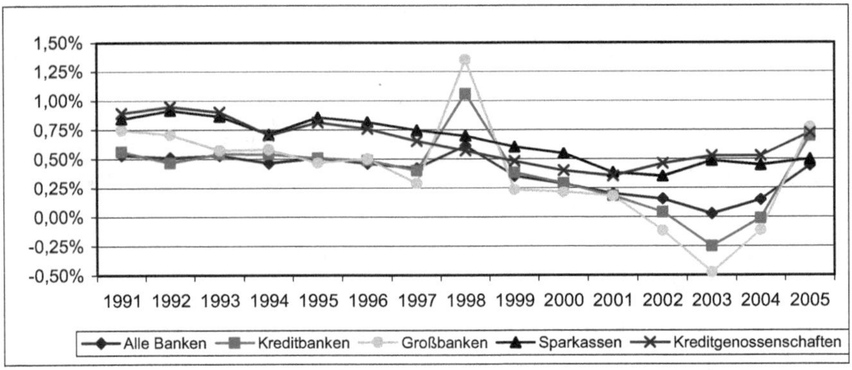

Sparkassen und Kreditgenossenschaften konnten im langjährigen Vergleich zumeist die jeweils besten Ergebnisse erzielen und wiesen zudem die geringsten Schwankungen im Jahresüberschuss auf. Lediglich in Einzeljahren vermochten die Kreditbanken insgesamt die

[78] Dies gilt nicht für die Postbank, die eine günstigere Cost-Income-Ratio als die „klassischen" Großbanken aufweist und insbesondere seit 2004 mit den Sparkassen vergleichbare Werte erzielt - vgl. Deutsche Postbank (2006), S. 72 und 201.

[79] Im Jahr 2005 lieferte der Eigenhandel mit Wertpapieren bei diesen Banken erstmals einen größeren Erfolgsbeitrag als das Provisionsgeschäft, während die Regional- und sonstigen Kreditbanken wie schon im Vorjahr hier sogar Verluste erzielten. Diese Ergebniskomponente ist jedoch überaus volatil (z.B. Großbanken in 2005: 10,8 Mrd. € bzw. 27 % des operativen Gesamtüberschusses, Vorjahr: nur 0,6 Mrd. € resp. 2,2 %) und besitzt für Sparkassen und Kreditgenossenschaften keine Relevanz (langjährig unter 1 %).

Ergebnisse der anderen Institutsgruppen zu erreichen oder zu übertreffen,[80] wiesen jedoch auch im Jahr 2003 das mit Abstand schlechteste Ergebnis auf. In diesem Jahr schrieben die deutschen Kreditinstitute, aggregiert über alle Banken, vor Steuern nur noch eine „schwarze Null" (0,03 % der Bilanzsumme), nach Steuern trat sogar ein Verlust ein (-0,05 %). Über den gesamten Beobachtungszeitraum realisierten die Großbanken und die anderen Kreditbanken einen durchschnittlichen jährlichen Überschuss von jeweils 0,39 % der Bilanzsumme, der auch dem Durchschnitt aller deutschen Kreditinstitute entsprach. Sparkassen und Kreditgenossenschaften erreichten im langjährigen Mittel jeweils 0,65 %.

Abbildung 3.11: Eigenkapitalrendite vor Steuern

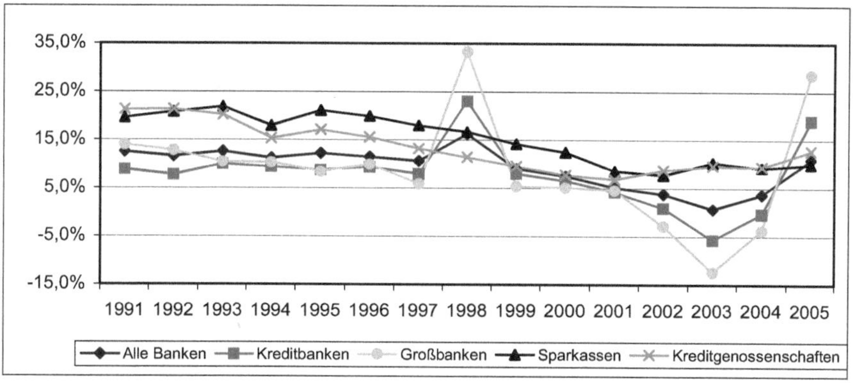

Abschließend soll die Verzinsung des eingesetzten Eigenkapitals[81] als Kriterium für die Profitabilität des Geschäfts der Kreditinstitute herangezogen werden. Abbildung 3.11 zeigt die Entwicklung der Eigenkapitalrentabilität vor Steuern. Nach den bisherigen Ausführungen ist es kaum überraschend, dass Kreditgenossenschaften und Sparkassen auch bezüglich dieser Größe besser als die privaten Kreditbanken abschneiden. Insbesondere die Großbanken

80 Das herausragende Ergebnis der Großbanken im Jahr 1998 beruhte auf einem stark positiven Beitrag des außerordentlichen Ergebnisses durch Hebung stiller Reserven - vgl. Deutsche Bundesbank (1999), S. 29 f. und 42 f.

81 Verwendet wird das bilanzielle Eigenkapital in weiter Abgrenzung aus gezeichnetem Kapital und Rücklagen einschließlich Genussrechtskapital und Fonds für allgemeine Bankrisiken.

konnten zwar in einzelnen Jahren besonders hohe Renditen erzielen, blieben über längere Zeiträume betrachtet jedoch hinter den anderen Instituten zurück.[82]

Offenbar steht die Geschäftsstrategie einer Ausrichtung auf die regionale kreditwirtschaftliche Versorgung von Bevölkerung und Wirtschaft vor Ort durch die Sparkassen der Erzielung von Gewinnen nicht nur nicht entgegen, sondern scheint hervorragend mit diesem Ziel zu harmonieren. Im Lichte der Tatsache, dass die Thesaurierung von Gewinnen für Sparkassen regelmäßig die einzige Möglichkeit der Eigenkapitalaufstockung darstellt, stellt sich die Kausalität vielmehr anders dar: Indem Gewinne erwirtschaftet werden, wird erst die „kreditwirtschaftliche Versorgung" ermöglicht.[83] Ferner liegt die Erzielung von Gewinnen im Interesse der Sparkassen-Träger, da dies die Ausschüttung finanzieller Mittel an die lokale Gebietskörperschaft ermöglicht.[84] Dem stehen auch nicht das von Sparkassen betriebene Sponsoring oder die Vergabe von Spenden zur Förderung kultureller und sozialer Zwecke entgegen, da auch dies der vorherigen Erzielung von Überschüssen aus dem Bankgeschäft bedarf bzw. - anders gewendet - aus Unternehmenssicht als eine Form von (vorweggenommener) Gewinnausschüttung betrachtet werden kann, welche die eigentliche Output-Entscheidung nicht beeinflusst.

Aus den bisherigen Betrachtungen ergibt sich jedenfalls auch kein Anhaltspunkt für die These, dass diese Institute „marktwidrig" eine Strategie der Umsatzmaximierung verfolgen und damit Konkurrenten aus dem Markt drängen.[85] Vor diesem Hintergrund könnte es eher fraglich erscheinen, ob die Manager einiger privater Geschäftsbanken stets das Ziel der

---

[82] In der Nachsteuer-Betrachtung rücken die Institutsgruppen näher zusammen, da Kreditgenossenschaften und Sparkassen offenbar über weniger Möglichkeiten verfügen, Gewinne zu verlagern oder anderweitig ihre Steuerlast zu senken - vgl. z.B. Ashauer (2002), S. 258. An der Reihenfolge der Institute ändert sich für den Gesamtzeitraum jedoch nichts.

[83] Siehe auch Hartmann-Wendels/Pfingsten/Weber (2004), S. 31, die einschätzen: „In der heutigen Zeit steht eher die Gewinnerzielung als praktisches, jedoch oft nicht offen geäußertes Geschäftsziel im Vordergrund."

[84] Regelungen zur Ausschüttung finden sich in den Sparkassengesetzen der Bundesländer. So regelt § 27 Abs. 2 SpkG-LSA, dass die Ausschüttung unter bestimmten Bedingungen bis zu 50 % des Jahresüberschusses betragen darf (der nichtausgeschüttete Teil wird der Sicherheitsrücklage zugeführt und stärkt die Eigenkapitalbasis). Ferner lässt sich der Zusammenhang zwischen Profitabilität einerseits und positiver Ausschüttungsentscheidung sowie tatsächlicher Ausschüttungshöhe andererseits auch empirisch belegen - vgl. Kleff (2005), S. 197 ff.

[85] So Rolf-E. Breuer, zu dieser Zeit Präsident des Bundesverbandes deutscher Banken und Vorsitzender des Aufsichtsrates der Deutschen Bank, anlässlich einer Pressekonferenz des Verbandes im Herbst 2004 - vgl. Breuer (2004). Der Vorwurf (ergänzt um den Zusatz „über Jahrzehnte hinweg") findet sich auch in Bundesverband deutscher Banken (2004), S. 20. Im Übrigen stellt dies eine empirisch testbare Hypothese über das Verhalten von Banken dar, auf die im weiteren Verlauf der Untersuchung noch zurückzukommen sein wird.

Gewinnerzielung verfolgten oder ob nicht aufgrund einer möglicherweise unzureichenden Corporate Governance zuweilen eher die Erreichung ganz anderer, aus der modernen Anreizökonomie wohlbekannter Ziele und Handlungsmotive von Agenten wie das Streben nach persönlichen Vorteilen in Form von Einkommen, Macht, Einfluss, Ansehen etc. im Vordergrund standen.[86]

Seit Ende der 90er Jahre die Gewinne der deutschen Banken zurückgingen und im Jahr 2003 die Branche nach Steuern sogar ein negatives Gesamtergebnis aufwies (siehe vorn) häuften sich Berichte, die das Vorhandensein einer „Bankenkrise" nahelegten oder explizit das Bestehen einer solchen in Deutschland diagnostizierten.[87] Berücksichtigt man, dass die einzelnen Bankengruppen ganz unterschiedlich von der Krise betroffen sind und (abgesehen von der erwähnten Ausnahme) in den letzten Jahren trotz alledem der deutsche Bankensektor insgesamt stets positive Jahresüberschüsse erwirtschaftet hat sowie vor allem die Tatsache, dass der massenhafte Zusammenbruch von Banken in Deutschland auch weiterhin unbekannt geblieben ist, erscheint der pauschalierende Begriff Bankenkrise als Situationsbeschreibung deplatziert[88] und eher eine differenzierte Betrachtung der unterschiedlichen Entwicklung der deutschen Kreditinstitute bzw. Institutsgruppen angebracht[89], wie sie oben vorgenommen wurde. Allerdings scheint sich die Profitabilität des deutschen Bankensektors insgesamt im internationalen Vergleich seit mehreren Jahren als eher unterdurchschnittlich zu erweisen.[90]

86 Defizite in der nach seiner Auffassung sogar „miserablen Corporate Governance" dieser Institute werden von Wenger konstatiert - vgl. Wenger (2005), S. 10.

87 Vgl. etwa - stellvertretend für viele andere - o.V. (2002a), o.V. (2003a) und o.V. (2004).

88 Vgl. Pontzen (2003), der auf die gravierenden Unterschiede zur tatsächlichen Krisensituation des Jahres 1931 hinweist, und mit gleichem Tenor Jochen Sanio, Präsident der Bundesanstalt für Finanzdienstleistungsaufsicht, in o.V. (2003b), S. 10.

89 Vgl. Gischer (2003a) und Gischer (2003b).

90 Vgl. Ashauer (2002), KfW (2005) und Brüser/Schöning (2006). Die Ergebnisse der vergleichenden Untersuchung von fünf europäischen Ländern durch Brunner et. al. (2004) deuten nach Auffassung ihrer Autoren darauf hin, dass die geringere Profitabilität in Deutschland eher von den vergleichsweise geringen Erträgen als durch zu hohe Kosten verursacht wird. Vgl. in diesem Zusammenhang auch den Report IMF (2003), S. 17 f., wonach die gesunkene Rentabilität darauf zurückzuführen sei, dass deutsche Banken nicht in der Lage wären, in ausreichendem Maße Provisionserträge zu generieren, um die gesunkene Zinsspanne zu kompensieren.

3.4 Overbanking im deutschen Bankensektor?

Bei der Ursachenforschung für die Probleme im Bankensektor wird häufig angeführt, dass Deutschland unter Überkapazitäten leide und sogar „hoffnungslos overbanked“ sei.[91] In engem Zusammenhang mit dem Overbanking-Argument wird auch fortwährend in der öffentlichen Diskussion auf den starken Wettbewerb hingewiesen, der die Margen drücke.[92] Tatsächlich ist seit langer Zeit regelmäßig - und beinahe unabhängig von der jeweils aktuellen Situation - ein hoher Wettbewerbsdruck im Bankenmarkt konstatiert worden.[93]

Im Folgenden soll zunächst die These eines Overbankings in Deutschland beleuchtet werden, wobei die Untersuchung dadurch erschwert wird, dass bisweilen unklar bleibt, was denn in concreto unter dem Begriff Overbanking zu verstehen ist. Folgt man den Diskussionen der vergangenen Jahre, so ist zu vermuten, dass damit ein „Zuviel“ an Banken oder Bankaktivitäten in Deutschland gemeint ist, welches im internationalen Vergleich die Lage der deutschen Kreditinstitute besonders belastet. Overbanking müsste sich daher an einer zu hohen Zahl von Banken, einem zu umfangreichen Zweigstellennetz oder einem zu hohen Einsatz volkswirtschaftlicher Ressourcen bei der Erstellung von Bankleistungen zeigen.

Abbildung 3.12 vergleicht die in ausgewählten europäischen Ländern bestehende Zahl der Banken im Verhältnis zur Bevölkerung in den Jahren 1997 und 2005.[94] Mit rund 25 Instituten je eine Million Einwohner weist Deutschland am aktuellen Rand des vorhandenen Datenmaterials eine Bankendichte auf, die mit der von Nachbarländern vergleichbar ist (Niederlande) oder sogar deutlich darunter liegt (Österreich, Dänemark). In anderen großen Flächenländern Europas (Großbritannien, Spanien, Frankreich, Italien) ist die Bankendichte teilweise

---

91 Vgl. beispielsweise o.V. (2002a), Steevens (2003) und Hansen (2006), S. 35.

92 Vgl. etwa o.V. (2005). Auch der IMF nennt als Grund für die niedrige Zinsspanne den vorgeblich starken Wettbewerb - vgl. IMF (2003), S. 17.

93 So wurde in Deutsche Bundesbank (1999), S. 28, angemerkt, dass innerhalb des deutschen Bankensektors der scharfe Wettbewerb anhielte. Kuntze (1989) berichtet von zunehmendem Wettbewerb, während anderenorts bereits Anfang der 80er Jahre die Konkurrenz in der Kreditwirtschaft als „ausgesprochen hart“ charakterisiert wurde - vgl. Herrhausen (1983), S. 9. Dies wirkt umso erstaunlicher, wenn man berücksichtigt, dass in den 80er Jahren die Profitabilität deutlich über dem heutigen bzw. dem Niveau der 90er Jahre lag - vgl. IMF (2003), S. 18.

94 Quelle: eigene Berechnungen auf der Grundlage von Daten in ECB (2003) und ECB (2006); Stand Dänemark und Niederlande 1998 (anstelle 1997); „EU-15/25“: Durchschnitt der 15 bzw. 25 Mitgliedsländer der Europäischen Union im Jahr 1997 resp. 2005; „Euro-12“: Durchschnitt der 12 Länder des Euro-Währungsraums.

deutlich geringer. Deutschland weist allerdings im Vergleich zur Situation acht Jahre zuvor den relativ größten Rückgang in der Zahl der Kreditinstitute auf, so dass man im Umkehrschluss für die Vergangenheit einem Overbanking in diesem Land eine, allerdings begrenzte, Bedeutung beimessen mag. Gegenwärtig existieren jedoch gemessen an der Bankendichte im Vergleich zum europäischen Durchschnitt (ca. 19 Institute je eine Mio. Einwohner für EU, 20 Institute je Mio. Einwohner für Euro-Zone) in Deutschland kaum mehr Kreditinstitute als in den anderen Ländern.

Abbildung 3.12: Bankendichte im europäischen Vergleich
(Zahl der Kreditinstitute je eine Million Einwohner)

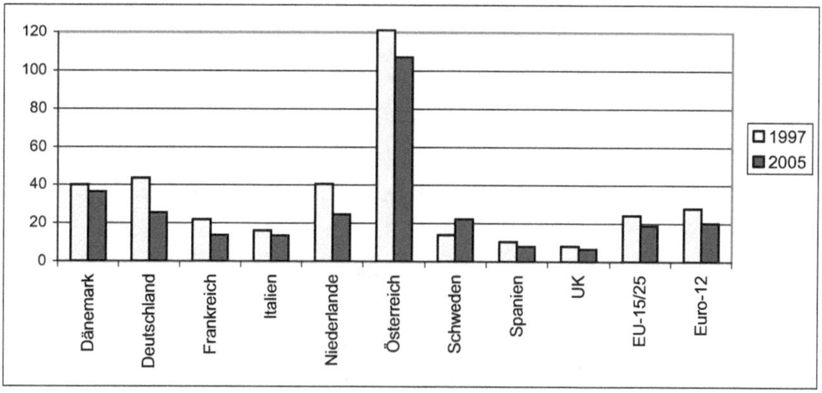

Länder mit einem hohen Maß an Dezentralität im Bankensektor und vielen regional begrenzt operierenden Banken weisen zwangsläufig eine höhere Bankendichte auf. Aussagekräftiger ist daher die Betrachtung der Filialdichte. Abbildung 3.13 verdeutlicht die Zahl der Zweigstellen in Relation zur Bevölkerung.[95] Hier zeigt sich ein vollkommen anderes Bild. Offenkundig können Länder mit hoher Institutsdichte wie Österreich über eine geringe Filialdichte verfügen, während Länder mit geringer Institutsdichte (Spanien) eine überraschend hohe Zahl an Zweigstellen aufweisen. Während die Dichte in Deutschland mit 5,3 Zweigstellen je 10.000 Einwohner für das Jahr 2005 im Bereich des Wertes der Euro-Zone von 5,4 liegt, scheint sie für die Vergangenheit sowohl gegenüber der EU als auch gegenüber der Euro-Zone erhöht.

[95] Quelle wie vor; Zweigstellen der Deutschen Postbank in beiden Zeitpunkten berücksichtigt.

Abbildung 3.13: Zweigstellendichte im europäischen Vergleich
(Zahl der Zweigstellen je 10.000 Einwohner)

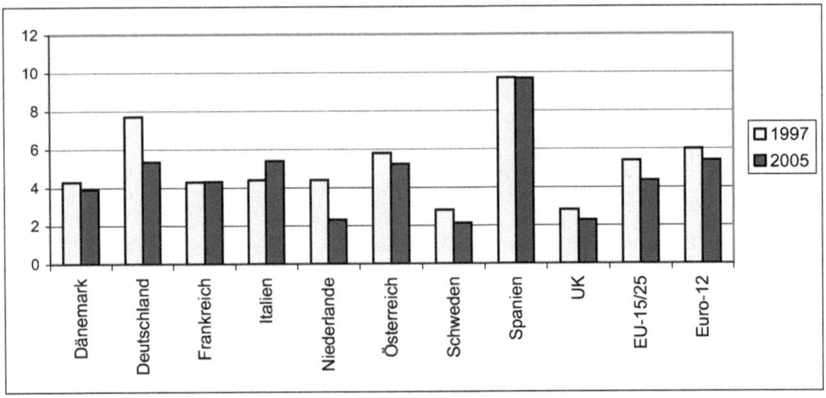

Die Zahlen für Deutschland enthalten in beiden Jahren die Filialen der Post bzw. Postbank. Dies ist - insbesondere für frühere Zeitpunkte (hier 1997: über 16.000 Filialen) - nicht unproblematisch, da selbst Stützpunkte der Post in Schreibwarenläden o. Ä. statistisch erfasst wurden, die mit klassischen Bankfilialen offensichtlich inkomparabel sind.[96] Lässt man diese Filialen unberücksichtigt, so ergibt sich für Deutschland eine Zweigstellendichte von 5,7 für das Jahr 1997 und 4,2 für 2005. Damit läge Deutschland am aktuellen Rand exakt im EU-Durchschnitt und sogar deutlich unter dem Mittel der Euro-Zone von 5,1.

Im Hinblick auf die Beanspruchung makroökonomischer Ressourcen durch den Bankensektor ergab eine Studie der KfW, dass Deutschland gemessen an internationalen Standards keinesfalls overbanked ist. In Deutschland sind 2,0 % aller Erwerbstätigen in Kreditinstituten beschäftigt. Dies ist nicht nur nahezu identisch mit dem Durchschnittswert in den anderen

[96] Vgl. Walter/Lahusen (2004), S. 17. In vielen der rund 9.000 Filialen (Stand: 2005) der Deutschen Post AG, die gemeinsam von Post und Postbank genutzt wurden, werden bis heute nur einfachste Bankdienstleistungen wie Ein- und Auszahlungen von Giro- und Sparkonten erbracht. Das anspruchsvollere Bankgeschäft konzentrierte sich auf 787 sogenannte „Postbank Center". Zum 1.1.2006 hat die Postbank insgesamt 850 Filialen von der Post (überwiegend die angesprochenen „Postbank Center") übernommen und ist dadurch erstmals in den Besitz eigener Geschäftsstellen gelangt - vgl. Deutsche Postbank (2006), S. 19 f. und 26 f. Auch die OECD berücksichtigt Postbank-Filialen nicht in den Zweigstellenzahlen für Deutschland - vgl. OECD (2005), S. 178 f.

EU-15-Ländern von 1,9 %, sondern entspricht auch dem Erwerbstätigenanteil in anderen bedeutenden Volkswirtschaften.[97]

Bei der Untersuchung der Produktivitätsentwicklung anhand von Daten aus der Volkswirtschaftlichen Gesamtrechnung schneidet das deutsche Kreditgewerbe im internationalen Vergleich sogar überdurchschnittlich ab. Im Zeitraum 1991 bis 2002 nahm die Erwerbstätigenproduktivität jährlich im Mittel um 4,1 % zu. Dies liegt über den entsprechenden Werten des Restes der EU-15 (3,2 %) und der USA (2,7 %), jedoch unter dem Japans (5,2 %). Somit scheinen weder Struktur noch Umfang des deutschen Bankensektors die Entwicklung der Kreditinstitute in dieser Hinsicht negativ beeinflusst zu haben.[98] Auf der Basis von OECD-Daten über aggregierte Jahresabschlüsse der nationalen Bankensektoren für die Jahre 1993 bis 2003 weist Pieper darauf hin, dass die deutschen Kreditinstitute auch bei den im Bankgeschäft erwirtschafteten Bruttoerlösen[99] je Mitarbeiter im gesamten Zeitraum einen Platz hinter der Schweiz und Frankreich (bis 1997 auch hinter Italien), aber vor Spanien, Großbritannien und den USA einnehmen. Auch dieser Indikator spricht gegen die These eines Overbankings im deutschen Bankenmarkt.[100]

Insgesamt kann als Fazit festgehalten werden, dass sich aus der Betrachtung verschiedener relevanter Indikatoren keine substanziellen Hinweise auf ein Overbanking im deutschen Bankenmarkt ergeben. Das Vorliegen einer allgemeinen Bankenkrise ist nicht zu erkennen. Vielmehr stellt sich die Lage auf dem komplex strukturierten deutschen Bankenmarkt sehr differenziert dar und die unterschiedliche Performance der einzelnen Kreditinstitute scheint das Ergebnis einer unterschiedlichen Schwerpunktsetzung in den Geschäftsstrategien zu sein.

Bevor im Weiteren eine eingehende Untersuchung des Wettbewerbsverhaltens von Banken erfolgen kann, werden im nachstehenden Kapitel zunächst verschiedene Konzepte der Wettbewerbsmessung untersucht und ihre Eignung für eine Anwendung auf den deutschen Bankenmarkt geprüft.

---

[97] In den USA und Japan beträgt der Anteil der Erwerbstätigen in der Kreditwirtschaft 2,1 % bzw. 2,0 % - vgl. KfW (2005), S. 10.

[98] Andere Untersuchungen kommen zu vergleichbaren Ergebnissen - vgl. KfW (2005), S. 11.

[99] Die Größe setzt sich zusammen aus Zins- und Provisionserträgen sowie den nur im Netto-Ausweis vorliegenden Ergebnissen aus Handelsaktivitäten und sonstigen Vorgängen.

[100] Vgl. Pieper (2006), S. 454.

4 Konzepte der Wettbewerbsmessung

Wie kann die „Kompetitivität" eines Marktes oder, jeweils synonym hierzu, der „Konkurrenzdruck" oder die „Intensität des Wettbewerbs" auf einem Markt gemessen werden? Mit der Struktur des Marktes, dem Ergebnis des Marktprozesses und dem Verhalten der Marktteilnehmer bestehen verschiedene Anknüpfungspunkte für die Wettbewerbsmessung. Das vorliegende Kapitel untersucht zunächst die klassischen, strukturorientierten Methoden der Wettbewerbsmessung, bevor mit dem Lerner-Index ein ergebnisorientiertes Maß beleuchtet wird. Schließlich werden mit den Modellen der New Empirical Industrial Organization (NEIO) Methoden diskutiert, die am tatsächlich beobachteten Verhalten der Unternehmen ansetzen sollen.

4.1 Wettbewerbsmessung durch Marktstrukturmaße

4.1.1 Das SCP-Paradigma

Seit den wegweisenden Arbeiten von Mason (1939), Mason (1949) und Bain (1951) dominierten Untersuchungen auf der Grundlage des Structure-Conduct-Performance-Paradigma (SCP-Paradigma) in empirischen Studien zu industrieökonomischen Fragestellungen. Nach diesem Ansatz besteht eine enge Beziehung zwischen der Marktstruktur (Structure), dem Marktverhalten (Conduct) und dem Marktergebnis (Performance).[101]

Die Marktstruktur kann dabei charakterisiert werden durch die Anzahl und Größe der Anbieter, die Verteilung der Marktanteile, aber auch durch Eigenschaften der Nachfrageseite sowie mögliche Markteintrittsbarrieren. Zu den Aspekten des Marktverhaltens zählen die von den Unternehmen verfolgte Preis- und/oder Mengenstrategie, Fragen der Produktgestaltung und -qualität, ferner Entscheidungen über Werbemaßnahmen und Investitionen in neue Fabriken. Zum Marktergebnis gehören schließlich u.a. die resultierenden Marktpreise und -mengen, die durch die Firmen realisierten Gewinne oder Gewinnmargen, die Produktivität und der

[101] Vgl. hierzu und zum Folgenden z.B. Schmalensee (1989) und Scherer/Ross (1990).

technische Fortschritt in der Industrie sowie die allokative Effizienz. In empirischen Untersuchungen werden allerdings keinesfalls Daten zu allen vorgenannten Aspekten der drei Komponenten des SCP-Paradigmas verwendet. In der Regel beschränkt man sich auf einzelne Größen, die einer möglichst einfachen Beobachtung zugänglich sind.

Kennzeichnend für diesen Ansatz ist, dass die Beziehung zwischen diesen Größen nicht im Sinne einer statistischen Korrelation, sondern als kausale Wirkungskette interpretiert wird: die Marktstruktur determiniert das Marktverhalten und dieses determiniert das Marktergebnis (Abbildung 4.1). Da eine stabile Beziehung zwischen den einzelnen Komponenten vermutet wird, spielt in vielen Untersuchungen das Verhalten der Marktteilnehmer nur eine untergeordnete Rolle oder wird völlig ausgeblendet, stattdessen wird eine direkte Wirkung der Marktstruktur auf das Marktergebnis formuliert. Innerhalb des SCP-Paradigmas lässt sich daher eine strukturalistische und eine behavioristische Position unterscheiden.[102] Der in Abbildung 4.1 gestrichelt gekennzeichnete Bereich wird in der Argumentation der Vertreter der strukturalistischen Auffassung übersprungen.

Abbildung 4.1: Das SCP-Paradigma

Nach den stärker an grundsätzlichen Wettbewerbs- und Kartellrechtsfragen orientierten Arbeiten von Mason untersuchte Bain als Erster den empirischen Zusammenhang zwischen der Marktstruktur und der Profitabilität der in einem Markt aktiven Firmen. Bain stellte die Hypothese auf, dass eine starke Konzentration Kollusion erleichtert und daher die Profitraten in Märkten mit hoher Anbieterkonzentration tendenziell höher ausfallen sollten.[103] Hierzu wurde in einer Querschnittsstudie mit 42 Branchen die durchschnittliche Profitrate der Anbieter in der jeweiligen Branche auf die Konzentrationsrate CR_8 (kumulierter Marktanteil der acht größten Firmen im Markt) regressiert. Es ließ sich zwar kein eindeutiger, linearer Zusammenhang zwischen den Größen ableiten, jedoch wurde festgestellt, dass in den

[102] Diese Begrifflichkeiten wurden von Scherer geprägt - vgl. Scherer (1980), S. 6.
[103] Vgl. Bain (1951), S. 294 f.

Branchen mit einer CR_8 über 70 % die Eigenkapital-Rendite bei 12,1 % lag, in den Branchen unter dieser Konzentrationsgrenze betrug sie nur 6,9 %. Die Differenz stellte sich als signifikant heraus, was als Bestätigung der Ausgangshypothese gewertet wurde.[104]

Für Untersuchungen zum Wettbewerb auf Märkten boten diese und eine Vielzahl späterer, ähnlich gelagerter Studien des SCP-Ansatzes die Grundlage dafür, dass die Anbieterkonzentration als (inverser) Gradmesser für den Konkurrenzdruck oder die Wettbewerbsintensität verwendet wurde und wird.[105] Auch die Studie des DIW zum Drei-Säulen-System stützt ihre Einschätzung der Wettbewerbsintensität im deutschen Bankensektor auf Konzentrationsmaße.[106] Eine weitere Anwendung aus der jüngeren Vergangenheit für den deutschen Bankenmarkt stellt die ausführliche Untersuchung von Breitmeyer (2004) dar. Im Folgenden sollen daher Konzentrationsmaße diskutiert und die Probleme bei der Verwendung dieser Maße für die Bestimmung der Wettbewerbsintensität aufgezeigt werden.

4.1.2 Konzentration und Konzentrationsmaße

Ausgangspunkt der Betrachtung von Konzentrationsmaßen zur Erfassung der Wettbewerbssituation ist stets die Prämisse, dass der Wettbewerb auf stark konzentrierten Märkten wenig ausgeprägt ist und mit abnehmender Konzentration zunehme. Für den Begriff der „Konzentration“ existiert allerdings keine allgemein akzeptierte Definition. Sie wird jedoch regelmäßig als „ökonomische Machtballung“ oder als „Ballung ökonomischer Größen“ verstanden.[107] Dabei kann Konzentration sowohl im Sinne einer zeitpunktbezogenen Betrachtung des erreichten Grades an Konzentration als auch eines zeitraumbezogenen Prozesses der Konzentrierung gewisser Größen verstanden werden.

Nach Baxmann lässt sich ferner zwischen absoluter Konzentration (gemessen durch die Anzahl der Anbieter auf einem Markt) und relativer Konzentration (Verteilung bestimmter Merkmale unter den Anbietern) unterscheiden.[108] Aus der Vielfalt der in der Literatur vorge-

[104] Vgl. Bain (1951), S. 313 f.
[105] Bikker/Haaf (2002a), S. 55, merken an, dass diese Methode der empirischen Wettbewerbsmessung „ad infinitum“ verwendet wurde.
[106] Vgl. DIW (2004), S. 32 f.
[107] Vgl. Baxmann (1999), S. 5, sowie die dort angegebene Literatur.
[108] Vgl. Baxmann (1999), S. 5.

schlagenen Konzentrationsmaße[109] soll nachfolgend eine Auswahl einschlägiger Maße[110] eingehender beleuchtet werden.

Zahl der Unternehmen N

Das einfachste Maß der Konzentration stellt die Anzahl der in einem Markt aktiven Unternehmen dar. Sie misst im Sinne Baxmanns die absolute Konzentration. Vergleiche zwischen Märkten verschiedener Länder auf dieser Basis sind allerdings kaum sinnvoll. Die Kennzahl benötigt hierfür mindestens eine Relativierung anhand der Bevölkerungszahl, wie sie in Form der Bankendichte im vorhergehenden Kapitel vorgenommen wurde.

Concentration Ratio CR_k

Concentration Ratios sind die am häufigsten verwendeten Maße zur Erfassung der Anbieterkonzentration. Ausgehend von einer Ordnung der Unternehmen nach der Größe ergibt sich die Concentration Ratio CR_k als Summe aus den Marktanteilen s_i der k größten Firmen:

(1) $$CR_k = \sum_{i=1}^{k} s_i \, .$$

Dabei ist keinesfalls evident, über welches Merkmal die Marktanteile bestimmt werden sollen. Häufig erfolgt die Berechnung über den Umsatz oder den mengenmäßigen Absatz der Firmen. Im Bankenbereich üblich ist die Bezugnahme auf die Bilanzsumme. Dies ist jedoch nicht unproblematisch, da die Bilanzsumme durch Interbankengeschäfte oder Kapitalmarkttransaktionen stark aufgebläht werden kann. Weiters kann die Bestimmung von Marktanteilen in nationalen Märkten durch Kreditvergabe inländischer Banken an ausländische Kreditnehmer verzerrt werden. Eine Orientierung an den ausgereichten Krediten an Nichtbanken oder noch enger an der Kreditvergabe an inländische Unternehmen und Privatpersonen erscheint etwa zur Abbildung der Intermediationsleistung von Banken zweckmäßiger.

[109] Einen umfassenden Überblick über Maße zur Bestimmung der Unternehmenskonzentration vermitteln z.B. Piesch (1975) und Häni (1987).

[110] Die hier vorgenommene Auswahl orientiert sich u.a. an einer Auswertung über die Häufigkeit der Verwendung einzelner Marktstrukturmaße in empirischen Untersuchungen zum Bankensektor - vgl. Molyneux/Altunbas/Gardener (1996), S. 102.

Weitere denkbare Alternativen stellen die Kundenzahl oder die Zahl der verwalteten Konten dar.

Die Concentration Ratio nimmt im Monopol-Fall den Wert Eins an. Bei N gleich großen Unternehmen ist die CR_k durch k/N gegeben, im Idealfall eines atomistischen Marktes mit großer Zahl homogener Anbieter tendiert CR_k gegen Null.

Die Wahl des Parameters k ist letztlich eine willkürliche Entscheidung. Während US-amerikanische Statistiken CR_4 und CR_8 ausweisen,[111] dominieren in europäischen Auswertungen eher CR_5 und CR_{10}.[112] Weitere Anhaltspunkte ergeben sich aus dem deutschen Kartellrecht. Nach § 19 Abs. 1 des Gesetzes gegen Wettbewerbsbeschränkungen (GWB) ist das missbräuchliche Ausnutzen einer marktbeherrschenden Stellung durch ein oder mehrere Unternehmen verboten. Die Legalvermutungen zum Vorliegen einer solchen Stellung knüpfen an CR_1, CR_3 und CR_5 an.[113]

Die Einfachheit der Konstruktion und die begrenzten Datenanforderungen[114] dürften für die Popularität der Concentration Ratio ursächlich sein. Allerdings hängt die Auswirkung einer Fusion zwischen zwei der k größten Anbieter auf CR_k wesentlich von der Größe des nachrückenden (k+1). Unternehmens ab. Verschiebungen der Marktanteile unter den k größten Anbietern sowie Zusammenschlüsse oder Marktanteilsveränderungen zwischen den N-k kleineren Firmen lassen dieses Maß offenkundig unberührt. Insofern ist seine Eignung zur Signalisierung von Veränderungen in der Marktstruktur durchaus fragwürdig.

Herfindahl-Hirschman-Index HHI

Der Index wurde unabhängig voneinander von Hirschman und Herfindahl entwickelt.[115] Er ist definiert durch:

[111] Vgl. Scherer/Ross (1990), S. 77.
[112] Vgl. DIW (2004), S. 31 f., und ECB (2006), S. 54.
[113] Das Bestehen einer marktbeherrschenden Stellung wird vermutet, wenn $CR_1>1/3$ oder $CR_3>1/2$ oder $CR_5>2/3$ ist - vgl. § 19 Abs. 3 GWB.
[114] Es werden im Gegensatz zu allen folgenden Maßen nicht Daten über den Gesamtmarkt, sondern offensichtlich nur über die k größten Firmen benötigt.
[115] Vgl. Hirschman (1964), S. 761.

(2) $$HHI = \sum_{i=1}^{N} s_i^2 .$$

Die Quadrierung kann als eine Gewichtung der Marktanteile mit sich selbst aufgefasst werden, wodurch größere Firmen einen höheren Einfluss auf das Ergebnis als kleinere Firmen erlangen. Die schnell abnehmende Bedeutung kleinerer Unternehmen mit geringen Marktanteilen wirkt sich günstig auf die Praktikabilität dieses Maßes aus, welches eigentlich Informationen über die gesamte Verteilung benötigt. Bei der Anwendung statistischer Konzentrationsmaße liegen häufig nur die Daten großer Unternehmen und die Gesamtanzahl der Anbieter vor. Daher kann die Berechnung (basierend auf einer geordneten Reihe beginnend mit dem größten Unternehmen) an einem bestimmten Punkt abgebrochen werden, wenn zu erwarten ist, dass die Berücksichtigung der verbleibenden Unternehmen den HHI nicht mehr wesentlich verändern würde. Eine Untergrenze ergibt sich nämlich aus dem bis dahin ermittelten HHI und eine Obergrenze durch die Annahme, dass der (verbleibende) Marktanteil der unberücksichtigten Unternehmen gleichmäßig auf diese verteilt ist.[116]

Es lässt sich leicht überprüfen, dass durch Erweiterung mit dem durchschnittlichen Marktanteil $\overline{s}$ der Herfindahl-Hirschman-Index auch geschrieben werden kann in der Form:

(3) $$HHI = \overline{s} + \sum_{i=1}^{N} \left(s_i - \overline{s}\right)^2 .$$

Daraus folgt unmittelbar:

(4) $$HHI = 1/N + N\sigma^2 .$$

Der HHI ergibt sich demnach auch aus dem Mittelwert der Verteilung der Marktanteile zuzüglich dem N-fachen der Varianz der Verteilung. Bei Gleichverteilung reduziert sich der HHI daher auf 1/N. Einem Vorschlag von Adelman folgend wird das Reziproke des HHI als Numbers-Equivalent bezeichnet und ebenfalls als Wettbewerbsmaß benutzt.[117]

Bei Bestehen eines Monopols resultiert für den HHI der Wert Eins, im Idealfall eines atomistischen Marktes mit unendlich vielen Anbietern der Wert Null. Gebräuchlich ist auch

[116] Vgl. Piesch/Schmidt (1983), S. 29 f.
[117] Vgl. Adelman (1969), S. 100.

eine Darstellungsweise des Indexes in der Form HHI'=10.000·HHI mit entsprechender Obergrenze von 10.000.

Bei der Beurteilung von Unternehmenszusammenschlüssen in den USA spielt der Herfindahl-Hirschman-Index eine wesentliche Rolle. Die Entscheidungsrichtlinien differenzieren in Abhängigkeit von der Konzentration nach der Fusion zwischen unkonzentrierten Märkten (HHI' kleiner als 1.000), mäßig konzentrierten Märkten (HHI' zwischen 1.000 und 1.800) sowie hochkonzentrierten Märkten (HHI' über 1.800). Auf hochkonzentrierten Märkten genügt bereits ein Anstieg des HHI' von 50 zur Begründung einer (von den Unternehmen widerlegbaren) Vermutung, dass die Fusion den Wettbewerb schwächt und die Marktmacht der Firmen erhöht. Auf mäßig konzentrierten Märkten ist dafür ein Anstieg um 100 nötig.[118]

Hall-Tideman-Index HTI

Der von Hall und Tideman entwickelte Index soll die absolute Anzahl der in einem Markt aktiven Unternehmen deutlich reflektieren, da dies als Indikator für die Schwierigkeit des Eintritts in einen Markt gewertet wird. Das Vorhandensein vieler Firmen signalisiert nach Auffassung dieser Autoren einfachen Zutritt, die Existenz weniger Firmen deutet dagegen auf erschwerten Marktzutritt hin.[119]

Im Hall-Tideman-Index HTI werden die Marktanteile mit dem Rang der Firmen gewichtet, beginnend mit i=1 für das größte Unternehmen. Dies führt im Vergleich zum HHI zu einem höheren Einfluss kleinerer Firmen auf das Ergebnis sowie zu einer starken Akzentuierung der Firmenzahl.

Durch die Formulierung

(5) $$HTI = 1/(2\sum_{i=1}^{N} is_i - 1)$$

wird ferner sichergestellt, dass der Wertebereich des Maßes auf das Intervall [0;1] beschränkt bleibt, wobei die obere Schranke erneut im Fall des Monopols erreicht wird. Bei Gleichverteilung der Marktanteile unter N Firmen nimmt auch der HTI den Wert 1/N an.

118 Vgl. Section 1.5 „Horizontal Merger Guidelines", U.S. Department of Justice / Federal Trade Commission.
119 Vgl. Hall/Tideman (1967), S. 165 f.

Comprehensive-Concentration-Index CCI

Der auch als Horvath-Index bezeichnete Comprehensive-Concentration-Index wurde von Horvath (1970) vorgeschlagen. Der CCI betont die besondere Rolle des dominanten Unternehmens in einem Markt und besitzt die Form:

$$CCI = s_1 + \sum_{i=2}^{N} s_i^{\,2}(1+(1-s_i))\,. \tag{6}$$

Der erste Summand der Bestimmungsgleichung berücksichtigt den Marktführer mit seinem gesamten Marktanteil. Der zweite Teil umfasst in Anlehnung an den HHI die quadrierten Marktanteile der anderen Firmen mit einer zusätzlichen Gewichtungskomponente. Die Unternehmen werden mit abnehmender Größe stärker gewichtet, da der Multiplikator vom jeweils verbleibenden Teil der Branche abhängig ist.

Im Fall des Monopols nimmt der Index den Wert Eins an. Die untere Grenze für eine endliche Anzahl von Firmen wird bei Gleichverteilung erreicht und weist die komplizierte Form $(3N^2-3N+1)/N^3$ auf.[120] Im Idealfall des atomistischen Marktes mit vielen Anbietern tendiert auch dieser Index gegen Null. Zwar sollen auch bei diesem Maß grundsätzlich höher konzentrierte Zustände mit einem höheren Wert assoziiert sein, jedoch hat die eigenwillige Struktur und Gewichtung zur Folge, dass beispielsweise von den beiden Verteilungen mit jeweils zwei Firmen (1/2;1/2) und (2/3;1/3) erstere als höher konzentriert beurteilt wird.[121]

4.1.3 Anwendung auf einen hypothetischen Markt

Im Folgenden sollen die besprochenen Maße zur Beurteilung der Wettbewerbsverhältnisse auf einem hypothetischen Markt herangezogen werden. In der Ausgangssituation existieren auf dem Markt sechs Anbieter, deren prozentuale Marktanteile Tabelle 4.1 widerspiegelt. Die Situation B1 ist gegenüber dem Ausgangszustand A durch den Verlust eines fünfprozentigen Marktanteils des marktführenden Unternehmens sowie durch das Ausscheiden des kleinsten Anbieters gekennzeichnet, wobei sich die Anteile der Unternehmen 4 und 5 um jeweils 5-%-

[120] Vgl. Piesch (1975), S. 160.
[121] Vgl. Piesch (1975), S. 161.

Punkte erhöht haben. Im Ergebnis hat sich dadurch die Verteilung der (verbliebenen) Anbieter der Gleichverteilung angenähert. Die Situation B2 entsteht aus dem Ausgangszustand durch Verlust eines zehnprozentigen Marktanteils von Unternehmen 2 zugunsten der Unternehmen 1 und 4. Man mag sich vorstellen, dass die Situationen A einerseits und B1 bzw. B2 andererseits die Verteilungen in aufeinander folgenden Jahren auf einem Markt charakterisieren.

Tabelle 4.1: Verteilung der Marktanteile

	Marktanteil des Unternehmens i (in %)					
Situation	1	2	3	4	5	6
A	35	25	15	10	10	5
B1	30	25	15	15	15	0
B2	40	15	15	15	10	5

Wie beurteilen nun die verschiedenen Maße die unterschiedlichen Verteilungen? Tabelle 4.2 gibt die jeweils resultierenden Werte für die Concentration Ratios CR_3 und CR_5 sowie den Herfindahl-Hirschman-Index HHI, Hall-Tideman-Index HTI und Comprehensive-Concentration-Index CCI an.

Tabelle 4.2: Konzentrationsmaße

Situation	**CR_3**	**CR_5**	**HHI**	**HTI**	**CCI**
A	0,750	0,950	0,230	0,250	0,544
B1	0,700	1,000	0,220	0,238	0,534
B2	0,700	0,950	0,240	0,244	0,549

Zwar sind alle Maße wie oben gesehen in ihrem Wertebereich an das Intervall zwischen 0 und 1 gebunden und erreichen die obere (untere) Grenze dieses Kontinuums jeweils im monopolistischen (atomistischen) Idealfall, jedoch nehmen die Maße gänzlich unterschiedliche Werte an und geben daher kaum Aufschluss darüber, wo sich der Markt zwischen diesen Grenzfällen befindet. So suggerieren die Concentration Ratios stark konzentrierte Märkte, während HHI und HTI eher mäßige Konzentration nahelegen. Der CCI nimmt eine mittlere Position ein. Es ist offensichtlich, dass eine Interpretation der Maßzahlen in ihrem absoluten Niveau nicht sinnvoll möglich ist.

Geeigneter erscheint zunächst eine Beurteilung der mit dem Übergang vom Ausgangszustand A auf die Zustände B1 bzw. B2 verbundenen Konzentrationsprozesse. Für die Veränderung von A zu B1 signalisiert die CR_5 eine Zunahme der Konzentration, während alle anderen Maße einen Rückgang derselben anzeigen. Vollends uneinheitlich erfolgt dagegen die Bewertung des Übergangs von A nach B2. Die CR_5 bleibt unverändert, CR_3 und HTI konstatieren abnehmende, HHI und CCI dagegen eine Bewegung zu stärkerer Konzentration. Mithin können die diversen Maße gänzlich unterschiedliche Signale über die Veränderung der Anbieterstruktur und damit der Wettbewerbssituation aussenden.[122]

In der Literatur wurden eine Reihe von Katalogen mit mathematischen, ökonomischen und praktischen Anforderungen formuliert, die Hilfestellung bei der Auswahl eines geeigneten Maßes geben sollen.[123] Aus theoretischer Sicht sollte sich die Wahl eines geeigneten Maßes zur Beurteilung der Wettbewerbsintensität durch ein grundlegendes Marktmodell ergeben, in dem das Verhalten der Anbieter ebenso wie die von den vorgenannten Marktstrukturmaßen vernachlässigte Nachfrageseite adäquat berücksichtigt wird. Dies ist jedoch nur in Einzelfällen unter rigorosen Restriktionen gelungen.[124] Schmalensee hat daher das Fazit gezogen: „In short, received theory does not dictate the choice of concentration measure."[125]

4.1.4 Kritik der Konzentrationsmaße

Für die Popularität von Marktstrukturkennzahlen als Wettbewerbsmaß dürften vor allem praktische Vorteile verantwortlich sein. Die Maße sind relativ verständlich, objektiv und können einfach kalkuliert werden (Verfügbarkeit der Daten vorausgesetzt). Sie sind daher vor allem justitiabel. Den Vorteilen der Praktikabilität stehen jedoch fundamentale Nachteile entgegen.

---

122 Dass solcherart disparate Signale von Marktstrukturmaßen nicht nur das Resultat theoretischer Exempel sind, zeigt u.a. eine Beobachtung von Baxmann, der für die deutschen Kreditgenossenschaften und Sparkassen jeweils eine Zunahme der absoluten Konzentration (Gesamtzahl der Unternehmen) aber eine Abnahme der relativen Konzentration im Zeitablauf feststellt. Ursache hierfür ist der Zusammenschluss von zumeist relativ kleinen Instituten, der zu einer Bewegung der Lorenzkurve hin zur Gleichverteilungsgeraden führt. Vgl. Baxmann (1999), S. 13 und 16.

123 Vgl. Hall/Tidemann (1967), Häni (1987), S. 58 ff., und Breitmeyer (2004), S. 69 ff.

124 Vgl. etwa Cowling/Waterson (1976) zur Stützung des HHI und Saving (1970) mit gleicher Zielstellung hinsichtlich CR_k.

125 Schmalensee (1989), S. 966.

Das Modell des Bertrand-Wettbewerbs zeigt, dass auch unter wenigen Anbietern intensiver Wettbewerb herrschen kann und selbst in einer Situation mit nur zwei Unternehmen das kompetitive Marktergebnis folgt. Auch empirisch lassen sich Märkte beobachten, die zweifellos durch harten Wettbewerb charakterisiert sind, obwohl nur wenige Anbieter existieren.[126]

Ferner stellt sich die Frage, warum die Marktstruktur exogen sein sollte, anstatt sich im Marktprozess endogen herauszubilden. So können Unternehmen, die anhaltend Verluste realisieren, aus dem Markt ausscheiden, erfolgreiche Unternehmen mit entsprechender Finanzkraft könnten rivalisierende Unternehmen übernehmen, innovative Unternehmen entscheiden sich zum Ausbau von Produktionskapazitäten etc. pp. Die Annahme einer exogen fixierten Marktstruktur ist daher zumindest auf längere Sicht nicht überzeugend.[127] Aus der Perspektive der Contestable-Markets-Theorie[128] ergibt sich eine weitere Kritik am SCP-Paradigma, weil dieses den Einfluss potentieller Konkurrenz durch Drohung mit Markteintritt vernachlässigt.[129] Demnach wird die Kompetitivität eines Marktes wesentlich durch die Contestability (Bestreitbarkeit) dieses Marktes determiniert.

Nicht nur ist die Verbindung zwischen Konzentration und Wettbewerbsintensität sowohl aus theoretischer als auch aus empirischer Sicht grundsätzlich höchst problematisch, im Hinblick auf die Beurteilung des hoch komplexen, in sich stark strukturierten deutschen Bankenmarktes ist die übliche Berechnung von Marktstrukturkennzahlen äußerst fragwürdig. Auf diesem Markt operieren Unternehmen wie Deutsche und Dresdner Bank landesweit, andere wie beispielsweise die kleineren Privatbanken sind häufig nur in bestimmten Regionen tätig und schließlich existiert eine Vielzahl von Banken, nämlich die Volks- und Raiffeisenbanken und die Sparkassen, die nur in jeweils lokal eng begrenzten Gebieten aktiv werden. Für eine ernsthafte Umsetzung dieses Konzeptes müssten Konzentrationsmaße auf lokaler Ebene berechnet werden. Am ehesten scheint hierfür zunächst die Ebene von Landkreisen und kreisfreien Städten geeignet.

---

126 Erinnert sei an dieser Stelle nur an den Markt für CPUs für (IBM-kompatible) Personal Computer, der praktisch ausschließlich von den beiden Unternehmen Advanced Micro Devices und Intel Corp. bestritten wird.

127 Vgl. in diesem Zusammenhang auch die Efficiency Market Hypothesis von Demsetz (1973).

128 Vgl. Baumol (1982) und Baumol/Panzar/Willig (1982).

129 Vgl. jedoch Bain (1956), der bereits die Relevanz von Markteintrittsbarrieren für den Wettbewerb und das Marktergebnis deutlich betont und diese explizit im Rahmen einer SCP-Untersuchung berücksichtigt.

Jedoch ergeben sich auch hier noch dadurch Probleme, dass beispielsweise in vielen Kreisen mehrere Volksbanken operieren und Kreisgrenzen sich nicht immer mit dem Geschäftsgebiet der Sparkassen decken. Auf die Spitze getrieben, bliebe wohl nur die Bestimmung der Konzentration aus Sicht einzelner Kunden. Dass die nationale Ebene als Bezugsrahmen für solche Betrachtungen gänzlich ungeeignet ist, zeigen auch die von Kirmße (1999) präsentierten Umfrageergebnisse. Demnach präferieren Privatkunden stark Kreditinstitute, die auf kurzem Wege zu erreichen sind. Detaillierte Statistiken, die in die gleiche Richtung deuten, liegen für kleinere Unternehmen und private Haushalte in den USA vor.[130] Jedenfalls könnte mit der gleichen Berechtigung, mit der diese Berechnungen üblicherweise für Deutschland als administrativer Einheit durchgeführt werden, eine Betrachtung auf europäischer Ebene erfolgen, mit dem voraussagbaren Ergebnis einer geringen Konzentration.

Das Problem der Abgrenzung des relevanten Marktes in geographischer Hinsicht, denn genau darum handelt es sich hier, scheint unter methodischen Gesichtspunkten für einen Markt wie den hier betrachteten prinzipiell nicht lösbar. Für die empirische Arbeit ergibt sich ferner die Schwierigkeit, an relevante Daten auf lokaler Ebene zu gelangen.[131] Hinzu tritt noch das Problem der sachlichen Abgrenzung. Auch Unternehmen, die nicht im engeren Sinne zu den Banken gezählt und daher bei der Bestimmung von Konzentrationsmaßen regelmäßig nicht berücksichtigt werden, wie Bausparkassen, Versicherungen etc., offerieren dem Kunden Produkte, welche teilweise in enger Konkurrenz zu den Angeboten der Banken stehen. Doch selbst wenn das Problem der Abgrenzung des relevanten Marktes gelöst werden könnte, so geben Marktstrukturkennzahlen eben - nomen est omen - nur Auskunft über die Marktstruktur, noch konkreter: die Struktur der Angebotsseite des Marktes, und nicht, wie bereits zuvor betont, über die tatsächliche Natur des Wettbewerbs auf einem Markt.

---

[130] Vgl. Amel/Brevoort (2005) sowie die dort angeführte Literatur.

[131] In der jüngeren Vergangenheit wurden vereinzelt Versuche unternommen, zumindest dieses Problem zu lösen: Breitmeyer (2004), S. 191 ff., ergänzt die Untersuchung zur Messung der Wettbewerbsintensität im nationalen Universalbankenmarkt anhand von Konzentrationsmaßen durch die Betrachtung einiger (anonymisierter) lokaler Märkte, die durch das Geschäftsgebiet einer Sparkasse definiert sind. Da auf dieser Ebene Bilanzdaten nicht zur Verfügung stehen, werden Marktanteile auf der Grundlage von Kundenzahlen berechnet, die von einem Marktforschungsinstitut zuvor durch Befragungen in diesem Gebiet ermittelt wurden. Fischer (2005), S. 27 ff., bzw. Fischer/Pfeil (2004) folgen einer bereits von Riekeberg (1995) zur Konzentrationsbestimmung in den Kreisen des Bundeslandes Bayern umgesetzten Idee und ermitteln bundesweit die Konzentration auf der Basis der Zahl der Zweigstellen der in einem Kreis vertretenen Institute für die drei Bankengruppen Kreditbanken, Sparkassen und Kreditgenossenschaften.

Schließlich weisen Konzentrationsmaße konzeptionell das Problem auf, dass Marktmacht als Eigenschaft eines Aggregats von Anbietern aufgefasst wird. Eine Lokalisierung von Marktmacht bei einzelnen Firmen bzw. eine Charakterisierung des individuellen Wettbewerbsverhaltens ist damit nicht möglich.

4.2 Lerner-Index als Wettbewerbsindikator

Ein alternativer Indikator für die auf einem Markt herrschenden Wettbewerbsverhältnisse stellt der Lerner-Index dar. Das auch als Lernerscher Monopolgrad bezeichnete Maß knüpft am Marktergebnis an und misst Marktmacht anhand der Fähigkeit der Anbieter, den Preis p oberhalb der Grenzkosten der Produktion MC anzusetzen.[132] Er ist definiert durch:

(7) $$L_I = \frac{p - MC}{p} \; .$$

Die empirische Anwendung des Lerner-Index wird jedoch vor allem durch die Notwendigkeit, die Grenzkosten der Produktion zu kennen, wesentlich erschwert. Um die Grenzkosten aus beobachtbaren Daten im Bankensektor wenigstens näherungsweise zu bestimmen, können die variablen Durchschnittskosten verwendet werden. Konkret ist hier eine Approximation der Grenzkosten durch die Relation von Zinsaufwand zur Bilanzsumme möglich. Implizit werden dadurch andere Kosten (zum Beispiel für Personal) als fix angesehen. Auch diese Annahme ist offensichtlich nicht unproblematisch, jedoch stellen die solcherart ermittelten Werte auf jeden Fall eine plausible Untergrenze für die Grenzkosten dar. Die Approximation des Preises erfolgt in entsprechender Weise durch das Verhältnis von Zinseinnahmen zur Bilanzsumme, so dass der Lerner-Index insgesamt als Überschuss der Zinserträge über die Zinsaufwendungen bezogen auf die Zinserträge dargestellt werden kann.[133]

Der Lerner-Index kann derart prinzipiell für einzelne Unternehmen, Unternehmensgruppen oder für die gesamte Branche ermittelt werden. Bei vollkommenem Wettbewerb nimmt der Lerner-Index den Wert Null an, während er auf Märkten, auf denen die Anbieter über Preis-

[132] Vgl. Lerner (1934).

[133] Vgl. zu dieser Vorgehensweise Gischer (2003b), Gischer/Jüttner (2003) und Gischer/Stiele (2006). Ein alternatives Verfahren verfolgen Angelini/Cetorelli (2003), die den Lerner-Index durch simultane Schätzung eines Gleichungssystems aus Kosten- und Preisfunktion bestimmen.

setzungsspielräume verfügen, positive Ausprägungen aufweist. Der Lerner-Index fungiert somit als ein inverser Gradmesser der Intensität des Wettbewerbs: Je höher der Lerner-Index desto geringer ist der Wettbewerbsdruck.

4.3 Methoden der NEIO

Die theoretischen und empirischen Defizite des SCP-Paradigmas haben zur Entwicklung von alternativen Ansätzen im Rahmen der sogenannten New Empirical Industrial Organization (NEIO) geführt. Dieser Zweig der Literatur umfasst formale Modelle, mit denen die Wettbewerbsmessung auf eine belastbare theoretische Basis gestellt wurde. Ohne ausdrücklichen Rückgriff auf die Marktstruktur wird der Wettbewerbsgrad durch das tatsächliche Verhalten der Akteure determiniert. Typischerweise wird in NEIO-Modellen das Verhalten von Unternehmen durch ein explizites Optimierungskalkül beschrieben und im Zusammenspiel mit Marktgleichgewichtsbedingungen werden daraus empirisch testbare Implikationen über gewisse Parameter, die als Wettbewerbsmaß fungieren, abgeleitet.

Innerhalb der NEIO lassen sich zwei Richtungen unterscheiden: strukturelle und nicht-strukturelle Modelle. Die von Iwata sowie Bresnahan und Lau entwickelten Methoden sind zwar nicht strukturell in dem Sinne, dass die Wettbewerbsintensität etwa aufgrund von anbieterbezogenen Konzentrationsmaßen bestimmt würde, jedoch wird in diesen Modellen eine vollständige Modellierung des Marktes vorgenommen.[134] Die Modelle erfordern dementsprechend bei der empirischen Implementierung die simultane Schätzung von Marktnachfrage- und Angebotsfunktionen und sind deshalb nicht gänzlich frei von marktstrukturbezogenen Überlegungen. Die Schätzung dieser strukturellen NEIO-Modelle erfordert u.a. Annahmen über die funktionale Form von Angebot und Nachfrage. Demgegenüber verzichtet der weiter unten detailliert diskutierte Ansatz von Panzar und Rosse vollständig auf einen Rekurs auf die Struktur des Marktes und untersucht firmenbezogen das Verhalten der Anbieter.[135]

[134] Zum Iwata-Modell vgl. Iwata (1974), zum Bresnahan-Modell entsprechend Bresnahan (1982), Lau (1982) und Bresnahan (1989).

[135] Der nicht-strukturellen Richtung lässt sich auch die hier nicht weiter verfolgte Methode von Hall (1988) zurechnen, die lediglich eine Unterscheidung von perfektem Wettbewerb und nicht-perfektem Wettbewerb

Die grundsätzliche Vorgehensweise der strukturellen Methoden soll im Folgenden zunächst anhand des Modells von Iwata skizziert werden. Auf einem oligopolistischen Markt mit einer festen (exogen fixierten) Anzahl von N Anbietern wird ein homogenes Produkt veräußert, wobei die inverse Marktnachfragefunktion durch p(Y) gegeben ist mit $p'(Y) < 0$ und $p(Y) = p(y_1+y_2+\ldots+y_N)$. Der Gewinn der Firma i mit der Kostenfunktion $C(y_i)$ ergibt sich dann aus:

(8) $$\pi_i = p(Y)y_i - C(y_i).$$

Es wird ferner unterstellt, dass die Anbieter eine Mengenstrategie verfolgen. Firma i wählt daher ihre Ausbringungsmenge y_i so, dass der daraus resultierende Gewinn maximal wird. Dann ergibt sich als Bedingung erster Ordnung:

(9) $$\frac{\partial \pi_i}{\partial y_i} = p(Y) + y_i p'(Y)\frac{\partial Y}{\partial y_i} - C'(y_i) = 0.$$

Offenbar ist die Reaktion der gesamten Angebotsmenge auf eine Veränderung der Menge y_i eine entscheidende Größe. Sogenannte konjekturale Variationen (Conjectural Variations) beschreiben die Erwartungen der Firma i bezüglich der Reaktion aller ihrer Mitbewerber auf Änderungen des eigenen Outputs. Symbolisiert y_{-i} die gesamte Ausbringungsmenge der Konkurrenten, so ergibt sich die konjekturale Variation v_i aus:

(10) $$\frac{\partial Y}{\partial y_i} = \frac{\partial y_i}{\partial y_i} + \frac{\partial y_{-i}}{\partial y_i} = 1 + v_i.$$

Mittels konjekturaler Variationen kann (9) daher geschrieben werden als:

(11) $$p(Y) + y_i p'(Y)(1+v_i) = C'(y_i).$$

Im Gewinnaximum gilt die Übereinstimmung von Grenzerlös und Grenzkosten entsprechend Gleichung (11). Im Gleichgewicht ist diese Beziehung simultan für alle Anbieter erfüllt. Die Gleichung eignet sich zur Parametrisierung verschiedener Wettbewerbssituationen, da v_i die Abweichung des Preises von den Grenzkosten bestimmt.

erlaubt und auf einem gemeinsamen Test auf das Vorliegen der beiden Bedingungen perfekter Wettbewerb (Verhältnis von Preis zu Grenzkosten ist Eins) und konstanter Skalenerträge beruht.

Im Falle des perfekten Wettbewerbs wird eine Verminderung der Ausbringungsmenge von Firma i vollständig durch eine entsprechende Erhöhung der Menge der Konkurrenten kompensiert, so dass die konjekturale Variation v_i den Wert -1 annimmt und das für diese Marktform typische Resultat der Übereinstimmung von Preis und Grenzkosten folgt. Ein Verhalten entsprechend dem Cournot-Modell ist dadurch gekennzeichnet, dass eine Firma keine Reaktion der Wettbewerber auf eine Änderung ihrer Ausbringungsmenge erwartet. Die konjekturale Variation ist daher gleich Null. Im Falle perfekter Kollusion wird eine Erhöhung der Menge von Firma i von einer gleichgerichteten Mengenerhöhung der anderen Firmen begleitet, so dass die Marktanteile unverändert bleiben.[136] Für die konjekturale Variation gilt daher $v_i = y_{-i} / y_i$.

Die Idee von Iwata besteht nun in der empirischen Messung der konjekturalen Variationen der einzelnen Firmen zur Charakterisierung der Wettbewerbssituation. Mit ε als Preiselastizität der Marktnachfrage lässt sich (11) fassen in der Form:

(12) $$p(Y) + y_i \frac{p(Y)}{Y\varepsilon}(1 + v_i) = C'(y_i) \,.$$

Umformungen und Auflösen nach der konjekturalen Variation liefern schließlich:

(13) $$v_i = \frac{C'(y_i) - p(Y)}{p(Y)} \frac{Y}{y_i} \varepsilon - 1 \,.$$

Unter einigen restriktiven Annahmen (u.a. konstante Nachfrageelastizität, konstante Grenzkosten, konstante konjekturale Variationen) erfolgt die Schätzung einer Marktnachfragefunktion und individueller Kostenfunktionen zur Bestimmung der individuell differierenden Werte der konjekturalen Variationen.

Die Methode wurde von Iwata auf die japanische Flachglas-Industrie angewendet mit dem Ergebnis, dass ein Verhalten der Anbieter entsprechend dem Cournot-Modell nicht verworfen werden kann.[137] Shaffer/DiSalvo (1994) wenden die Methode auf einen lokalen, duopolistischen Bankenmarkt in den USA an, der von zwei gleich großen Anbietern bestritten wird. Entsprechend dem SCP-Ansatz sollte gerade diese Marktkonfiguration ein hohes Potential für kollusives Verhalten bergen. Die empirischen Ergebnisse deuten jedoch auf einen intensiven

[136] Vgl. Dickson (1982), S. 39.
[137] Vgl. Iwata (1974), S. 962 ff.

Wettbewerb hin. Die geschätzten konjekturalen Variationen weichen vom Cournot-Wert in Richtung eines größeren Wettbewerbsgrades ab, selbst die Vermutung eines perfekt kompetitiven Verhaltens der Anbieter kann nicht abgelehnt werden.[138]

Vorteil des Iwata-Modells ist die Möglichkeit, das Verhalten von Anbietern individuell untersuchen zu können. Dies erfordert jedoch auch das Vorhandensein unternehmensspezifischer Daten. Da diese häufig nicht vorliegen oder nur mit hohem Aufwand beschafft werden können, basiert das Modell von Bresnahan auf aggregierten Marktdaten und der Betrachtung eines durchschnittlichen („repräsentativen") Unternehmens. Im symmetrischen Gleichgewicht mit identischen Kostenfunktionen und identischen Verhaltensparametern besitzen die Unternehmen den gleichen Marktanteil und die Summation von (11) über alle Anbieter führt auf:

(14) $$Np(Y)+Yp'(Y)(1+v)=NC'(y_i).$$

Division durch N und Einführung eines Parameters λ mit

(15) $$\lambda=\frac{1+v}{N}$$

liefern schließlich die Form:

(16) $$p(Y)+Yp'(Y)\lambda=C'(y_i).$$

Gleichung (16) kann wieder als Parametrisierung unterschiedlicher Wettbewerbssituationen aufgefasst werden. Auf einem vollkommenen Wettbewerbsmarkt nimmt λ den Wert Null an und der Preis stimmt mit den Grenzkosten überein. Mit zunehmendem λ entfernt sich der Markt vom Referenzzustand des perfekten Wettbewerbs. Der Grenzfall $\lambda = 1$ entspricht dem Fall des perfekten Kartells mit der Setzung von Monopolpreisen. Im Cournot-Gleichgewicht gilt $\lambda = 1/N$. Der Parameter λ wird daher als Index des Ausmaßes der Marktmacht des durchschnittlichen Anbieters interpretiert. Aufgrund der gegenseitigen Abhängigkeit von Marktmenge und Marktpreis erfordert die empirische Ermittlung des Parameters u.a. die simultane Schätzung von Nachfrage- und Angebotskurve des Marktes.[139]

[138] Vgl. Shaffer/DiSalvo (1994), S. 1072 f.

[139] Bresnahan (1982) und Lau (1982) diskutieren die exakten Bedingungen, unter denen λ empirisch identifizierbar ist.

Bikker (2003) wendet das Bresnahan-Modell auf Bankenmärkte in neun Ländern der EU an und schlussfolgert, dass sowohl die nationalen Märkte als auch der EU-Markt von hoher Kompetitivität geprägt sind, die Hypothese des vollkommenen Wettbewerbs jedoch in der Hälfte der Fälle verworfen werden kann.[140] Die Konstruktion des Cournot-Referenzwertes als Kehrwert der nationalen (bzw. EU-weiten) Gesamtzahl an Banken erscheint jedoch insofern problematisch, als hier implizit unterstellt wird, dass tatsächlich jede Bank in einem Land mit jeder anderen konkurriere und der relevante Bankenmarkt daher national (bzw. gesamteuropäisch) abzugrenzen sei. Hier deutet sich bereits an, dass die strukturellen NEIO-Modelle gewisse Schwächen der traditionellen Marktstrukturmaße teilen. In einer weiteren Arbeit aus der jüngsten Zeit untersuchen Uchida/Tsutsui (2005) eine lange Zeitreihe zum japanischen Bankenmarkt mit dem Resultat, dass der Wettbewerb dort in den 70er Jahren und der ersten Hälfte der 80er zunahm, sich jedoch im Verlauf der 90er Jahre wieder abschwächte.[141]

Gegenüber den klassischen Marktstrukturmaßen sind die strukturellen Modelle der NEIO theoretisch wohlfundiert, erfordern jedoch ebenso wie diese eine exakte Marktabgrenzung und Informationen über alle Markteilnehmer (bei Bresnahan in aggregierter Form), um zu aussagekräftigen Ergebnissen zu gelangen. Ferner sind die Modelle sensitiv gegenüber der Spezifikation von Nachfrage- und Kostenfunktionen und der Annahme einer konstanten Anzahl von Anbietern. Insgesamt wurden diese Modelle aufgrund der hohen Informationsanforderungen recht selten (dies gilt insbesondere für Iwata) in der empirischen Forschung verwendet.[142] Vorteil des Bresnahan-Modells ist insbesondere die einfache und anschauliche Interpretierbarkeit des Parameters λ als (inverses) Wettbewerbsmaß. Als nachteilig erweist sich jedoch, dass ebenso wie bei den klassischen Marktstrukturmaßen letztlich Aussagen über die Gesamtheit der Anbieter getroffen werden. Eine Lokalisierung von Marktmacht bei einzelnen Unternehmen ist nicht möglich.

Eine abschließende Beurteilung der unterschiedlichen Untersuchungsmethoden erfolgt im folgenden Kapitel, welches sich zunächst ausführlich einer nicht-strukturellen Methode der NEIO, dem Ansatz von Panzar und Rosse, widmet.

[140] Vgl. Bikker (2003), S. 182 und 187.
[141] Vgl. Uchida/Tsutsui (2005), S. 427 ff.
[142] Bikker (2003), S. 169 f., und Uchida/Tsutsui (2005), S. 420, verweisen auf einige weitere Anwendungen des Bresnahan-Modells.

5 Der Panzar-Rosse-Ansatz

Im Ansatz von Panzar und Rosse werden mittels komparativ-statischer Analyse empirisch testbare Implikationen unterschiedlicher Marktformen gewonnen. Zentraler Punkt der Überlegungen ist die Überwälzung der von den Unternehmen zu zahlenden Preise für die Produktionsfaktoren auf die Nachfrager. Es zeigt sich, dass diese Überwälzung durch Monopolisten und Wettbewerbsunternehmen in unterschiedlichem Ausmaß erfolgt. Durch die Beobachtung des tatsächlichen Verhaltens von Unternehmen können somit Rückschlüsse auf die Wettbewerbsverhältnisse in einem Markt gezogen werden.

In den folgenden Abschnitten werden die Voraussagen des Modells zuerst für den Fall des Monopols und anschließend für den Fall des vollkommenen Wettbewerbs abgeleitet.

5.1 Monopol

Die Funktion der Erlöse eines Ein-Produkt-Unternehmens mit Monopolstellung auf dem Absatzmarkt sei in Abhängigkeit vom gewählten Outputniveau y gegeben durch R(y). Weiterhin bezeichne C(y,w) die Kostenfunktion in Abhängigkeit vom Output und eines Vektors w der (nicht vom Unternehmen beeinflussbaren) Preise für m Produktionsfaktoren.[143]

Der Gewinn des Monopolisten ist dann gegeben durch:

(1) $$\pi = R(y) - C(y,w) = \pi\left(y,w\right).$$

Im Zustand 1, welcher dadurch gekennzeichnet ist, dass das Preisniveau w herrscht, bezeichne y_1 den Output, der den Gewinn des Unternehmens maximiert, formal:

(2) $$y_1 = \arg\max_{y}\, \pi(y,w).$$

[143] Die Kosten- und Erlösfunktionen können zusätzlich von weiteren exogenen Variablen abhängen. Da dies zur Ableitung der Modell-Implikationen nicht notwendig ist, werden diese Variablen zur einfacheren Notation hier unterdrückt. Vgl. zur Herleitung auch Panzar/Rosse (1987), S. 444 f.

Nun erhöhe sich das Preisniveau aller Inputs gegenüber dem Ausgangszustand um h Prozent. In diesem Zustand bezeichne y_2 den nunmehr gewinnmaximierenden Output:

(3) $$y_2 = \arg\max_{y} \pi(y,(1+h)w),$$

wobei h eine positive, skalare Größe darstellt.

Weiterhin seien $R_1 = R(y_1) = R^*(w)$ und $R_2 = R(y_2) = R^*((1+h)w)$ die entsprechenden Erlöse, mit R^* als Erlösfunktion in reduzierter Form.

Im Zustand 1 gilt:

(4) $$R_1 - C(y_1, w) \geq R_2 - C(y_2, w).$$

Der Gewinn beim Outputniveau y_1 ist aufgrund der Definition von y_1 in diesem Zustand maximal. Die rechte Seite in (4) gibt den Gewinn an, den das Unternehmen erzielen würde, wenn es den Output optimal entsprechend des Preisniveaus (1+h)w wählen würde. Jedoch herrscht im Zustand 1 das Preisniveau w, so dass der Gewinn des Unternehmens bei Wahl des Outputniveaus y_2 nicht höher ausfallen kann als bei Wahl von y_1.

Entsprechend gilt im Zustand 2:

(5) $$R_2 - C(y_2,(1+h)w) \geq R_1 - C(y_1,(1+h)w).$$

Weil die Kostenfunktion in den Faktorpreisen homogen vom Grade 1 ist, kann (5) überführt werden in:

(6) $$R_2 - (1+h)C(y_2, w) \geq R_1 - (1+h)C(y_1, w).$$

Aus der Multiplikation von (4) mit (1+h) und Addition zu (6) resultiert:

(7) $$(1+h)R_1 + R_2 \geq (1+h)R_2 + R_1.$$

Dies vereinfacht sich zu

(8) $$hR_1 \geq hR_2$$

und

(9) $$0 \geq h(R_2 - R_1).$$

Division von (9) durch h² liefert:

(10) $$0 \geq \frac{R_2 - R_1}{h}.$$

Dies entspricht:

(11) $$\frac{R^*((1+h)w) - R^*(w)}{h} \leq 0.$$

Die linke Seite von (11) stellt den Differenzenquotienten der Erlösfunktion in reduzierter Form dar. Für h → 0 und unter der Bedingung, dass die Funktion R^* differenzierbar ist, geht dies in den Differentialquotienten, mithin der Ableitung von R^* nach h, über.

Damit resultiert:

(12) $$\frac{\partial R^*}{\partial h} = \sum_{i=1}^{m} w_i \frac{\partial R^*}{\partial w_i} \leq 0.$$

Schließlich liefert die Division durch R^*:

(13) $$\sum_{i=1}^{m} \frac{w_i}{R^*} \frac{\partial R^*}{\partial w_i} \leq 0.$$

Das Ergebnis entspricht Theorem 1 von Panzar und Rosse: Die Summe der Faktorpreiselastizitäten der Erlöse eines Monopolisten ist nichtpositiv.[144]

Die linke Seite von (13) wird Panzar-Rosse-Statistik genannt und mit dem Symbol H bezeichnet. Kann in einer empirischen Untersuchung die Hypothese eines nichtpositiven H verworfen werden, so kann das betreffende Unternehmen kein Monopolist sein.

Um diese Hypothese in der Praxis zu testen, werden weder Informationen über Input- und Outputmengen noch über Outputpreise benötigt. Die relevanten Daten zu den tatsächlich erzielten Erlösen eines Unternehmens und den Preisen der Produktionsfaktoren lassen sich vergleichsweise einfach zum Beispiel aus den Jahresabschlüssen eines Unternehmens

[144] Vgl. Panzar/Rosse (1987), S. 445.

gewinnen. Hierin sowie in der Tatsache, dass keine (mehr oder weniger restriktiven) Annahmen über den Verlauf von Angebots- und Nachfragefunktion getroffen werden müssen, liegt der große Vorteil des Panzar-Rosse-Ansatzes.

In diesem allgemeinen Kontext lässt sich lediglich eine Aussage über das Vorzeichen von H treffen, insbesondere kann ohne weitere Annahmen keine Aussage über die absolute Höhe der Panzar-Rosse-Statistik gemacht werden. Die beiden folgenden Abschnitte werden zeigen, wie durch das Hinzufügen von Annahmen zur Nachfragefunktion und zur Produktionstechnologie auch eine Voraussage über die absolute Höhe der Panzar-Rosse-Statistik getroffen werden kann. Auf dieser Grundlage kann unter anderem untersucht werden, ob H hinsichtlich der Marktmacht des Monopolisten informativ ist.

5.1.1 Der Fall mit linearer Nachfragefunktion

Ein Monopolist sehe sich einer linearen Nachfragefunktion y(p) in Abhängigkeit vom Preis p gegenüber. Die entsprechende Preis-Absatz-Funktion (PAF) sei durch $p = a - by$ mit $a, b > 0$ gegeben. Damit ergibt sich die Erlösfunktion

(14) $$R(y) = p(y)y$$

bzw.

(15) $$R(y) = ay - by^2 .$$

Das Unternehmen produziere mithilfe der beiden Faktoren Arbeit (L) und Kapital (K) gemäß einer Cobb-Douglas-Produktionsfunktion:

(16) $$y = F(K, L) = AK^{\alpha}L^{\beta}$$

mit $0 < \alpha < 1$, $0 < \beta < 1$ und $A > 0$. Es sei weiterhin angenommen, dass das Unternehmen mit konstanten Skalenerträgen produziert, so dass $\alpha + \beta = 1$ gilt. Der Lohnsatz sei durch w bezeichnet, der Zinssatz mit r.

Es lässt sich zeigen, dass die zu (16) gehörige Kostenfunktion vom Typ:

(17) $$C = cy$$

ist, wobei für c gilt:

(18) $$c = w^{\beta} r^{\alpha} \alpha^{-\alpha} \beta^{-\beta} A^{-1}\ .$$[145]

Damit resultiert der Gewinn des Monopolisten:

(19) $$\pi = ay - by^2 - cy\ .$$

Aufgrund der Annahmen liefert die Maximierung von (19) eine eindeutige Lösung für den optimalen Output:

(20) $$y^* = \frac{a-c}{2b}\ .$$[146]

Die Erlösfunktion in reduzierter Form ergibt sich nunmehr aus der Substitution von (20) in (15):

(21) $$R^* = a\frac{a-c}{2b} - b\left(\frac{a-c}{2b}\right)^2 .$$

Damit sind die Erlöse nur noch von den Parametern der Nachfrage und der verwendeten Produktionstechnologie sowie von den Inputpreisen abhängig.

Einige Umformungen und Vereinfachungen führen zu:

(22) $$R^* = \frac{a^2 - c^2}{4b}\ .$$

Die Panzar-Rosse-Statistik kann nunmehr laut Definition ermittelt werden aus:

(23) $$H = \frac{w}{R^*}\frac{\partial R^*}{\partial w} + \frac{r}{R^*}\frac{\partial R^*}{\partial r}\ .$$

Wegen R* = R*(c(w,r)) resultiert daraus:

(24) $$H = \frac{w}{R^*}\frac{\partial R^*}{\partial c}\frac{\partial c}{\partial w} + \frac{r}{R^*}\frac{\partial R^*}{\partial c}\frac{\partial c}{\partial r}\ .$$

[145] Ein formaler Nachweis dieser Behauptung erfolgt in einem Nachtrag am Ende dieses Kapitels.

[146] Die Bedingung zweiter Ordnung ist mit $\pi_{yy} = -2b < 0$ erfüllt.

Differentiation und Einsetzen führen auf:

(25) $$H = \frac{w}{R^*}\left(\frac{-c}{2b}\right)\beta\frac{c}{w} + \frac{r}{R^*}\left(\frac{-c}{2b}\right)\alpha\frac{c}{r}.$$

Dies lässt sich zu

(26) $$H = -\frac{c^2}{2bR^*}(\beta + \alpha)$$

vereinfachen.

Schließlich ergibt sich durch Einsetzen von (22) nach weiteren Vereinfachungen:

(27) $$H = -\frac{2c^2}{(a^2 - c^2)}.$$

Im Ergebnis ist H abhängig von einem Lageparameter der Nachfragefunktion sowie von den Grenzkosten, welche ihrerseits durch die Parameter der Produktionstechnologie und die Inputpreise determiniert sind. In diesem speziellen Kontext kann nicht nur eine Voraussage über das Vorzeichen von H gemacht werden, sondern auch über den Betrag von H. Damit der Markt überhaupt existiert, muss a mindestens den Grenzkosten c entsprechen, H ist daher stets kleiner als oder gleich Null. Darüber hinaus zeigt (27) die Unabhängigkeit von H gegenüber b. Die Panzar-Rosse-Statistik ist in diesem Kontext demnach unabhängig von der Steigung der Preis-Absatz-Funktion und wird damit auch, ceteris paribus, nicht von Variationen der Elastizität der Nachfrage beeinflusst. Diese misst daher auch nicht die Marktmacht des Monopolisten.[147]

Vielmehr zeigt sich im Sinne des Panzar-Rosse-Ansatzes die Eigenschaft eines Unternehmens, Monopolist zu sein, darin, dass die Erlöse des Unternehmens nicht von den Aktionen (tatsächlicher oder potentieller) Konkurrenten abhängen. Sie stimmt deshalb im Sinne von Triffins Systematisierung unterschiedlicher Marktformen mit dem Fall des reinen Monopols (*pure monopoly*) überein, welcher durch die Unabhängigkeit des Unternehmens von den Maß-

[147] Selbst bei einer flachen Nachfragekurve (b = 0), bei der der Anbieter über keinerlei Marktmacht verfügt, resultiert eine negative Panzar-Rosse-Statistik. Zum Verhältnis von Marktmacht und Panzar-Rosse-Statistik vgl. auch die Ausführungen im nächsten Abschnitt.

nahmen (bei Triffin: Preisänderungen) anderer Firmen gekennzeichnet ist.[148] Eine empirische Widerlegung der Hypothese eines nichtpositiven H bedeutet daher, dass die Erlöse des betreffenden Unternehmens von den Handlungen anderer Anbieter beeinflusst werden.[149] Abschließend soll die graphische Exposition noch einmal zur Veranschaulichung der Intuition des Modells dienen.

Abbildung 5.1: Beispiel eines Monopolisten mit linearer Nachfragefunktion und konstanten Skalenerträgen

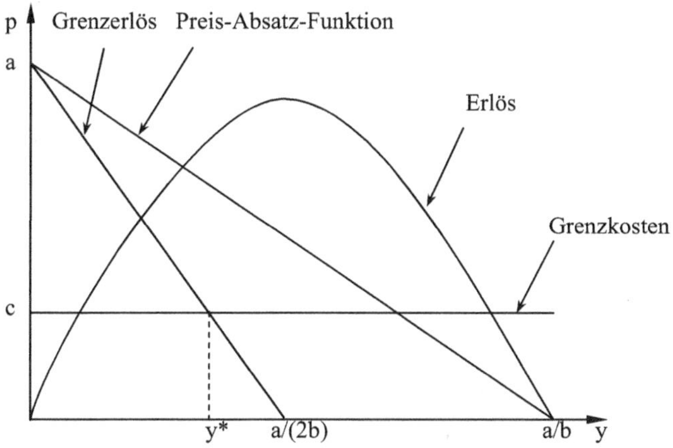

Die Intuition des Modells lässt sich wie folgt zusammenfassen: Eine Erhöhung der Inputpreise um 1 Prozent führt zu einer Verschiebung der Grenzkostenfunktion um 1 Prozent nach oben. Da der gewinnmaximierende Monopolist immer im elastischen Bereich der Nachfragefunktion und im steigenden Bereich der Erlösfunktion operiert, führt dies stets zu einem Rückgang der Erlöse (vgl. auch (9)). Der Rückgang beläuft sich auf H Prozent.

[148] Sogenanntes „isolated selling“ - vgl. Triffin (1949), S. 102 ff.
[149] Vgl. Panzar/Rosse (1987), S. 444 und S. 447.

5.1.2 Verhältnis von Lerner-Index und Panzar-Rosse-Statistik

Der vorhergehende Abschnitt hat gezeigt, dass die Panzar-Rosse-Statistik eine qualitative Aussage über die Frage erlaubt, ob ein Unternehmen ein Monopol darstellt, nicht jedoch eine quantitative Aussage darüber, in welchem Ausmaß dieses Unternehmen tatsächlich über Marktmacht verfügt. In einem etwas anderen Kontext, konkret bei isoelastischer Nachfragefunktion, ist jedoch ein Rückschluss von der tatsächlich beobachteten Panzar-Rosse-Statistik auf die Marktmacht eines Monopolisten, gemessen durch den Lerner-Index, möglich.

Hinsichtlich der Produktionstechnologie gelten die obigen Annahmen. Die Nachfragefunktion sei nunmehr durch

(28) $$y = D\,p^{-\gamma}$$

mit D > 0 und $\gamma > 1$ gegeben.

Die Preiselastizität der Nachfrage ε beträgt

(29) $$\varepsilon = -\gamma$$

und ist im gesamten Definitionsbereich konstant.

Der Gewinn des Monopolisten ist gegeben durch:

(30) $$\pi = \left(\frac{D}{y}\right)^{\frac{1}{\gamma}} y - cy\,.$$

Durch Maximierung von (30) erhält man das Angebot des Monopolisten:

(31) $$y^{*} = \left(1 - \frac{1}{\gamma}\right)^{\gamma} D\,C^{-\gamma}\,.$$ [150]

Die Erlösfunktion in reduzierter Form ist erneut gegeben durch:

(32) $$R^{*} = p(y^{*})\,y^{*}.$$

[150] Die Bedingung 2. Ordnung ist mit $\pi_{yy} = (1 - \frac{1}{\gamma})D^{\frac{1}{\gamma}}(-\frac{1}{\gamma})y^{-\frac{1}{\gamma}-1} < 0$ erfüllt.

Einsetzen von (31) in (32) liefert nach einigen Umformungen:

(33) $$R^* = D\left(1-\frac{1}{\gamma}\right)^{\gamma-1} c^{1-\gamma}.$$

Anschließend kann die Panzar-Rosse-Statistik wiederum ermittelt werden aus:

(34) $$H = \frac{w}{R^*}\frac{\partial R^*}{\partial w} + \frac{r}{R^*}\frac{\partial R^*}{\partial r}$$

bzw.

(35) $$H = \frac{w}{R^*}\frac{\partial R^*}{\partial c}\frac{\partial c}{\partial w} + \frac{r}{R^*}\frac{\partial R^*}{\partial c}\frac{\partial c}{\partial r}.$$

Daraus resultiert:

(36) $$H = \frac{w}{R^*}(1-\gamma)\frac{R^*}{c}\beta\frac{c}{w} + \frac{r}{R^*}(1-\gamma)\frac{R^*}{c}\alpha\frac{c}{r}.$$

Dies lässt sich vereinfachen zu:

(37) $$H = (1-\gamma)(\beta+\alpha).$$

Infolge der Annahmen zur Produktionstechnologie ergibt sich die Panzar-Rosse-Statistik als:

(38) $$H = 1-\gamma$$

oder mittels der Nachfrageelastizität:

(39) $$H = 1+\varepsilon.$$

Aus der empirisch bestimmten Panzar-Rosse-Statistik kann somit auf die Nachfrageelastizität geschlossen werden. Da für den Lerner-Index L_I bekanntlich

(40) $$L_I = -\frac{1}{\varepsilon}$$

gilt, können Lerner-Index und Panzar-Rosse-Statistik vermöge der Beziehungen

(41) $$H = 1-\frac{1}{L_I}$$

und

(42) $$L_I = \frac{1}{1-H}$$

aus der jeweils anderen Größe ermittelt werden.[151]

5.2 Vollkommener Wettbewerb

Den Gegenpol zur Analyse des Monopols im vorhergehenden Abschnitt bildet die Untersuchung der Verhältnisse im Fall des vollkommenen Wettbewerbs. Dabei soll unter vollkommenem Wettbewerb eine Marktform verstanden werden, bei der die einzelnen Anbieter über keinerlei autonome Preissetzungsspielräume verfügen. Dies ist der Fall, wenn die Produkte der Anbieter aus Sicht der Kunden sehr enge Substitute darstellen und keinerlei Intransparenz oder sonstige Friktionen die Kunden an der Beobachtung der Preise und am Wechsel des Anbieters hindern. Unter diesen Voraussetzungen wird sich auf dem Markt ein einheitlicher Preis einstellen. Für den einzelnen Anbieter ist der Marktpreis exogen gegeben und er passt seine Angebotsmenge optimal an diesen Preis an.

Die folgende Analyse betrachtet das langfristige Gleichgewicht eines Marktes, der durch vollkommenen Wettbewerb und die Möglichkeit eines freien Markteintritts und -austritts charakterisiert ist. Das langfristige Gleichgewicht ist erreicht, wenn sich ein einheitlicher Marktpreis eingestellt hat, bei dem alle Anbieter ihren Gewinn maximiert haben, Angebot und Nachfrage auf diesem Markt ausgeglichen sind und Null-Gewinne erwirtschaftet werden.[152] Solange im Markt positive Gewinne erzielt werden, werden weitere Unternehmen in den Markt eintreten und mit ihrem zusätzlichen Angebot den Marktpreis sinken lassen. Im umgekehrten Fall, dem Bestehen negativer Gewinne, werden einzelne Unternehmen den Markt verlassen, bis der Preis ein Niveau erreicht hat, welches zu Null-Gewinnen bei den verbleibenden Anbietern

[151] Die in Panzar/Rosse (1987), S. 446, angegebene Beziehung L=H/(H-1), die z.B. auch in Bikker/Haaf (2002b), S. 2194, angeführt wird, ist nach Meinung des Autors ein Irrtum. In letztgenannter Quelle ist auch H=|ε|-1 irrtümlich (Gleichungen in Notation d. A.).

[152] Zum langfristigen Wettbewerbsgleichgewicht und seiner komparativen Statik vgl. bspw. einführend Mas-Colell/Whinston/Green (1995), S. 334 ff. Eine detaillierte Untersuchung der Eigenschaften dieser Modelle erfolgte in den 60er und 70er Jahren des 20. Jahrhunderts - vgl. Silberberg (1974) und die dort angegebene Literatur. Eine analytische Beschäftigung mit solchen Marktmodellen (wenn auch nicht immer mit mathematisch-formalen Methoden) lässt sich jedoch weit zurückverfolgen - vgl. beispielhaft die Ausführungen in Viner (1932), S. 34, und die graphischen Darstellungen in Robinson (1933), S. 96.

führt. Die Zahl der Anbieter ist somit in diesem Modell endogen und das langfristige Gleichgewicht dadurch gekennzeichnet, dass die folgenden Bedingungen erfüllt sind:

i. Preis = Grenzkosten (für alle Anbieter)

ii. Erlöse = Kosten (für alle Anbieter)

iii. Gesamtangebot aller Anbieter = Marktnachfrage.

Aus i und ii resultieren der Marktpreis und die optimale Angebotsmenge für jeden Anbieter. Mit diesen Daten ergeben sich aus iii die Nachfrage zum Marktpreis und die Zahl der Anbieter. Im langfristigen Gleichgewicht wird jedes Unternehmen seine Angebotsmenge so gewählt haben, dass der Marktpreis dem Minimum seiner Durchschnittskostenfunktion entspricht, welche an der Stelle des optimalen Outputs mit den Grenzkosten übereinstimmt.[153]

Nach diesen einleitenden Bemerkungen sollen im Folgenden nunmehr zunächst eine formale Ableitung der Panzar-Rosse-Statistik in diesem Modell-Kontext und anschließend eine Intuition für das Ergebnis präsentiert werden. Ziel der Überlegungen ist somit wieder die Frage, wie sich eine Erhöhung von Faktorpreisen auf die Erlöse eines Unternehmens auswirkt.

Für einen Anbieter gelten im langfristigen Gleichgewicht simultan die Bedingungen:

(43) $$p - C_y(y, w) = 0$$ [154]

und

(44) $$py - C(y, w) = 0\,.$$

Durch partielle Differentiation nach w_i, dem i-ten Element des Vektors w (i = 1, ..., m), entsteht das Gleichungssystem:

(45) $$\frac{\partial p}{\partial w_i} - C_{yy}\frac{\partial y}{\partial w_i} - \frac{\partial C_y}{\partial w_i} = 0$$

(46) $$\frac{\partial p}{\partial w_i} y + p\frac{\partial y}{\partial w_i} - \frac{\partial C}{\partial y}\frac{\partial y}{\partial w_i} - \frac{\partial C}{\partial w_i} = 0\,.$$

[153] Für die weitere Betrachtung muss nicht vorausgesetzt werden, dass alle Anbieter über die gleiche Kostenfunktion verfügen und damit das gleiche optimale Angebot machen, jedoch muss das Minimum der Durchschnittskosten bei allen Unternehmen gleich sein. Dies wird zum Beispiel dann der Fall sein, wenn die Produktionstechnologie „frei" ist, d.h. von den (tatsächlichen oder potentiellen) Konkurrenten beobachtet und kopiert werden kann. In diesem Fall erzwingt der Wettbewerb die Übereinstimmung des Minimums der Durchschnittskosten aller Anbieter.

[154] Im Folgenden wird zur einfacheren Notation auch C_y als Symbol der Grenzkosten und C_{yy} als partielle Ableitung derselben nach dem Output verwendet.

Auflösen von (45) nach $\frac{\partial p}{\partial w_i}$ und Einsetzen in (46) ergibt:

(47) $$C_{yy}\frac{\partial y}{\partial w_i}y+\frac{\partial C_y}{\partial w_i}y+p\frac{\partial y}{\partial w_i}-\frac{\partial C}{\partial y}\frac{\partial y}{\partial w_i}-\frac{\partial C}{\partial w_i}=0\,.$$

Daraus folgt nach einigen Umformungen:

(48) $$\frac{\partial y}{\partial w_i}\left(C_{yy}y+p-\frac{\partial C}{\partial y}\right)=\frac{\partial C}{\partial w_i}-\frac{\partial C_y}{\partial w_i}y\,.$$

Bedingt durch (43) sind Preis und Grenzkosten auf der linken Seite von (48) gleich groß. Auch die rechte Seite dieser Gleichung kann wegen:

(49) $$\frac{\partial C}{\partial w_i}=x_i$$

vereinfacht werden.[155]

Partielle Differentiation von (49) nach y liefert außerdem:

(50) $$\frac{\partial^2 C}{\partial w_i \partial y}=\frac{\partial x_i}{\partial y}\,.$$

Damit resultiert aus (48):

(51) $$\frac{\partial y}{\partial w_i}=\frac{x_i-\frac{\partial x_i}{\partial y}y}{C_{yy}y}\,.$$

Mit $R^*=py$ folgt aus (44):

(52) $$\frac{\partial R^*}{\partial w_i}=C_y\frac{\partial y}{\partial w_i}+x_i\,.$$

Multiplikation mit w_i und Summation über alle i führt auf:

(53) $$\sum_i w_i\frac{\partial R^*}{\partial w_i}=\sum_i C_y\frac{\partial y}{\partial w_i}w_i+\sum_i x_i w_i\,.$$

155 Dies ist eine Anwendung von Shephards Lemma. Zu diesem Lemma vgl. z.B. Shephard (1970), S. 170 f.

Einsetzen von (51) in (53)ergibt:

(54) $$\sum_i w_i \frac{\partial R^*}{\partial w_i} = \frac{\sum_i \left(C_y w_i x_i - \frac{\partial x_i}{\partial y} y w_i C_y \right)}{C_{yy} y} + \sum_i x_i w_i \,.$$

Unter Beachtung, dass für die Grenzkosten

(55) $$C_y = \sum_i \frac{\partial x_i}{\partial y} w_i$$

gilt, resultiert nach weiteren Umformungen aus (54):

(56) $$\sum_i w_i \frac{\partial R^*}{\partial w_i} = \frac{C_y}{C_{yy} y} \left(C - y C_y \right) + C \,.$$

Wegen (43) und (44) ergibt sich daraus:

(57) $$\sum_i w_i \frac{\partial R^*}{\partial w_i} = \frac{C_y}{C_{yy} y} \left(R^* - yp \right) + R^* \,.$$

Schließlich liefert die Division durch R^* die Panzar-Rosse-Statistik:

(58) $$\sum_i \frac{w_i}{R^*} \frac{\partial R^*}{\partial w_i} = 1 \,.$$

Das Ergebnis entspricht Proposition 2 bei Panzar und Rosse: Die Summe der Faktorpreiselastizitäten der Erlöse eines Unternehmens ist im Falle des vollkommenen Wettbewerbs gleich Eins.[156]

Um die Panzar-Rosse-Methode in diesem Modell-Kontext anwenden zu können, muss ein langfristiges Gleichgewicht auf dem betreffenden Markt bestehen. Hinsichtlich der Voraussetzungen für die Existenz eines langfristigen Gleichgewichts führen Mas-Colell/Whinston/Green aus: „Perhaps not surprisingly, to generate the existence of an equilibrium with a determinate number of firms, the long-run cost function must exhibit a strictly positive efficient scale; *that is, there must exist a strictly positive output level q at which a firm's*

[156] Vgl. Panzar/Rosse (1987), S. 452.

average costs of production are minimized ..." (Hervorhebung im Original).[157] Abbildung 5.2 illustriert die Verhältnisse auf diesem Markt.

Abbildung 5.2: Panzar-Rosse im langfristigen Gleichgewicht bei vollkommenem Wettbewerb

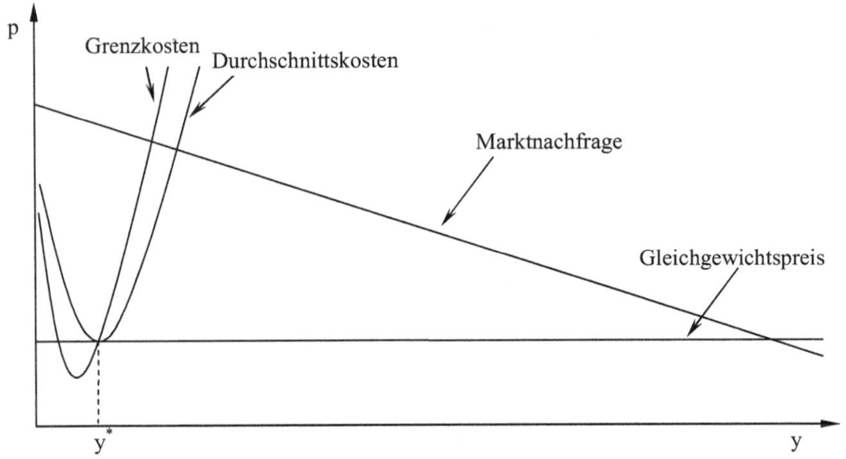

Für die Panzar-Rosse-Methode ist die Existenz eines Gleichgewichts jedoch nicht ausreichend, es muss sich darüber hinaus um ein eindeutiges Gleichgewicht handeln. So wären beispielsweise bei einer U-förmigen Durchschnittskostenfunktion mit „flachem Boden" die Unternehmen bezüglich aller diesem Boden entsprechenden Outputniveaus indifferent. Bei konstanten Null-Gewinnen könnten sie ihren Output und die damit verbundenen Erträge variieren. Dies wirkt sich entsprechend auf die Panzar-Rosse-Statistik aus, so dass etwa geringfügige Steigerungen der Faktorpreise, die zufällig von Outputerhöhungen begleitet werden, zu einer hohen Panzar-Rosse-Statistik führen würden. Für die Panzar-Rosse-Methode ist deshalb die Eindeutigkeit des Gleichgewichtes essentiell.

Es bleibt die Frage zu klären, welche Kostenfunktionen bzw. Produktionstechnologien die gewünschten Eigenschaften aufweisen. Hierfür sind in der Praxis mindestens 2 Varianten denkbar:

[157] Mas-Colell/Whinston/Green (1995), S. 337. Eine hinreichende Bedingung für ein lokales Minimum der Durchschnittskosten ist eine negativ definite Matrix der Kreuzableitungen der Produktionsfunktion, d.h. die Produktionsfunktion ist lokal strikt konkav - vgl. z.B. Silberberg (1974), S. 734.

i. Kostenfunktion mit Fixkosten und steigenden Grenzkosten
ii. Kostenfunktion mit anfänglich abnehmenden, später steigenden Grenzkosten.

Die erste Möglichkeit ist im besprochenen Zusammenhang nicht vollkommen überzeugend, da langfristig keine Fixkosten existieren sollten, schließlich ist die „lange Frist" hier gerade dadurch gekennzeichnet, dass alle Markteintritte und -austritte (beispielsweise in Reaktion auf Faktorpreisänderungen oder Verschiebungen der Nachfragekurve) bereits abgeschlossen sind. Die zweite Variante ist bei einer Produktionstechnologie gemäß dem Klassischen Ertragsgesetz erfüllt.[158] Hierbei erfolgt die Produktion bis zu einem gewissen Punkt mit zunehmenden und anschließend mit fallenden Grenzerträgen.

Mit erneutem Blick auf Abbildung 5.2 lassen sich die Modell-Implikationen nunmehr wie folgt formulieren: Eine Erhöhung aller Faktorpreise um x Prozent führt zu einer Erhöhung der Grenzkosten, der Gesamtkosten und der Durchschnittskosten um x Prozent bezüglich jedes beliebigen Outputniveaus.[159] Die Graphen dieser Kostenfunktionen werden um x Prozent entlang der Ordinatenachse gestreckt. Im neuen Gleichgewicht hat sich auch der Preis um diesen Prozentsatz erhöht, der optimale Output jeder einzelnen Firma bleibt dagegen unverändert. Aufgrund des höheren Preises wird (bei normaler, d.h. im Preis fallender, Nachfragefunktion) die Marktnachfrage und damit auch die Gesamtproduktion der Branche insgesamt zurückgegangen sein. Einige Anbieter haben deshalb den Markt verlassen.[160] Die Kosten und Erlöse jeder verbliebenen Unternehmung sind hingegen jeweils um x Prozent gewachsen. Damit führt ein Anstieg aller Faktorpreise zu einem proportionalen Anstieg der Erlöse eines Unternehmens und somit zu einer Panzar-Rosse-Statistik von Eins im Falle des vollkommenen Wettbewerbs.

[158] Das Klassische Ertragsgesetz wurde ursprünglich mit Blick auf die Landwirtschaft formuliert und geht (mindestens) auf Turgot zurück - vgl. z.B. Niehans (1990), S. 73 ff.

[159] Technisch setzt dies voraus, dass die Kosten homogen vom Grade 1 in den Faktorpreisen sind. Dies lässt sich (unter schwachen Annahmen an die Produktionstechnologie) zeigen - vgl. Shephard (1970), S. 83 f.

[160] Natürlich können solche Marktmodelle nicht erklären, welche Firmen den Markt verlassen, sie können lediglich konstatieren, dass im neuen Gleichgewicht einige Firmen den Markt verlassen haben - vgl. auch Silberberg (1974), S. 740.

5.3 Monopolistische Konkurrenz

Das Modell des vollkommenen Wettbewerbs, in dem die Unternehmen über keinerlei Marktmacht verfügen, und das Modell des reinen Monopols, in dem der einzige Anbieter seine Entscheidungen völlig unabhängig von den Aktionen anderer treffen kann, bilden gewissermaßen die natürlichen Enden des Spektrums denkbarer Wettbewerbssituationen. Die Anfang der 1930er Jahre entwickelte Theorie der Monopolistischen Konkurrenz nimmt hier eine vermittelnde Stellung ein und beschreibt das Verhalten von Unternehmen, die differenzierte Produkte anbieten, welche aus Sicht der Kunden enge, aber nicht perfekte, Substitute darstellen.[161]

Der einzelne Anbieter sieht sich einer in seinem eigenen Preis fallenden Nachfragekurve gegenüber, die aber auch von den Preisen der anderen Anbieter abhängt. Er wählt seinen Preis so, dass die Grenzkosten dem Grenzerlös entsprechen (notwendige Bedingung für Gewinnmaximierung). Kurzfristig ist ein Gleichgewicht auf diesem Markt erreicht, wenn alle Anbieter ihren Gewinn maximiert haben. Nimmt man weiterhin an, dass ein freier Markteintritt und -austritt möglich ist, dann werden so lange weitere Unternehmen in diesen Markt eintreten, wie die dort operierenden Unternehmen positive Gewinne erwirtschaften. Der Eintritt weiterer Anbieter hat für das einzelne Unternehmen niedrigere Preise und geringere Mengen zur Folge. Das langfristige Gleichgewicht ist erreicht, wenn die Durchschnittskosten dem Preis entsprechen und die Unternehmen Null-Gewinne realisieren. Die individuelle Nachfragekurve ist dann eine Tangente der Durchschnittskostenkurve (sogenannte Chamberlinsche Tangentenlösung). Auch in diesem Marktmodell ist somit die Zahl der Anbieter endogen.

Panzar und Rosse konnten unter der Symmetrieannahme (alle Anbieter besitzen trotz differenzierter Produkte identische Nachfrage- und Kostenfunktionen) sowie unter der Voraussetzung, dass die (absolute) Preiselastizität der konjekturalen Nachfrage mit zunehmender Zahl der Konkurrenten nicht abnimmt,[162] zeigen, dass die Summe der Faktorpreiselastizitäten

[161] Vgl. zur Theorie der Monopolistischen Konkurrenz Chamberlin (1933) und Robinson (1933).

[162] Panzar und Rosse bezeichnen diese Annahme als „eminently plausible" und „almost a truism" (Panzar/Rosse (1987), S. 450). Tatsächlich ist dies eine Annahme über die Substituierbarkeit der angebotenen Produkte: Mit zunehmender Zahl von Anbietern nimmt für ein gegebenes Produkt seine Substituierbarkeit durch andere Angebote zu bzw. bleibt unverändert.

der Erträge eines auf einem solchen Markt agierenden Unternehmens stets kleiner oder gleich Eins ist.[163] Darüber hinaus konnte Vesala (bei isoelastischer Nachfrage) zeigen, dass die Panzar-Rosse-Statistik H in diesem Fall eine zunehmende Funktion der Preiselastizität der individuellen Nachfrage ε_i ist, wobei gilt:

(59) $$H = 1 - \frac{k}{\varepsilon_i^2}.$$ [164]

Für den Zusammenhang zwischen Lerner-Index L_I und Panzar-Rosse-Statistik H gilt dann:

(60) $$L_I = \sqrt{\frac{1-H}{k}}.$$

Je preiselastischer die Nachfrage ist, desto geringer ist die Marktmacht eines Anbieters (zum Beispiel gemessen durch den Lerner-Index) und desto höher ist die Panzar-Rosse-Statistik. Im Grenzfall perfekter Substitute reagiert die individuelle Nachfrage unendlich elastisch auf Preisänderungen des einzelnen Anbieters. H nimmt dann den Wert Eins an und der Lerner-Index beträgt Null. Umgekehrt ist für den Fall, dass nur wenige brauchbare Substitute zur Verfügung stehen, die Preiselastizität relativ gering. H kann dann auch negative Werte annehmen, so dass eine Unterscheidung zwischen dem Fall des reinen Monopols und der Monopolistischen Konkurrenz nach Chamberlin allein aufgrund der empirisch gemessenen Panzar-Rosse-Statistik nicht möglich ist. Allerdings sollte eine Analyse der erzielten Unternehmensgewinne aufgrund der Null-Gewinn-Bedingung im Modell der Monopolistischen Konkurrenz eine Entscheidung ermöglichen.

5.4 Zusammenfassende Diskussion des Ansatzes

Eine Reihe weiterer Marktmodelle wurden auf ihre Implikationen bezüglich der Panzar-Rosse-Statistik untersucht. Shaffer zeigt, dass für einen natürlichen Monopolisten, der auf einem Markt operiert, welcher perfekt contestable (bestreitbar) ist, die PR-Statistik Eins beträgt. Dies entspricht dem Ergebnis bei vollkommenem Wettbewerb. Das gleiche Resultat ergibt sich bei einem Unternehmen, welches seine Umsatzerlöse unter Beachtung der

---

163 Vgl. Panzar/Rosse (1987), S. 450 f.

164 Vereinfachte Gleichung in Notation d. A. Die Variable k ist stets positiv und hängt u.a. von den Eigenschaften der Erlös- und Kostenfunktion ab. Zum Beweis vgl. Vesala (1995), S. 53 ff.

Nebenbedingung der Kostendeckung zu maximieren versucht.[165] Vesala hat ein Modell der Monopolistischen Konkurrenz ohne freien Marktzutritt, bei dem die Zahl der Anbieter historisch determiniert ist, untersucht. In diesem Fall resultiert eine nicht-positive Panzar-Rosse-Statistik.[166] Tabelle 5.1 fasst noch einmal alle Ergebnisse zusammen.

Tabelle 5.1: Implikationen verschiedener Marktmodelle für die Panzar-Rosse-Statistik

Marktmodell	**Panzar-Rosse-Statistik**
Monopol (bzw. perfekte Kollusion)	$H \leq 0$
Monopolistische Konkurrenz (ohne freien Marktzutritt)	
Monopolistische Konkurrenz (freier Marktzutritt)	$H \leq 1$
Vollkommener Wettbewerb	$H = 1$
Monopol auf perfekt bestreitbarem Markt	
Umsatzmaximierung unter Break-even-Bedingung	

Aufgrund einer empirisch bestimmten Panzar-Rosse-Statistik lassen sich gegebenenfalls eines oder mehrere dieser Modelle als Erklärung der Realität ausschließen. In diesem Sinne ist die Panzar-Rosse-Statistik ein Indikator für die Intensität des Wettbewerbs auf einem Markt: Je höher die Panzar-Rosse-Statistik, desto eher kommen Modelle mit hohem Wettbewerbsdruck bzw. geringer Marktmacht der Anbieter als Erklärung realer Phänomene in Frage. Die Panzar-Rosse-Statistik ist dabei in erster Linie ein Mittel zur Auswahl des „richtigen" Modells (des Modells, welches am besten die Realität erklärt). Dem nachgeordnet ist die Frage, ob *innerhalb* dieser Modelle die Panzar-Rosse-Statistik die Marktmacht der Unternehmen misst. Dabei sind, wie oben gesehen, sowohl Konstellationen denkbar, in denen dies der Fall ist, als auch Konstellationen, in denen dies eben nicht der Fall ist. Dies hängt im Wesentlichen von den Eigenschaften der Nachfragefunktion ab. Akzeptiert man die Annahme einer (wenigstens lokal) isoelastischen Nachfragefunktion, so lässt sich der Zusammenhang zwischen der Preiselastizität und der PR-Statistik, wie in Abbildung 5.3 beispielhaft wiedergegeben, veranschaulichen.

[165] Vgl. Shaffer (1982a), S. 228 und 241.
[166] Vgl. Vesala (1995), S. 50 ff.

Abbildung 5.3: Zusammenhang zwischen Panzar-Rosse-Statistik und Preiselastizität der Nachfrage

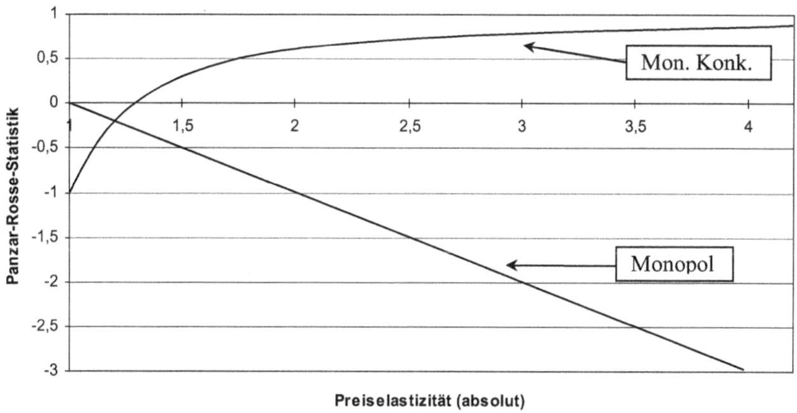

Für die empirische Arbeit hat der Panzar-Rosse-Ansatz gegenüber den Modellen von Iwata und Bresnahan einige Vorteile. Es werden keine Informationen über den Verlauf von Angebots- und Nachfragekurve benötigt. Aufgrund der Beschränkung auf die erzielten Unternehmenserlöse sind Daten über die Absatzpreise und Absatzmengen, welche regelmäßig schwerer zu beobachten sind, nicht erforderlich. Die für den PR-Ansatz notwendigen Informationen können nahezu ausschließlich aus der Bilanz und der Gewinn- und Verlustrechnung eines Unternehmens gewonnen werden. Ein Nachteil des Panzar-Rosse-Ansatzes stellt die Annahme eines Ein-Produkt-Unternehmens dar. Diese Prämisse kann nur für den Fall des Monopols aufgegeben werden.[167] Wesentlich ist ferner die Annahme, dass die Faktorpreise für die Unternehmen vollständig exogen sind, so dass diese im Beschaffungsmarkt keine Marktmacht ausüben.

Verglichen mit den traditionellen Methoden der Wettbewerbsmessung im Rahmen des SCP-Paradigmas ist die PR-Methode modelltheoretisch gut fundiert und kommt ohne zweifelhafte ad-hoc-Annahmen hinsichtlich der Kausalität aus. Das im Rahmen des SCP-Ansatzes häufig diffizile Problem einer exakten Marktabgrenzung stellt sich hier in dieser Form nicht. So führt etwa die Tatsache, dass man bei der Analyse eventuell nicht den ganzen Markt berücksichtigt,

[167] Dies stellt den wesentlichen Unterschied zwischen Panzar/Rosse (1987) und Panzar/Rosse (1982) dar.

allein zu keiner Verzerrung der Ergebnisse. Freilich sind die Ergebnisse zunächst nur für die im Datensatz vertretenen Unternehmen aussagekräftig und es bleibt zu prüfen, ob aus der Analyse auch Schlussfolgerungen für den Gesamtmarkt gezogen werden dürfen. Im Extremfall könnte man sogar aus der Untersuchung eines einzelnen Unternehmens Rückschlüsse auf den gesamten Markt ziehen, wenn es keine hinreichenden Gründe für die Annahme gibt, dass dieses Unternehmen einem anderen Wettbewerbsdruck ausgesetzt sein sollte (zum Beispiel aufgrund erfolgreicher Markenbildung durch das Unternehmen) als die sonstigen Unternehmen in dem betreffenden Markt. Ferner berücksichtigt der Panzar-Rosse-Ansatz implizit nicht nur die in einem Markt bestehende Konkurrenzsituation, sondern auch den Einfluss, den potentielle Konkurrenz auf das Verhalten der Marktteilnehmer ausübt.

Für die Interpretation der Ergebnisse ist in den Fällen des vollkommenen sowie des monopolistischen Wettbewerbs (mit freiem Marktzutritt) die Annahme, dass die Beobachtungen zur Bestimmung der PR-Statistik im langfristigen Gleichgewicht erfolgten, notwendig. Für den Monopol-Fall gilt dies dagegen nicht.[168] So ist etwa bei vollkommenem Wettbewerb das Ergebnis H = 1 nur durch die Annahme des langfristigen Gleichgewichts gesichert. Ohne diese Annahme wäre beispielsweise ein (empirisch ermitteltes) negatives H sowohl mit dem Monopol- als auch mit dem Wettbewerbsfall vereinbar. Unter diesen Umständen ist eine Wettbewerbsvermutung prinzipiell nicht widerlegbar. Im Gegensatz dazu ist eine Monopolhypothese immer widerlegbar: Ein (empirisch ermitteltes) positives H widerlegt stets den Monopol-Fall, ganz gleich, ob ein langfristiges Gleichgewicht besteht oder nicht.

Um die Gültigkeit dieser Annahme empirisch zu testen, hat Shaffer bereits sehr früh vorgeschlagen, den Return-on-Assets (ROA) anstelle der Erträge auf die Faktorpreise zu regressieren, und daraus eine modifizierte PR-Statistik zu bestimmen.[169] In einer Ökonomie sollten die ROAs, gegebenenfalls risikoadjustiert, überall gleich sein, so dass es keinen Zusammenhang zwischen dem ROA und den Faktorpreisen in einer Branche geben sollte. Im Gleichgewicht müsste daher eine (modifizierte) PR-Statistik von Null resultieren. Eine negative PR-Statistik ist dagegen ein Indiz dafür, dass sich das System im Übergang von

---

[168] Vgl. die Herleitungen der PR-Statistik oben. Shaffer (1982b) hat ein Verfahren zur Korrektur des PR-Ansatzes bei kurzfristigem Gleichgewicht vorgeschlagen, welches jedoch aufgrund zusätzlich notwendiger Annahmen und Daten praktisch nur schwer umsetzbar ist.

[169] Vgl. Shaffer (1982a), S. 230.

einem Gleichgewicht zu einem anderen befindet. Die Firmen sind in dieser Situation nicht in der Lage, einen Anstieg der Faktorpreise auf die Kunden zu überwälzen. Dies führt zu einem vorübergehenden Rückgang des ROA, der einige Firmen zwingt, den Markt zu verlassen, bis sich schließlich ein neues Gleichgewicht einstellt.

Die Notwendigkeit eines langfristigen Gleichgewichts stellt ein Hindernis für die empirische Anwendung der Panzar-Rosse-Methode dar. Ein alternativer Ansatz, welcher Elemente der Methoden von Iwata, Bresnahan und Panzar und Rosse verbindet und lediglich ein kurzfristiges Gleichgewicht erfordert, wurde in Shaffer (1983a) entwickelt. Nachteil dieses Ansatzes ist jedoch, dass er bei Markteintritten und -austritten nicht funktioniert, da unter anderem die Zahl der Firmen im Markt während des Untersuchungszeitraums als konstant angenommen werden muss.[170] Diese sowie weitere rigide Annahmen haben dazu geführt, dass die Methode bisher nicht empirisch implementiert wurde. Jedoch konnten Nathan und Neave aufbauend auf Shaffer (1983a) demonstrieren, dass unter den Annahmen einer lokal isoelastischen Nachfragefunktion und lokal linearem Kostenverlauf mit der Ablehnung der Hypothese $H < 0$ nicht nur der Monopol-Fall im Rahmen des Panzar-Rosse-Ansatzes, sondern zugleich das short-run-Oligopol-Modell von Bresnahan verworfen wird.[171] Shaffer (1983b) konnte ferner zeigen, dass die oben für den Monopol-Fall abgeleitete Beziehung zwischen Lerner-Index und Panzar-Rosse-Statistik, $L_I=1/(1-H)$, auch für eine einzelne Firma im Rahmen eines Oligopols gilt, wenn H aus den (Zeitreihen-)Daten dieser Firma berechnet wird. Allerdings gilt diese Beziehung ebenfalls nur dann, wenn keine Markteintritte und -austritte erfolgen, also allenfalls in kurzer Frist.[172] Das Ergebnis ist daher wohl eher von theoretischem als von empirisch-praktischem Interesse.

Hyde/Perloff (1995) haben den Ansatz von Panzar und Rosse hinsichtlich seiner diskriminatorischen Fähigkeiten zur Unterscheidung zwischen verschiedenen Wettbewerbssituationen kritisiert. Die Kritik beruhte im Kern darauf, dass im Rahmen eines von den Autoren als „structural model" benannten Wettbewerbsmodells à la Bresnahan unter den Prämissen einer Cobb-Douglas-Produktionstechnologie und einer isoelastischen Nachfragefunktion ein Rückschluss von einem empirisch beobachteten Wert der Panzar-Rosse-Statistik

[170] Vgl. Shaffer (1983a), S. 352 f.
[171] Vgl. Nathan/Neave (1991), S. 733 f. in Verbindung mit Perrakis (1991).
[172] Vgl. Shaffer (1983b), S. 177 f.

H auf eine als „Marktstrukturparameter" λ bezeichnete Größe nicht möglich sei, wobei λ definiert ist durch die Beziehung $MR = p + \lambda \cdot p_Y \cdot Y$ mit MR als Grenzerlös und p_Y als partieller Ableitung des Preises p nach dem Output Y. Werte für λ zwischen 1 und 0 entsprechen einem Oligopol-Modell a la Cournot, wobei gilt: $\lambda = 1/N$ mit N als der Zahl der Oligopolisten. Im Falle des perfekten Wettbewerbs ist $\lambda = 0$, im Fall des Monopols resultiert $\lambda = 1$. Dieses Modell integriert also in Form eines genesteten Modells verschiedene Wettbewerbssituationen. Tatsächlich ist unter den genannten Annahmen ein solcher Rückschluss von H auf den Parameter λ nicht möglich, weshalb die Fähigkeit des Panzar-Rosse-Ansatzes, die Marktmacht zu messen, kritisiert wurde. Jedoch ist, wie weiter oben im Monopol-Fall des PR-Ansatzes aufgezeigt, unter diesen Bedingungen ein Rückschluss von H auf die Nachfrageelastizität ε (und damit auf den Lerner-Index als Maß der Marktmacht) durchaus gegeben.

Eine genauere Inspektion der Modellwelten offenbart eine Reihe subtiler, aber durchaus nicht zu vernachlässigender Unterschiede bereits in den grundlegenden Konzepten. Differenzen bestehen zum einen darin, wie Marktmacht konkret gemessen werden kann, aber vor allem in der Charakterisierung des Wettbewerbs. Während bei Hyde und Perloff beispielsweise die Situation des (perfekten) Wettbewerbs durch $\lambda = 0$ (und damit Preis = Grenzkosten) gekennzeichnet ist, betrachten Panzar und Rosse ausdrücklich die Situation des *langfristigen* Wettbewerbsgleichgewichts, in dem keine Markteintritte und -austritte mehr stattfinden und deshalb *zusätzlich* für jede Firma die Bedingung Erlöse = Kosten (bzw. Preis = Durchschnittskosten) erfüllt sein muss.

Boyer (1996) kritisiert scharf das von Hyde und Perloff verwendete „structural model" und verweist auf eine Reihe von aus seiner Sicht unrealistischen, implizit getroffenen Prämissen, zu denen auch die der Konstanz von λ gehört. Diese Eigenschaft von λ könne nur durch die Annahmen, dass die Preissetzung der Branche als ein symmetrisches Cournot-Mengen-Spiel verstanden werden kann und sowohl die Regeln dieses Spiels als auch die Zahl der Teilnehmer unveränderlich sind, rechtfertigt werden.[173] Die Zahl der Marktteilnehmer ist in diesem Modell in der Tat historisch determiniert (fixiert), während sie im Modell von Panzar und Rosse in den Fällen des monopolistischen und perfekten Wettbewerbs endogen bestimmt wird.

[173] Vgl. Boyer (1996), S. 119.

Es ist daher nicht verwunderlich, dass die - in sich jeweils völlig konsistenten - Modellwelten letztlich sehr verschieden sind. Mithin erscheint es wenig zielführend, eine im Kontext eines bestimmten Modells abgeleitete Prüfgröße im Rahmen eines anderen Modells auf ihre Leistungsfähigkeit zu testen. Es muss deshalb dem Analysten überlassen bleiben, welches Maß als Operationalisierung des Begriffes der Marktmacht oder der Wettbewerbsintensität verwendet werden soll. Im Lichte dieser Diskussion stünden dafür der Parameter λ, die Nachfrageelastizität ε (bzw. der Lerner-Index) und eben die Panzar-Rosse-Statistik H bereit. Auch die beiden Letzteren sind strikt voneinander zu trennen, da im Wettbewerbsfall stets $H = 1$ gilt und die Nachfrage aus Sicht der einzelnen Firma unendlich elastisch ist, während die Elastizität der Marktnachfrage überhaupt keine Rolle spielt oder auch, wie zuvor für einen Fall aus dem Bereich des Monopols demonstriert, Konstellationen möglich sind, in denen H nicht auf eine Änderung des Anstiegs der Nachfragekurve und somit auf Elastizitätsänderungen reagiert.

5.5 Wahl der Untersuchungsmethode

Die Situation bei den Wettbewerbsmaßen der NEIO ähnelt auf den ersten Blick der bei den klassischen Marktstrukturkennzahlen (CR_k, HHI ...) des SCP-Paradigmas. Es stehen eine Reihe von Maßen zur Verfügung, unter denen eine Entscheidung getroffen werden muss. Sie fällt hier zugunsten der Panzar-Rosse-Statistik. Die Marktstrukturkennzahlen werden als Maß verworfen, weil der Zusammenhang zwischen diesen und der Wettbewerbsintensität theoretisch und empirisch fragwürdig erscheint und letztlich nur *postuliert* werden kann. Von den NEIO-Methoden verspricht der Panzar-Rosse-Ansatz aufgrund seiner (relativ) schwachen Prämissen und den moderaten Datenanforderungen einen aussichtsreichen und praktisch gangbaren Weg zur Beurteilung realer Wettbewerbssituationen.

Wie auch Boyer in seiner Kritik am „structural model" beanstandet hat, nimmt dieses Modell an, dass Marktmacht von einer Branche ausgeübt würde anstatt von einzelnen Firmen. Damit wird einer Entität (Branche) eine Eigenschaft zugeschrieben, obwohl diese selbst nicht zu Handlungen befähigt ist. Akteure sind doch vielmehr stets einzelne Firmen, deren Wahlhandlungen in der ökonomischen Theorie üblicherweise Ergebnis eines bestimmten Entscheidungskalküls sind. Die Frage der Marktmacht sollte deshalb eher auf dieser Ebene untersucht und beantwortet werden. Die Schwierigkeiten reichen dabei über das rein konzeptionelle Verständnisproblem hinaus. Mit Blick auf relevante empirische Anwendungen verweist Boyer auf das Beispiel des Software-Marktes und führt aus, dass in Bezug auf diesen Markt die Bedenken schließlich nicht darin bestünden, dass die Branche als Ganzes über Marktmacht verfügen würde, sondern ob die Firma Microsoft die Fähigkeit hat, die Bedingungen zu diktieren.[174] Demgegenüber ist der Panzar-Rosse-Ansatz nicht darauf angewiesen, Marktmacht als Eigenschaft einer ganzen Branche zu interpretieren.

Er fußt aufgrund seiner Konstruktion auf der Untersuchung einzelner Unternehmen und kann Aussagen über diese treffen. Die Ergebnisse des Panzar-Rosse-Ansatzes sind stets für die jeweils untersuchte Auswahl von Firmen aussagekräftig, unabhängig davon, ob dieses Sample den gesamten (wie auch immer definierten) Markt abdeckt oder nicht. Durch die Eingrenzung auf einzelne Marktteilnehmer (oder Gruppen von Marktteilnehmern) werden die Ergebnisse nicht verfälscht. Im Gegensatz zu den Modellen von Iwata und Bresnahan, die in sachlicher wie geografischer Hinsicht eine Marktabgrenzung vornehmen und darauf aufbauend eine vollständige Marktabdeckung sicherstellen müssen, ist dies beim PR-Ansatz nicht zwingend. Dazu Shaffer expressis verbis: „Consequently, the test does not require the identification of markets and is robust with respect to any implicit market definition."[175]

Gerade für Untersuchungen zum deutschen Bankensektor mit seiner komplexen Struktur erscheint der Ansatz von Panzar und Rosse besonders geeignet. Der Grad des Wettbewerbs ist hier direkt durch das Wettbewerbsverhalten der zu untersuchenden Firmen determiniert. Der Ansatz benötigt nicht Beobachtungen von allen Banken ebenso wenig wie Beobachtungen von sogenannten Non- oder Near-Banks, die teilweise mit Kreditinstituten in engerem Sinne in Wettbewerb treten können (Bausparkassen, Investment-Fonds, Versicherungen etc.). Die Panzar-Rosse-Statistik ist ein direktes Maß für die Wettbewerbsintensität, die alle Effekte durch potentielle Konkurrenz (Unternehmen, die mit einem Markteintritt drohen), direkte Konkurrenz (Unternehmen, die sich im gleichen Markt befinden) und indirekte Konkurrenz (Unternehmen, die Substitute anbieten) berücksichtigt.

---

[174] Vgl. Boyer (1996), S. 120.
[175] Shaffer (2004a), S. 296.

Nachteilig ist, dass H keine gleichsam metrische Skalierung mit natürlichem Nullpunkt bietet, wie etwa der zwischen 0 und 1 gebundene Parameter λ des „structural model". H kann in den hier diskutierten Fällen Werte zwischen -∞ und Eins annehmen. Eine Aussage wie die, dass eine Situation A doppelt so kompetitiv sei wie die Situation B, wie sie prinzipiell bei λ möglicht ist, macht im Rahmen des Panzar-Rosse-Ansatzes keinen Sinn. Die Interpretation von H vollzieht sich vielmehr in einem zweistufigen Prozess: 1. Welches Modell wird ausgewählt? 2. Wie hoch ist die Marktmacht? Dabei ist zu beachten, dass eine höhere (absolute) Nachfrageelastizität beim monopolistischen Wettbewerb zu einem größeren H, beim Monopol jedoch zu einem geringeren H führt (vgl. Abbildung 5.3 oben). Insgesamt gestaltet sich die Interpretation doch etwas komplizierter, als es in der empirischen Literatur zuweilen den Anschein hat.

5.6 Überblick über Panzar-Rosse-Studien in der Literatur

Aufgrund ihrer Eigenschaften (insbesondere relativ bescheidene Datenanforderungen, kein Rückgriff auf strukturelle Annahmen, keine Unterstellung spezieller Kosten- und Ertragsfunktionen) ist die Methode für empirisch orientierte Studien über die Wettbewerbssituation in einem Markt besonders gut geeignet und hat deshalb in der bisherigen Forschung für unterschiedlichste Branchen Verwendung gefunden. Rosse und Panzar selbst wendeten die Methode bereits 1977 in ihrer ersten Arbeit auf eine Reihe von lokalen Tageszeitungen in den USA an, mit dem Ergebnis, dass diese sich nicht monopolistisch verhielten, obwohl sie zumeist den einzigen Anbieter in ihrer Region darstellten.[176] Shaffer untersuchte in den Jahren 1981 und 1982 Banken in New York sowie in einigen ländlichen Gebieten der USA und zeigte, dass die Methode besonders für den Bankenmarkt ein vielversprechendes Mittel der Analyse der tatsächlichen Marktverhältnisse darstellt.[177]

Nach diesen frühen Arbeiten findet die Methode jedoch erst nach der einschlägigen Publikation von Panzar und Rosse 1987 im Journal of Industrial Economics breitere Beachtung. Weitere Anwendungen für neue Industrien liefern dann Savage (1995) auf den Markt für

[176] Vgl. Panzar/Rosse (1982), S. 18 f. Die Working Paper von 1977 und 1982 induzierten bereits vor der offiziellen Publikation empirische Anwendungen und Weiterentwicklungen vor allem durch Shaffer.

[177] Vgl. Shaffer (1982a), S. 237 ff., und die dort angegebene Literatur. In einer weiteren frühen Anwendung untersucht Shaffer (1985) eine Auswahl von Banken in Illinois.

LKW-Transporte und Wong (1996) auf den Wettbewerb von Ärzten verschiedener Fachrichtungen in den USA. Ashton (2000) prüft den Markt für Hypothekendarlehen genossenschaftlicher Bausparkassen (sog. „Building Societies“) in Großbritannien und Murat/Tonkin/ Jüttner (2002) den Wettbewerb zwischen australischen Versicherungsunternehmen aus dem Bereich „General Insurance“ (alle Versicherungen, außer Lebens- und Krankenversicherungen). Schließlich untersuchen Fischer/Kamerschen (2003) den Luftverkehrsmarkt und Adhikari (2004) die Zigarettenindustrie in den USA.

Insbesondere im Bankenbereich hat sich der Ansatz als eine fruchtbare Untersuchungsmethode erwiesen. Sie wurde im Rahmen von Mehr-Länder-Studien angewendet von Molyneux/Lloyd-Williams/Thornton (1994) auf die fünf größten Länder der EU, von Bikker/ Groeneveld (2000) auf alle Länder der EU-15, von De Bandt/Davis (2000) auf drei Länder der EU und die USA, von Bikker/Haaf (2002b) auf 23 industrialisierte Staaten innerhalb und außerhalb Europas sowie von Claessens/Leaven (2004) auf insgesamt 50 Länder weltweit mit unterschiedlichem Entwicklungsstand. Weitere Untersuchungen wurden durchgeführt von Murjan/Ruza (2002) für Länder des Mittleren Ostens, von Gelos/Roldós (2004) für die aufstrebenden Märkte in Osteuropa, Lateinamerika und der Türkei sowie von Drakos/ Konstantinou (2005) für einige osteuropäische Staaten und durch Mamatzakis/Staikouras/ Koutsomanoli-Fillipaki (2005) für Südosteuropa. Eine Reihe von Untersuchungen konzentrierte sich auf die Analyse der Bankensysteme in einzelnen Ländern. Hierzu gehören die Arbeiten von Nathan/Neave (1989) für Kanada, Vesala (1995) für Finnland, Molyneux/ Thornton/Lloyd-Williams (1996) für Japan, Lang (1997) und Hempell (2002) für Deutschland, Coccorese (1998) und Coccorese (2004) für Italien, Hondroyiannis/Lolos/Papapetrou (1999) für Griechenland, Rime (1999) für die Schweiz, Barajas/Steiner/Salazar (2000) für Kolumbien, Rambarran (2000) für Trinidad und Tobago sowie Mkrtchyan (2005) für Armenien.

Über alle Länder und Zeiträume hinweg dominiert ein Verhalten der Banken entsprechend dem Modell des monopolistischen Wettbewerbs in den Ergebnissen. Monopolistisches Verhalten wird relativ spärlich beobachtet, aber zum Beispiel von Molyneux/Lloyd-Williams/ Thornton (1994) für Banken in Deutschland im Jahr 1986 und in Italien im Zeitraum 1987 bis 1989 sowie von Molyneux/Thornton/Lloyd-Williams (1996) für Japan im Jahr 1986 diagnostiziert. Außerdem wurde dieses Verhalten von De Bandt/Davis (2000) für kleine Banken in Deutschland und Frankreich im Zeitraum 1992 bis 1996 festgestellt. Perfekter Wettbewerb scheint ein seltener Zustand zu sein. Er wurde jedoch von Nathan/Neave (1989) bei kanadischen Banken im Jahr 1982 sowie von Vesala (1995) bei finnischen Banken in den Jahren 1989 und 1990 beobachtet. Er bildete ebenfalls eine mögliche Erklärung für das Verhalten von Banken in Italien in den Jahren 1992 und 1994 nach Coccorese (1998) sowie in Ungarn und Argentinien im Zeitraum 1994 bis 1999 laut der Studie von Gelos/Roldós (2004).

5.7 Nachtrag

Die Kostenfunktion C(y) weist jedem beliebigen Output die minimalen Kosten zu, die bei der Produktion dieses Output anfallen:

$$C(y,w,r) \quad = \quad \min_{L,K}\left(wL + rK\right)$$
$$u.d.N. \quad F(K,L) \geq y.$$

Die Lösung dieses Optimierungsproblems kann mithilfe der Lagrangefunktion bestimmt werden:

(1) $$\Phi = wL + rK + \lambda\left(y - AK^{\alpha}L^{\beta}\right).$$

Daraus resultiert das folgende Gleichungssystem:

(2) $$\frac{\partial \Phi}{\partial L} = w - \lambda\beta AK^{\alpha}L^{\beta-1} = 0$$

(3) $$\frac{\partial \Phi}{\partial K} = w - \lambda\alpha AK^{\alpha-1}L^{\beta} = 0$$

(4) $$\frac{\partial \Phi}{\partial \lambda} = y - AK^{\alpha}L^{\beta} = 0.$$

Durch Umformungen ergeben sich:

(5) $$L = \lambda\beta\frac{y}{w},$$

(6) $$\lambda = \frac{rK}{\alpha y},$$

(7) $$y = AK^{\alpha}L^{\beta}.$$

Einsetzen von (6) in (5) liefert:

(8) $$L = \frac{r\beta}{w\alpha} K.$$

Einsetzen in (7) und Auflösen führen auf den optimalen Kapitaleinsatz:

(9) $$K = \left(\frac{y}{A}\right)^{\frac{1}{\alpha+\beta}} \left(\frac{w\alpha}{r\beta}\right)^{\frac{\beta}{\alpha+\beta}}.$$

Durch Einsetzen in (5) ergibt sich der optimale Arbeitseinsatz:

(10) $$L = \frac{r\beta}{w\alpha}\left(\frac{y}{A}\right)^{\frac{1}{\alpha+\beta}} \left(\frac{w\alpha}{r\beta}\right)^{\frac{\beta}{\alpha+\beta}}.$$

Aus (9) und (10) resultiert somit die Kostenfunktion:

(11) $$C(y,w,r) = \left(\frac{r\beta}{\alpha} + r\right)\left(\frac{y}{A}\right)^{\frac{1}{\alpha+\beta}} \left(\frac{w\alpha}{r\beta}\right)^{\frac{\beta}{\alpha+\beta}}.$$

Schließlich ergibt sich durch weitere Umformungen und unter Beachtung der Annahme $\alpha+\beta=1$ die Kostenfunktion:

(12) $$C(y,w,r) = w^{\beta} r^{\alpha} \alpha^{-\alpha} \beta^{-\beta} A^{-1} y = cy.$$

QED

6 Methodische Vorüberlegungen zur Schätzung und Datengrundlagen

Die Panzar-Rosse-Statistik ist definiert als die Summe der Faktorpreiselastizitäten der Erlöse eines Unternehmens. Für die empirische Ermittlung der gesuchten Elastizitäten erfolgt die Schätzung aufgrund logarithmierter Variablen.

Sei y die endogene und x eine exogene Variable und gelte die Gleichung

(1) $$\ln y = a \cdot \ln x + \varepsilon$$

mit a als zu schätzendem Parameter und ε als der Störgröße.

Wegen

(2) $$\frac{\partial \ln y}{\partial \ln x} = \frac{\frac{\partial y}{y}}{\frac{\partial x}{x}} = \frac{\partial y}{\partial x}\frac{x}{y} = a$$

ist der bei der Regression von (1) geschätzte Koeffizient a die Elastizität der abhängigen Variable y gegenüber Variationen der Einflussgröße x. Zwar wird in der Literatur die Schätzung in Logarithmen zuweilen auch anders motiviert (z.B. Reduzierung eines möglichen Simultaneity Bias[178]), jedoch stellt das Ziel der Ermittlung von Elastizitäten den eigentlichen, letztlich alleinigen Grund für diese Vorgehensweise dar.

Im Folgenden wird zunächst ein grundlegendes Problem in der ökonometrischen Spezifikation zur Bestimmung der PR-Statistik erörtert. Anschließend werden unterschiedliche Auffassungen zur Input- und Outputbestimmung von Banken diskutiert bevor die Datengrundlagen für die im nachfolgenden Kapitel vorgenommene empirische Schätzung eingehend beleuchtet werden.

---

[178] Vgl. etwa De Bandt/Davis (2000), S. 1049.

6.1 Ertrags- vs. Preisgleichung

In der Literatur dominiert die Verwendung eines Quotienten aus Erträgen und Bilanzsumme als abhängige Variable bei der Schätzung der PR-Statistik. Der Autor stimmt mit Vesala darin überein, dass dies zu einer Preis- anstelle der Ertragsgleichung führt.[179] Wie im Kapitel 5 dargestellt, basiert die Panzar-Rosse-Methode auf der Ertragsgleichung. Die Schätzung in Form einer Preisgleichung mag aus rein ökonometrisch-statistischer Sicht (Regression von Outputpreisen auf Faktorpreise) die „dankbarere" Aufgabe sein, ist jedoch theoretisch unfundiert.

Über die Preisgleichung wird letztlich nicht die Elastizität der Erlöse in Bezug auf die Faktorpreise, sondern die Elastizität des Outputpreises in Bezug auf die Faktorpreise ermittelt. Dies führt aber in eine Sackgasse, da aus den so ermittelten Preiselastizitäten nicht auf die Marktverhältnisse geschlossen werden kann. Die Problematik lässt sich anhand der beiden Extremfälle perfekter Wettbewerb und Monopol vergegenwärtigen.

Im Falle des perfekten Wettbewerbes führt eine Erhöhung der Faktorpreise sowohl zu einer Erhöhung des Outputpreises als auch zu einer Erhöhung der Erlöse der einzelnen Firma jeweils um den gleichen Prozentsatz.[180] Sowohl die „wahre" als auch die „modifizierte" (via Preisgleichung ermittelte) Panzar-Rosse-Statistik beträgt Eins und die Verwendung der Preiselastizität ist somit in diesem Fall unproblematisch.

Es wäre nun Aufgabe der Vertreter der Preisgleichung zu zeigen, dass diese und die Ertragsgleichung stets zu gleichen Resultaten führen. Für den Beweis des Gegenteils würde hingegen die Angabe eines Beispiels genügen. Der Nachweis der Nichtäquivalenz wird im Folgenden anhand des Monopols geführt. „Wahre" und „modifizierte" PR-Statistik fallen hier auseinander. Dies lässt sich leicht wie folgt demonstrieren:

---

[179] Vgl. Vesala (1995), S. 75. Tatsächlich erwähnen einige Autoren auch explizit, dass diese Größe eine Proxy für den Outputpreis darstellen soll (vgl. etwa Claessens/Laeven (2004), S. 569). Gemäß einer anderen Begründung soll dadurch von Größeneffekten abstrahiert werden (vgl. Hempell (2002), S. 14). Die Preisgleichung ist in den frühen Arbeiten zur Panzar-Rosse-Statistik nicht präsent, ihre Verwendung lässt sich zurückverfolgen bis Molyneux/Lloyd-Williams/Thornton (1994). Vgl. auch Kapitel 7.4.1 mit weiteren Beispielen.

[180] Vgl. Kapitel 5.2.

Sei $p(y) = a - b\,y$ $(a, b > 0)$ die Preis-Absatz-Funktion eines Monopolisten, der mit einem Produktionsfaktor zu konstanten Grenzkosten c produziert. Dann wird das Gewinnmaximum bekanntlich erreicht an der Stelle des Ausgleichs von Grenzerlösen und Grenzkosten:

(3) $$a - 2by^* = c\,.$$

Damit ergibt sich der optimale Output:

(4) $$y^*(c) = \frac{a-c}{2b}.$$

Somit resultiert für den Preis:

(5) $$p^*(c) = \frac{a+c}{2}.$$

Die Elastizität des Outputpreises bei Veränderung des Faktorpreises w ist gegeben durch:

(6) $$\varepsilon = \frac{\frac{dp}{p}}{\frac{dw}{w}}.$$

Wegen der Linearhomogenität der Kosten im Faktorpreis gilt:

(7) $$\frac{dw}{w} = \frac{dc}{c}.$$

Daher resultiert:

(8) $$\varepsilon = \frac{\frac{dp}{p}}{\frac{dc}{c}} = \frac{dp}{dc}\frac{c}{p}.$$

Einsetzen von (5) in (8) liefert:

(9) $$\varepsilon = \frac{c}{a+c}.$$

Damit der Markt existiert, muss $a \geq c$ gelten. Sei $a = c + d$ $(d \geq 0)$, gilt somit:

(10) $$\varepsilon = \frac{c}{d+2c}.$$

Die „modifizierte" PR-Statistik weist einen Wert zwischen 0 (für d über alle Maßen groß) und ½ $(d = 0)$ auf. Die Erhöhung der Faktorpreise um ein Prozent impliziert mithin eine Steigerung der Grenzkosten um ein Prozent und eine Zunahme des Outputpreises zwischen null und einem halben Prozent. Die „modifizierte" PR-Statistik ist positiv, die „wahre" PR-Statistik hingegen ist negativ, denn der Monopolist reagiert auf eine Erhöhung der Faktorpreise mit einer Reduzierung der angebotenen Menge und einer Erhöhung des Preises, dies ist verbunden mit sinkenden Erlösen.[181]

Die Preisgleichung führt daher nicht nur zu einer systematischen Überschätzung der PR-Statistik, sondern verschiebt diese in einen Bereich, der für den Fall des monopolistischen Wettbewerbs typisch ist. Die Preisgleichung scheitert somit am Nachweis des Monopols! Der Verwendung der Preiselastizität anstelle der Erlöselastizität fehlt es daher nicht nur an einer theoretischen Fundierung, sie ist prinzipiell nicht für die Identifikation unterschiedlicher Marktformen geeignet. Dies ist schließlich auch intuitiv einleuchtend. Da ein Anstieg der Faktorpreise stets zu einem Anstieg des Outputpreises führt, können Monopol und Wettbewerb nicht voneinander unterschieden werden.

In der Literatur finden sich mit einer Ausnahme auch keine Begründungen für die stillschweigend unterstellte Zulässigkeit des Übergangs von der Ertrags- auf die Preisgleichung. Lediglich Shaffer verteidigt explizit die Verwendung der Preisgleichung anstelle der Ertragsgleichung und argumentiert auf ökonometrisch-statistischer Ebene:
„Fortunately, this is not a problem because log(Revenue/Assets) = log(Revenue) – log(Assets) and so the regression implicitly fits log(Revenue) = f(w,x) – log(assets) and the interpretation of the estimated coefficients remains unchanged.“[182]

Um das Problem hierbei zu verdeutlichen, soll das folgende stilisierte Modell mit dem Absolutglied γ und dem Störterm ε die Beziehung zwischen den Erträgen R und den Faktorpreisen w repräsentieren:

(11) $$\ln R = \alpha \ln w + \gamma + \varepsilon .$$[183]

Wird als endogene Variable jedoch das Verhältnis aus Erträgen und Bilanzsumme (R/A) verwendet, dann kann dieses neue Modell geschrieben werden als:

(12) $$\ln R = \alpha \ln w + \gamma + \varepsilon + \ln A .$$

Die Größe ln A ist jedoch keine Konstante, sie kann für jeden Zeitpunkt und jede Firma einen anderen Wert annehmen. Ihr Erwartungswert beträgt nicht Null und es sind prinzipiell vielfältige Korrelationen mit den anderen Variablen denkbar. Die Einführung von ln A beein-

[181] Vgl. Kapitel 5.1.
[182] Shaffer (2004b), S. 589 f. Das Vorzeichen in der letzten Gleichung ist im Original irrtümlich.
[183] Aus Vereinfachungsgründen wird an dieser Stelle auf Subskripte verzichtet.

flusst daher die Größe des geschätzten Absolutgliedes γ und des Schätzers für α. Die via (12) ermittelten Elastizitäten stimmen folglich nicht mit denen aus (11) überein, sie sind systematisch verzerrt. Somit ergibt sich auch unter diesem Blickwinkel keine tragfähige Begründung für die Verwendung der Preisgleichung.

6.2 Input- und Outputbestimmung bei Banken

Trotz der bedeutenden Fortschritte, welche die Theorie bei der Erklärung der Existenz und der Funktionen von Banken gemacht hat, ist die Erfassung der Tätigkeit dieser Institutionen mit quantitativ-empirischen Methoden keineswegs trivial. In der Literatur hat sich hierzu noch kein Konsens herausgebildet. Bereits die Festlegung geeigneter Größen zur Messung des Outputs und der Inputs dieser Unternehmen stößt auf grundlegende Schwierigkeiten.

Viele Autoren aus dem Bereich der bankwissenschaftlichen Literatur sehen Kreditinstitute eher als Produzenten vielfältiger, komplexer Dienstleistungen an denn als Hersteller von leicht identifizierbaren, physischen Gütern.[184] Die angemessene Bestimmung des Outputs dieser Unternehmen ist indessen nicht offensichtlich. Dies zeigt sich bereits bei der Behandlung von Girokonten. Auf der einen Seite offerieren solche Konten u.a. vielfältige Transaktionsmöglichkeiten, für die Banken entweder pauschal oder je Transaktion ihren Kunden Gebühren berechnen, so dass für die Kreditinstitute Einnahmen entstehen. Dies spricht für eine Einordnung dieser Konten als Output einer Bank. Andererseits werden Girokonten teilweise auch kostenlos angeboten oder gar Zinsen auf das vorhandene Guthaben gezahlt. Hier scheint das Motiv der Einlagengewinnung zu dominieren, weshalb von der betreffenden Bank Aufwendungen für Zinsen bzw. Opportunitätskosten (für entgangene Gebühren) hingenommen werden. Dies spräche für eine Behandlung dieser Konten als Input eines Kreditinstituts. Die Bedeutung der Diskussion, ob Einlagen Input oder Output einer Bank darstellen, reicht über das rein Klassifikatorische weit hinaus, zeigen doch verschiedene empirische Studien, dass die unterschiedliche Behandlung von Einlagen durchaus erhebliche Auswirkungen auf die Untersuchungsergebnisse etwa bei Schätzungen zum Ausmaß von Ineffizienzen oder Skalenvorteilen im Bankensektor haben kann.[185]

[184] Vgl. etwa Benston (1972), S. 319 ff., und Mamalakis (1987).
[185] Vgl. Hunter/Timme (1995), Berger/Leusner/Mingo (1997) und Mlima/Hjalmarsson (2002).

Entsprechend den unterschiedlichen Sichtweisen der Tätigkeit von Banken existieren verschiedene Ansätze zur Bestimmung von Inputs und Outputs dieser Unternehmen, deren Denomination und Abgrenzung in der Literatur nicht einmütig erfolgt. Die folgende Diskussion unterscheidet drei Ansätze: Produktionsansatz (production approach), Intermediationsansatz (intermediation approach) und Nutzungskostenansatz (user cost approach).

6.2.1 Produktionsansatz

Der Produktionsansatz beschreibt Banken als Anbieter von (standardisierten) Finanzverträgen (Konten). Banken offerieren sowohl Kapitalanbietern als auch Kapitalnachfragern Leistungen entsprechend deren jeweiligen Präferenzen. Sowohl Depositen als auch Kredite werden als Output der Produktion einer Bank angesehen. Diese auf Benston (1965a), Benston (1965b) und Bell/Murphy (1968) zurückgehende Sichtweise begreift Banken somit als Multi-Produkt-Unternehmen, die ihre Angebote mithilfe der Inputs Arbeit und Sachkapital herstellen. Als Kosten werden daher ausschließlich die Aufwendungen für die Faktoren Arbeit und Sachkapital angesehen, die Höhe der Zinsaufwendungen bleibt unberücksichtigt. Es bleibt in diesem Ansatz allerdings offen, welche Größe konkret zur Quantifizierung des bzw. der Outputs herangezogen werden sollte. In der Regel werden die (sowohl einlagen- als auch kreditseitig bestimmte) Anzahl der Konten oder die Zahl der ausgeführten Transaktionen auf diesen Konten verwendet.[186]

Auf dieser Basis lassen sich dann zum Beispiel separate Kostenfunktionen für einzelne Produkte ermitteln, wie in den oben genannten Studien von Benston und Bell/Murphy geschehen. Benston/Hanweck/Humphrey (1982) bestimmen dagegen den Verlauf einer Durchschnittskostenkurve in Abhängigkeit einer gewichteten Anzahl von Einlagen- und Darlehenskonten als aggregiertem Output-Maß. Dies erlaubt zwar die Untersuchung von Skalenvorteilen, die Analyse von Verbundvorteilen bei der Erstellung von Bankleistungen

[186] Verschiedene Autoren erweitern das Spektrum der Output-Maße noch um zusätzliche Indikatoren der Bankleistung. So verwenden etwa Berger/Leusner/Mingo (1997) die Anzahl der Kontoeröffnungen und -schließungen sowie die Zahl der (neuen) Kreditbereitstellungen als weitere Maße. Aber auch das auf den Konten vorhandene Volumen (Summe der Salden zu einem Stichtag) stellt eine, allerdings im Rahmen des Produktionsansatzes selten verwendete, Alternative dar - vgl. Gilligan/Smirlock (1984) und Humphrey (1992).

wird jedoch erst durch Nutzung von Kostenfunktionen möglich, in denen explizit mehrere Produkte berücksichtigt werden.[187]

Der Produktionsansatz ist vor allem zur empirischen Bestimmung von Skalen- und Verbundvorteilen sowie für Effizienz-Untersuchungen verwendet worden. Berger/Hanweck/ Humphrey (1987) kritisieren, dass die Ergebnisse der Schätzung von Skalen- und Verbundvorteilen aufgrund dieses Ansatzes verzerrt sein können, weil große Banken dazu tendieren, ihre Aktiva in einem höheren Ausmaß durch Kreditaufnahme bei anderen Banken zu finanzieren, anstatt im Wege eines ausgedehnten Zweigstellennetzes Depositen von Anlegern zu attrahieren. Darüber hinaus wird darauf hingewiesen, dass für eine Wettbewerbsuntersuchung der Intermediationsansatz besser geeignet sei, weil er auch Zinsaufwendungen berücksichtige und eine Firma im Wettbewerb für jeden gegebenen Output die Summe der Kosten minimieren würde.[188]

6.2.2 Intermediationsansatz

Der Intermediationsansatz betont die Rolle der Bank als Finanzintermediär. Der Intermediär nimmt gegen Zahlung von Zinsen finanzielle Mittel von Kapitalgebern entgegen und reicht diese Finanzmittel gegen Erhalt von Zinsen an Wirtschaftssubjekte mit Kapitalbedarf weiter. In diesem ursprünglich von Klein (1971) und dann vor allem von Sealey/Lindley (1977) entwickelten Ansatz werden Kredite (teilweise auch andere Aktiva wie der Eigenbestand der Bank an Wertpapieren) als Output klassifiziert und neben Arbeit und Sachkapital die Einlagen als ein essentieller Faktor zur Erstellung von Krediten eingeordnet. Daher werden hier auch die Zinsaufwendungen als Bestandteil der Gesamtkosten berücksichtigt.

Frisch (1965) hatte die Unterscheidung zwischen der Produktion im technischen Sinne und der Produktion im ökonomischen Sinne eingeführt.[189] Der technische Prozess der Produktion ist demnach ein von Menschen geleiteter Prozess der Transformation, in welchem bestimmte Güter und/oder Dienstleistungen ihre Identität verlieren, d.h. in ihrer ursprünglichen Form aufhören zu existieren, und neue Güter und/oder Dienstleistungen geschaffen werden. Auf

[187] Vgl. Gilligan/Smirlock (1984) und Gilligan/Smirlock/Marshall (1984).
[188] Vgl. Berger/Hanweck/Humphrey (1987), S. 508.
[189] Vgl. Frisch (1965), S. 3 ff.

dieser Basis akzeptieren Sealey und Lindley die von Banken erbrachten Dienstleistungen für Einleger und Kreditnehmer als Output im technischen Sinne. Nach ihrer Auffassung muss jedoch eine positive Theorie der Banktätigkeit über eine rein technische Beschreibung des Produktionsprozesses hinausgehen. Produktion im ökonomischen Sinne ist nach Frisch der Versuch, ein Produkt zu schaffen, welches wertvoller ist, als die ursprünglichen Inputs. Offensichtlich messen sowohl Gläubiger als auch Schuldner der Bank den in Anspruch genommenen Dienstleistungen einen gewissen Wert bei, der sich aus dem Nutzen der Leistungen ergibt. Auf die Wertschätzung durch die Kunden kommt es jedoch nicht an, relevant ist vielmehr, dass die Firma selbst dem Output der ökonomischen Produktion einen höheren Wert beimisst als den Inputs, wobei die Wertmessung in Marktpreisen erfolgen muss.[190]

Demnach sind Outputs im technischen Sinne nicht notwendigerweise auch Outputs im ökonomischen Sinne. Die Leistungen, die die Gläubiger erhalten, wie sichere Aufbewahrung der Ersparnisse, Scheckabwicklung, Zahlungsverkehr, Buchführung etc., stehen im Zusammenhang mit der Beschaffung von Inputs im ökonomischen Sinne. Sie verursachen Kosten, denen nach Sealey und Lindley keine (oder zumindest keine ausreichenden) Einnahmen aus Gebühren gegenüberstehen. Diese Leistungen sind vielmehr eine teilweise Bezahlung für die Überlassung finanzieller Mittel durch die Einleger.[191] Die Attrahierung von Einlagen verursacht deshalb implizite Kosten für Arbeit und Sachkapital, welche in der Erstellung von Dienstleistungen für die Gläubiger aufgewendet werden, und explizite Kosten in Form von Zinszahlungen an die Gläubiger. Die Unterhaltung von Konten für Einleger stellt aus dieser Sicht ein Zwischenprodukt im Rahmen des mehrstufigen Produktionsprozesses der Bank dar. Das Ergebnis des Produktionsprozesses, der endgültige ökonomische Output der Bank, sind zinstragende Aktiva, die mit Arbeit, Sachkapital und Einlagen erstellt wurden.[192]

---

190 Vgl. Sealey/Lindley (1977), S. 1253.

191 Diese Auffassung vertritt schon Wagner, wenn er feststellt, dass die „Bezahlungsweise der Depositenbenutzung" neben der „Bezahlung durch Gewährung förmlicher Zinsen" die „Bezahlung durch die unentgeltliche Aufbewahrung" und die „Bezahlung durch Uebernahme und Ausführung besondrer Geschäfte für die Deponenten" umfasst - vgl. Wagner (1857), S. 51 f. Eine vierte Methode, die Partizipation am Reingewinn der Bank, ist offenbar damals so selten und ungewöhnlich wie heute - vgl. Wagner (1857), S. 56. Zur Motivation der Banken im Einlagengeschäft konstatiert Wagner: „Die Annahme verzinslicher Depositen in beliebigen Beträgen muss als das Hauptmittel der Banken angesehen werden, Disposition über Capital zu erhalten." Wagner (1857), S. 55.

192 Sealey und Lindley akzeptieren die Ergebnisse der im Rahmen des Produktionsansatzes durchgeführten Untersuchungen etwa zu Skalenvorteilen der Bankproduktion lediglich als eine Beschreibung des rein technischen Produktionsprozesses, jedoch „... if one is interested in the price and output decisions of the

Die angemessene Interpretation des Output-Begriffs besteht somit in den Leistungen, die gegenüber den Schuldnern der Bank erbracht werden. Dabei handelt es sich um eine Stromgröße. Dennoch wird als konkretes Maß der Bankleistung im Intermediationsansatz das Volumen der vergebenen Kredite, mithin eine Bestandsgröße, verwendet. Die Begründung liefert die Beobachtung, dass eine Bank nur dann einen gewissen Bestand an Krediten und Depositen in ihrer Bilanz aufrechterhalten kann, wenn sie einen andauernden Strom an Leistungen gegenüber ihren Kunden erbringt.[193] Daher wird die einfacher zu bestimmende Größe Kredite als ein Maß für die schwer zu erfassenden Dienstleistungen angesehen. Hierdurch wird jedoch einer Bank, die viele kleine Kredite bereitgestellt hat, der gleiche Output zugewiesen wie einem Kreditinstitut, welches einige wenige große Kredite mit gleichem Gesamtvolumen vergeben hat. Dieses Maß reflektiert also nicht die ungleich aufwendigere Erstellung einer Vielzahl von Kleinkrediten.[194] Eine „Entschädigung“ für die unter diesem Gesichtspunkt erschwerte Interpretierbarkeit dieses Output-Maßes besteht in der einfacher zu beschaffenden Datenbasis, da Informationen über diese Größe zum Beispiel in den Jahresabschlüssen der Banken veröffentlicht werden, während die Anzahl der betreuten Konten und durchgeführten Transaktionen oftmals nur unternehmensintern bekannt ist.

In einer strengen Interpretation des Intermediationsansatzes dürfen nur die aus dem Zinsgeschäft resultierenden Erträge als Einnahmen aus der unternehmerischen Tätigkeit der Bank in empirischen Untersuchungen berücksichtigt werden.[195] Eine Variante, die als erweiterter Intermediationsansatz bezeichnet werden kann, versucht der steigenden Bedeutung von

---

financial firm, only earning assets as outputs are consistent with rational profit maximizing behaviour.“ Sealey/Lindley (1977), S. 1260.

193 Vgl. Sealey/Lindley (1977) , S. 1254 f.

194 Ein weiteres Problem taucht bei der Betrachtung einer Bank auf, die nur das Einlagengeschäft betreibt und die daraus generierten finanziellen Mittel gegen Entgelt an eine andere Bank weiterreicht, welche daraus Kredite an Unternehmen oder Privatkunden vergibt. Durch einen Zusammenschluss der beiden sollte sich der Gesamt-Output der Banken nicht ändern. Werden sowohl Kredite an Nichtbanken als auch Interbankkredite als Output akzeptiert, so reduziert sich der Output durch den Zusammenschluss. Grenzt man jedoch den Output-Begriff auf die Kredite an Nichtbanken ein, so verringert sich durch den Zusammenschluss zwar nicht der Gesamt-Output, jedoch wird dann der ersten Bank überhaupt kein Output zugemessen, obgleich diese von der zweiten Bank immerhin für ihren Output entlohnt wird - vgl. Berger/Humphrey (1992), S. 247 f. Obwohl Berger und Humphrey dies als eine Schwäche des Intermediationsansatzes ansehen, besteht diese jedoch auch beim Produktionsansatz. Sobald Leistungen an andere Banken als Output einer Bank angesehen werden, stimmt der Output des Bankensystems gegenüber dem Rest der Ökonomie nicht mit der Summe der Outputs der einzelnen Banken überein und es kommt zu dem Phänomen, dass ein Zusammenschluss von Banken den gemessenen Gesamt-Output reduziert. Dies gilt unabhängig davon, ob Konten, Transaktionen oder Volumina als Maß fungieren.

195 Dieser Auslegung folgen z.B. Molyneux/Lloyd-Williams/Thornton (1994), Bikker/Groeneveld (2000) und Bikker/Haaf (2002b).

Serviceleistungen gerecht zu werden, die neben der Kreditvergabe erbracht werden. In ihm werden zusätzlich Einnahmen aus dem Provisionsgeschäft und teilweise auch weitere Ertragsarten in die Analyse einbezogen.[196] Hierdurch wird implizit der Output-Begriff erweitert. Als Unterscheidungsmerkmal zum Produktionsansatz verbleibt die Berücksichtigung der Zinsaufwendungen im Intermediationsansatz.

6.2.3 Nutzungskostenansatz

Eine pragmatische Vorgehensweise bei der Klassifizierung von Inputs und Outputs verfolgt der in den Arbeiten von Hancock (1985a), Hancock (1985b) und Hancock (1991) verwendete Nutzungskostenansatz. Ohne a priori festzulegen, welche Größen als Input oder Output anzusehen sind, wird der Einfluss verschiedener Faktoren auf die Bankgewinne quantifiziert. Die Einordnung erfolgt anhand der einem Faktor zugerechneten Nettoausgaben der Bank je Einheit des betreffenden Faktors. Dies erfordert umfangreiche Informationen über die Kosten- und Erlösstruktur der Bank. Beispielsweise müssen für das eingangs angeführte Girokonto als Ausgaben die auf das Guthaben zu zahlenden Zinsen, eventuelle Beiträge zu einem Einlagensicherungsfonds, die Auswirkungen auf die Mindestreservepflicht sowie einnahmeseitig die für die Kontoführung dem Kunden berechneten Gebühren berücksichtigt werden.[197] Leistet ein Faktor einen positiven Beitrag zum Unternehmensgewinn, so ist er als Output anzusehen, anderenfalls wird er als Input eingestuft.

Im Ergebnis handelt es sich nach Hancock bei Krediten und Sichteinlagen um Outputs, während menschliche Arbeit, physisches Kapital, Termineinlagen und andere Finanzmittel Inputs darstellen. Neben den hohen Informationsanforderungen besteht ein Problem des Nutzungskostenansatzes in der starken Sensitivität der Ergebnisse gegenüber eher unbedeutenden Veränderungen in den Daten und den getroffenen Annahmen. Dies kann zu einem Wechsel der Zuordnung zu Inputs bzw. Outputs führen etwa aufgrund einer geringfügigen Änderung in den Berechnungsmethoden oder aufgrund geänderter Datenlage innerhalb eines

[196] Vgl. Hunter/Timme (1995), Lang/Welzel (1996), Lang (1997) und Hempell (2002).
[197] Vgl. Hancock (1985a), S. 194.

kurzen Zeitraums, in welchem sich die Produktionstechnologie der Bank nicht wesentlich verändert haben sollte.[198]

Für die Untersuchung von Wettbewerbsfragen erscheint eine Entscheidung für den Intermediationsansatz als Arbeitsgrundlage aufgrund der Berücksichtigung der Zinsaufwendungen und der erfüllbaren Datenanforderungen angemessen. Der zunehmenden Bedeutung von Ertragsquellen außerhalb des Zinsgeschäfts der Banken kann durch Ergänzung der Zinsen um die Provisionen erlösseitig entsprochen werden.

6.3 Datengrundlagen

Die Grundlage der empirischen Untersuchung bildet ein vom Deutschen Sparkassen- und Giroverband e.V. jährlich u.a. zum Zwecke des Betriebsvergleichs erstellter Datensatz über ausgewählte Positionen der Bilanz, der Gewinn- und Verlustrechnung sowie weiterer unternehmensspezifischer Merkmale der einzelnen Sparkasseninstitute. Es existieren umfangreiche Definitionen der einzelnen Positionen, um eine Vergleichbarkeit der Daten sowohl über die Institute als auch über die Zeit zu gewährleisten. Zur Vermeidung von Erfassungsfehlern werden die Daten direkt vom DSGV in den EDV-Systemen der einzelnen Institute abgegriffen. Aufgrund der besonderen Form der Erhebung handelt es sich um außergewöhnlich reliable und valide Daten.

6.3.1 Umfang des Datensatzes

Der für die Schätzung verwendete Panel-Datensatz umfasst alle zum Stichtag 31.12.2002 existierenden Sparkassen (in anonymisierter Form) und deckt für den Zeitraum 1993 bis 2002 das gesamte Gebiet der Bundesrepublik Deutschland mit Ausnahme des Landes Berlin[199] ab. Da während des Beobachtungszeitraums die Zahl der Sparkassen aufgrund von Fusionen

198 Vgl. Berger/Humphrey (1992), S. 249 f.

199 Für die „Berliner Sparkasse“ liegen keine Daten vor, da es sich nicht um ein rechtlich selbständiges Kreditinstitut, sondern lediglich um eine Marke der zum Konzern „Bankgesellschaft Berlin“ (inzwischen unter „Landesbank Berlin Holding“ firmierend) gehörenden „Landesbank Berlin“ handelt. Ferner werden Regionen wie Braunschweig und Stuttgart, in denen die jeweilige Landesbank die Sparkassenfunktion ausübt, nicht erfasst.

gesunken ist, ergibt sich das Problem einer geeigneten Behandlung dieser Fusionen im Datenmaterial. Im hier zu untersuchenden Datensatz wurde diese Frage dahingehend gelöst, dass ab dem Zeitpunkt der Fusion die Daten des neu entstandenen Institutes sowie für frühere Jahre die aus den Daten der Vorgängerinstitute errechneten (Quasi-)Werte des fusionierten Institutes berücksichtigt wurden, so dass die Daten des neuen Institutes jeweils die Daten der alten Institute ersetzen. Die Gesamtzahl der Institute ist daher im vorliegenden Datensatz im Zeitablauf konstant. Zum Ende des Beobachtungszeitraumes bestanden 519 rechtlich selbständige Sparkassen, zwei von ihnen (jeweils eine in West- und Ostdeutschland) wurden ausgeschlossen, da für diese Institute für den größten Teil des Beobachtungszeitraumes keine Personaldaten vorlagen. In die weiteren Untersuchungen fließen daher die Daten von 517 Instituten, davon 428 in Westdeutschland und 89 in Ostdeutschland, über einen Zeitraum von 10 Jahren ein.

Die Daten für die Bestandsgrößen wurden nicht direkt den Bilanzen der einzelnen Unternehmen entnommen, sondern stellen Jahresdurchschnittswerte dar, die aufgrund von Monatsdurchschnitten ermittelt wurden. Diese Daten reflektieren die tatsächliche ökonomische Aktivität in dem betreffenden Jahr besser als die stichtagsbezogenen Werte der Bilanzen und bieten darüber hinaus den Vorteil, dass sie von eventuellen Überlegungen hinsichtlich der „Bilanzkosmetik“ praktisch nicht beeinflusst werden.

6.3.2 Einzelaspekte und Deskription

Neben wohlbekannten Variablen wie Zins- und Provisionserträgen sowie Zins- und Provisionsaufwendungen sind für den weiteren Gang der Untersuchung eine Reihe von Größen von Interesse, die einer genaueren Charakterisierung bedürfen, welche im Folgenden gegeben wird.

Die Beschäftigtenzahl erfasst alle im Laufe eines Jahres entgeltlich beschäftigten Personen und ist ebenfalls als Jahresdurchschnittswert angegeben. Sie wurde darüber hinaus auf der Basis von vollzeitäquivalenten Einheiten ermittelt. Daher wurden beispielsweise Mitarbeiter, die nur halbtags tätig sind oder nur an einigen Tagen der Woche Vollzeit arbeiten, entsprechend ihrer jeweiligen Wochenarbeitszeit berücksichtigt.

Die Verwaltungsaufwendungen werden in Personalaufwand und Sachaufwand gegliedert. Der Personalaufwand umfasst dabei sämtliche im Zusammenhang mit der Beschäftigung des Personals anfallende Aufwendungen, hierzu zählen Bruttolöhne und -gehälter, der Arbeitgeberanteil an den Sozialversicherungsbeiträgen sowie gegebenenfalls weitere (auch freiwillige) Aufwendungen für Altersversorgung und Unterstützung der Mitarbeiter. Der im Folgenden als Sachaufwand bezeichnete Aufwand enthält alle anderen Verwaltungsaufwendungen inklusive der auf die Sachanlagen entfallenden Abschreibungen. Die Sachanlagen umfassen im Wesentlichen die für den Unternehmensbetrieb notwendigen Grundstücke und Gebäude sowie die Büro- und Geschäftsausstattung.

Auf der Passivseite der Bilanz sind vor allem die Einlagen und das Eigenkapital für die weitere Untersuchung von Interesse. Zu den Einlagen zählen hier alle kurz- und langfristigen Einlagen von bzw. Verbindlichkeiten gegenüber Kunden und anderen Kreditinstituten. Als Eigenkapital wird die Summe aus gezeichnetem Kapital, den Kapital- und Gewinnrücklagen sowie dem Bilanzgewinn bezeichnet. Eigenkapital wird regelmäßig von Sparkassen vor allem in Form von (für diese Rechtsform spezifischen) Sicherheitsrücklagen als Teil der Gewinnrücklagen gehalten, jedoch weisen einige Sparkassen auch Eigenkapital in nennenswertem Umfang in den anderen Positionen auf. So wies beispielsweise die Sparkasse Leipzig im Jahr 2001 über 111,5 Mio. € (rund 63 % ihres Eigenkapitals) unter „gezeichnetes Kapital (stille Einlage)“ aus.

Zur Messung des Erfolgs der unternehmerischen Tätigkeit eignet sich eine im Folgenden als Betriebsergebnis bezeichnete Größe, die als operativer Gewinn interpretiert werden kann, da sich in ihr die aus dem gewöhnlichen Bankgeschäft resultierenden Erträge und Aufwendungen niederschlagen.

Das Betriebsergebnis ermittelt sich wie folgt:

Zinsüberschuss (Zinserträge abzüglich Zinsaufwendungen)

\+ Provisionsüberschuss (Provisionserträge vermindert um Provisionsaufwendungen)

\+ Nettoertrag aus Finanzgeschäften

\+ Saldo der sonstigen ordentlichen Erträge und Aufwendungen

\+ Bewertungsergebnis

− Verwaltungsaufwendungen

= Betriebsergebnis.

Nicht enthalten im Betriebsergebnis sind die außerordentlichen Erträge und Aufwendungen sowie Erträge und Aufwendungen aus der Behandlung von Vorsorgereserven (§ 340 f HGB) und Sonderposten für allgemeine Bankrisiken (§ 340 g HGB).

Tabelle 6.1: Deskriptive Statistiken für das gesamte Sample deutscher Sparkassen

Variable	Mittelwert	Standard-abweichung	Minimum	Maximum	5. Perzentil	95. Perzentil
DBS	1.587,39	2.087,37	34,10	32.875,58	200,66	4.881,79
EK	67,04	99,83	1,65	1.712,34	8,65	210,02
EINL	1.409,57	1.843,31	29,92	28.917,85	175,64	4.361,36
ZE	98,24	125,97	2,90	1.837,84	13,00	308,38
ZA	56,87	75,66	1,48	1.135,63	7,13	182,25
PE	8,50	11,26	0,14	196,61	0,94	25,60
PA	0,33	0,54	0,00	13,26	0,02	1,15
PERA	19,36	23,14	0,61	324,22	2,78	58,25
SACA	11,24	15,18	0,27	266,56	1,31	33,03
ERG	11,97	18,23	-122,79	278,14	0,53	38,62
SANL	27,52	35,58	0,49	580,70	2,95	85,68
VZE	450,85	473,37	18,20	5.581,60	63,00	1.317,20

Bemerkungen: alle Werte in Mio. € (außer VZE),
DBS - Bilanzsumme,
EK - Eigenkapital,
EINL - Einlagen,
ZE - Zinserträge,
ZA - Zinsaufwendungen,
PE - Provisionserträge,
PA - Provisionsaufwendungen,
PERA - Personalaufwand,
SACA - Sachaufwand,
ERG - Betriebsergebnis (vor Steuern),
SANL - Sachanlagen,
VZE - Personalbestand in Vollzeiteinheiten

Zur näheren Beschreibung des aus insgesamt 5170 Beobachtungen bestehenden Datensatzes für ganz Deutschland gibt Tabelle 6.1 einen Überblick über die für die nachfolgenden Untersuchungen wichtigsten Variablen. Es zeigt sich, dass alle Größen eine hohe Variabilität aufweisen. Die Ursache ist in den erheblichen Unterschieden in der Unternehmensgröße der einzelnen Sparkassen zu suchen. So ist das größte Institut gemessen an der Bilanzsumme oder der Eigenkapitalausstattung rund eintausendmal größer als das kleinste. Um auch von Extremwerten abstrahieren zu können, gibt die Tabelle zusätzlich das 5. und das 95. Perzentil der jeweiligen Verteilung an. Mithin liegen 90 % der Beobachtungen zwischen diesen Werten. Die Unterschiede reduzieren sich in diesem Intervall auf einen Faktor von rund 25 zwischen dem größten und dem kleinsten Institut.

Abbildung 6.1: Histogramm der Größenverteilungen der Sparkassen in Ost- und Westdeutschland

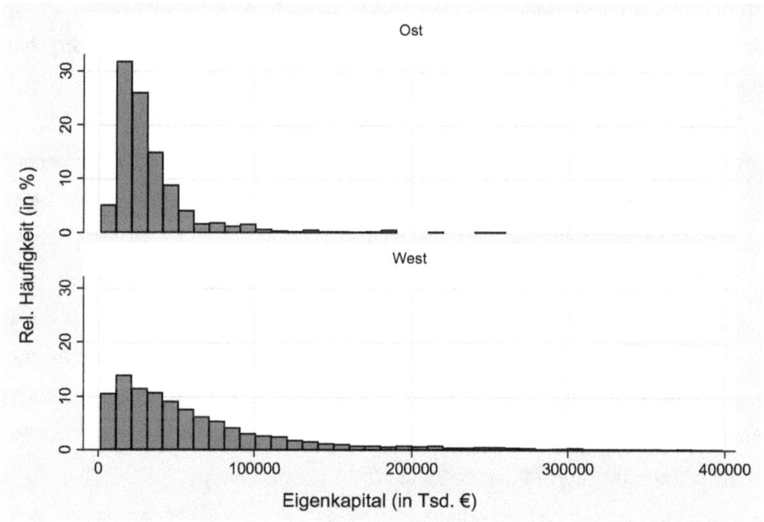

Eine differenzierte Betrachtung für Ost- und Westdeutschland offenbart deutliche Unterschiede. Die westdeutschen Sparkassen sind im Mittel wesentlich größer als ihre ostdeutschen Pendants. Allerdings sind sowohl die größten als auch die kleinsten Institute in Westdeutschland zu finden. Abbildung 6.1 veranschaulicht die Unterschiede in den Unternehmensgrößen der Sparkassen (gemessen am Eigenkapital) zwischen den beiden Gebieten. Jede Säule gibt dabei den relativen Anteil eines jeweils 10 Mio. € breiten Intervalls an der Grundgesamtheit an. (Zur besseren Übersicht wurde die Darstellung auf maximal 400 Mio. € begrenzt.) Es wird deutlich, dass die Größenverteilungen in Ost und West jeweils linkssteil bzw. rechtsschief verlaufen, wobei die höheren Bereiche in Ostdeutschland ab rund 100 Mio. Euro nur noch äußerst dünn oder gar nicht mehr besetzt sind. Die Verteilung für Ostdeutschland erscheint gegenüber der westdeutschen komprimiert, d.h. die ostdeutschen Institute sind homogener hinsichtlich der Unternehmensgröße.

6.4 Unterschiedliche Entwicklung der Sparkassen in Ost und West

6.4.1 Die Ausgangslage in Ostdeutschland

Die Differenzen zwischen den Sparkassen in Ost und West reichen jedoch über die unterschiedlichen Unternehmensgrößen weit hinaus. Sie sind nicht zuletzt das Ergebnis der unterschiedlichen Vorgeschichte der Sparkassen in den beiden Gebieten.

Das Finanzwesen der DDR war Teil der sozialistischen Planwirtschaft, in welchem jedes Kreditinstitut vorgegebene Funktionen wahrzunehmen hatte.[200] Den Sparkassen, die gegenüber der Staatsbank und örtlichen Regierungsstellen weisungsgebunden waren, fiel dabei die Rolle eines Kreditinstituts der privaten Haushalte zu. Sie fungierten in erster Linie als Kapitalsammelstellen für die Ersparnisse der Bevölkerung. Daraus resultierte eine dominante Stellung der Sparkassen im Einlagengeschäft, der jedoch keine vergleichbare Position im Kreditgeschäft gegenüberstand. Letzteres wurde wesentlich von der Staatsbank der DDR, die nicht nur Noten- und Zentralbank, sondern zugleich größte Geschäftsbank des Landes war, sowie einigen Spezialkreditinstituten bestimmt.[201]

---

[200] Einen informativen Überblick über die Struktur des Bankwesens in der DDR geben zum Beispiel Geiger/Günther (1998), S. 25 ff.

[201] Im Jahr 1989 entfielen schätzungsweise 80 % des Volumens der ausstehenden Kredite in der DDR auf die Staatsbank - vgl. Dennig (1991), S. 126.

Die Aktiva der Sparkassen bestanden vor allem aus Einlagen bei der Staatsbank. Kredite machten zum Ende des Jahres 1989 mit einem Volumen von 22,2 Mrd. Mark nur 16,5 % des gesamten Umlaufvermögens[202] der 196 existierenden Sparkassen aus. Die Kredite der Sparkassen umfassten im Wesentlichen (zinsverbilligte) Kredite an Privatpersonen zum Bau oder zur Modernisierung von Wohnungen und Eigenheimen sowie (zinslose) Kredite an junge Eheleute. Kredite zu Konsumzwecken und Kredite an die Wirtschaft (vornehmlich kleingewerbliche Privatbetriebe) hatten jeweils nur einen Anteil von rund 3 % am Kreditbestand der Sparkassen. Bei der Kreditvergabe durch die Sparkassen spielten gesellschaftspolitische Erwägungen offensichtlich eine besondere Rolle.[203] Die „Passivlastigkeit" des Sparkassengeschäfts wird besonders deutlich, wenn man die Höhe der Spar- und Giroeinlagen der Privatkunden betrachtet. Mit rund 130 Mrd. Mark machten diese Einlagen rund 96,5 % des Umlaufvermögens aus, weitere 3 % bestanden aus Einlagen der Wirtschaft.

Die beschriebene ausgeprägte Funktionsteilung zwischen den eigentlichen Kreditbanken der DDR und den „Einlagensammelstellen" der Sparkassen entfaltete ihre Wirkungen auf das Kreditgewerbe in Ostdeutschland auch über den Zeitpunkt der Einführung der D-Mark zum 1. Juli 1990 hinaus. Nachdem bereits zum 1. April 1990 die Staatsbank der DDR einen umfangreichen Bestand ihrer Kredite auf die neu gegründete Deutsche Kreditbank AG übertragen hatte, ging - zunächst in Form von Joint-Ventures und nach und nach durch vollständige Übernahmen - der größte Teil von Geschäftsbankaktivitäten auf westdeutsche Kreditbanken über.

Im Zuge der Währungsumstellung wurden die Aktiva der Sparkassen nahezu ausnahmslos zu einem Satz von 2:1 umgestellt, während die Spareinlagen der Bevölkerung auch teilweise im Verhältnis 1:1 umgetauscht wurden. Das durchschnittliche Umtauschverhältnis der Einlagen betrug etwa 1,5:1. Dies hatte für die Sparkassen zwei Effekte. Zum einen kam es durch die Umstellung nominal zu einer deutlichen Bilanzverkürzung, zum anderen reduzierte sich der ohnehin vergleichsweise geringe Anteil der Kredite an der Bilanzsumme auf rund 9,6 % in der DM-Eröffnungsbilanz.[204] Infolge der asymmetrischen Umstellung fehlte nunmehr auf der

[202] Das Umlaufvermögen hatte dabei einen Anteil von rund 90 % an der Bilanzsumme der Sparkassen. Die Gliederung der Bilanz nach damaligem Recht wich von der heute üblichen ab. Vgl. hierzu und zu den weiteren Zahlenangaben Geiger/Günther (1998), S. 37 ff.

[203] Vgl. auch Pohl/Rudolph/Schulz (2005), S. 401 f.

[204] Vgl. Geiger/Günther (1998), S. 311 f.

Aktivseite der Bilanz ein bestimmter Betrag, der durch die Bilanzierung sogenannter Ausgleichsforderungen[205] gedeckt wurde.

Im Ergebnis dieser Prozesse hatten im Jahr 1991 private Kreditbanken bei den Krediten an Privatpersonen und Unternehmen einen Anteil von 85 %, während auf Sparkassen und Genossenschaftsbanken nur 10 % bzw. 5 % entfielen. Zu diesem Zeitpunkt wurden in Ostdeutschland etwa drei Fünftel der Einlagen von Privatpersonen und Unternehmen bei Sparkassen gehalten, während jeweils rund ein Fünftel auf Genossenschafts- und Kreditbanken entfielen.[206]

6.4.2 Bilanz- und Geschäftsstruktur

Die Sparkassen in Ostdeutschland mussten im Verlauf der 90er Jahre das Geschäft der Kreditvergabe an Unternehmen und Privatpersonen praktisch erst aufbauen. Der Bestand an Forderungen gegenüber Privat- und Geschäftskunden[207] betrug für das hier untersuchte Sample der ostdeutschen Sparkassen im Jahr 1993 insgesamt nur ca. 14,1 Mrd. €, verglichen mit rund 302 Mrd. € bei den westdeutschen Sparkassen. Ausgehend von diesen Werten vergleicht Tabelle 6.2 die prozentualen Veränderungen dieses Kreditbestandes gegenüber dem jeweiligen Vorjahreswert in Ost und West. Praktisch im gesamten Untersuchungszeitraum wurde von den ostdeutschen Sparkassen ein höheres Wachstum erzielt. Der Wert für das Jahr 2002 deutet darauf hin, dass es auch für diese Institute im Zuge der abflauenden Konjunktur schwieriger wurde, neue Kredite in dem betreffenden Segment zu platzieren. Am Ende des Zeitraums betrug das Gesamtvolumen dieser Kredite ca. 32,8 Mrd. € im Osten und rund 500 Mrd. € im Westen.

---

[205] Zum Wesen der Ausgleichsforderungen vgl. die eingehenden Erläuterungen in Deutsche Bundesbank (1996). Der Posten Ausgleichsforderungen machte zeitweise bis zu 31 % des Geschäftsvolumens der ostdeutschen Sparkassen aus - vgl. Deutsche Bundesbank (1996), S. 46.

[206] Vgl. Schröder (2005), S. 62 f.

[207] Diese Größe ist nicht zu verwechseln mit den Forderungen an Nichtbanken. Jene enthält auch Kredite an die öffentliche Hand (bei Sparkassen vor allem Kommunalkredite), die jedoch aufgrund ihrer großvolumigen und risikoarmen Natur eher mit Krediten an andere Kreditinstitute vergleichbar sind. Zur Beschreibung des eigentlichen Kreditgeschäfts ist die engere Abgrenzung der Forderungen an Privat- und Geschäftskunden besser geeignet.

Tabelle 6.2: Jährliche Wachstumsrate des Bestandes an Forderungen gegenüber Privat- und Geschäftskunden

Jahr	1994	1995	1996	1997	1998	1999	2000	2001	2002
Ost	22,0%	14,5%	10,2%	10,1%	9,2%	10,0%	6,6%	6,9%	0,3%
West	9,9%	8,4%	6,9%	6,2%	4,9%	6,1%	4,4%	3,2%	2,0%

Abbildung 6.2 verdeutlicht die Entwicklung der Forderungen an Privat- und Geschäftskunden in Relation zur Bilanzsumme bei den Sparkassen im Zeitraum 1993 bis 2002 (anhand des Mittelwertes der jeweiligen Verteilung). Während sich der Anteil dieser Forderungen bei den westdeutschen Sparkassen in dieser Zeit praktisch nicht veränderte, wuchs er bei den ostdeutschen Instituten bis zur Jahrtausendwende zwar kontinuierlich an, erreichte jedoch auch zum Ende des Zeitraums kaum mehr als die Hälfte des westdeutschen Niveaus.

Abbildung 6.2: Anteil der Forderungen an Privat- und Geschäftskunden an der Bilanzsumme

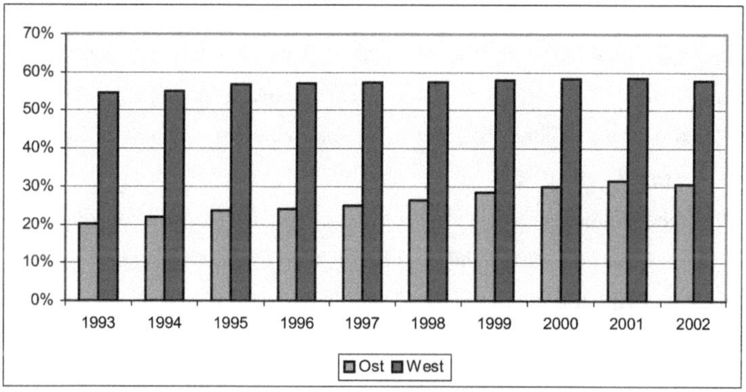

Bezüglich des Bestandes an Forderungen gegenüber anderen Kreditinstituten hat sich der Anpassungsprozess schneller vollzogen. Abbildung 6.3 zeigt die Entwicklung des Anteils der Forderungen an Banken an der Bilanzsumme. Der zu Beginn des Zeitraums mit im Mittel 16,5 % vergleichsweise hohe Anteil dieser Forderungen im Portefeuille ostdeutscher Sparkassen wurde zügig zurückgeführt und erreichte 1997 nur noch die Hälfte des Wertes von

1993. Seit Ende der 90er Jahre besteht eine mit den westdeutschen Sparkassen vergleichbare Größenordnung.

Abbildung 6.3: Anteil der Forderungen an Banken an der Bilanzsumme

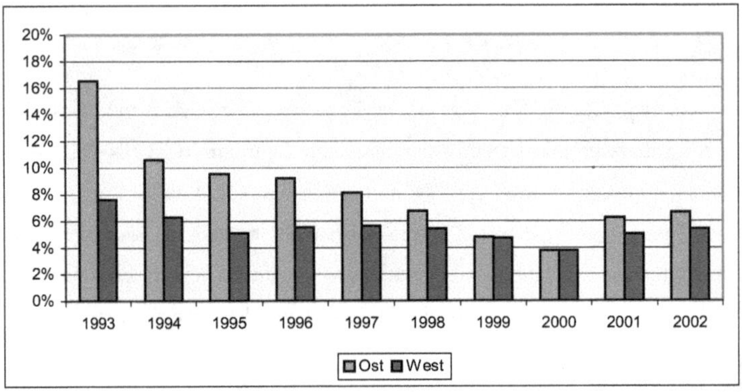

Auf der Passivseite der Bilanz zeigt sich, dass die Sparkassen in Ostdeutschland ihre starke Stellung im Einlagengeschäft weitgehend bewahren konnten. Obwohl nach der Wiedervereinigung den privaten Haushalten alternative Anlagemöglichkeiten (und, nicht zu vergessen, vielfältige Konsummöglichkeiten) offen standen, kam es nicht zu einem Einlagenabzug bei den Sparkassen. Im Gegenteil, Tabelle 6.3 zeigt, dass der gesamte Bestand an Einlagen von Privat- und Geschäftskunden bei den ostdeutschen Instituten ausgehend von einem Niveau von ca. 58,1 Mrd. € im Jahr 1993 (West: rund 411 Mrd. €) vielmehr weiter angewachsen ist auf schließlich 86,7 Mrd. € (West: rund 561 Mrd. €). Dabei wurde sogar zumeist ein stärkeres Wachstum verzeichnet als in Westdeutschland.

Tabelle 6.3: Jährliche Wachstumsrate des Bestandes an Einlagen von Privat- und Geschäftskunden

Jahr	1994	1995	1996	1997	1998	1999	2000	2001	2002
Ost	11,4%	5,9%	8,5%	4,4%	2,6%	2,6%	0,1%	1,8%	4,1%
West	6,3%	3,4%	5,1%	4,4%	3,6%	3,3%	-0,4%	2,3%	3,7%

Im Gegensatz zu den westdeutschen Sparkassen konnte bei den ostdeutschen das Wachstums der Einlagen von Privat- und Geschäftskunden mit der Zunahme der Bilanzsumme (Ost: +57 %, West: +58 % im Zeitraum 1993 bis 2002) größtenteils Schritt halten. Während der Anteil dieser Einlagen an der Bilanzsumme im Osten weitgehend konstant blieb, ist er im Westen im Mittel spürbar zurückgegangen. Die typische Sparkasse im Osten refinanziert ihr Aktivgeschäft zu drei Vierteln mit den regelmäßig niedrigverzinslichen Einlagen von Privat- und Geschäftskunden. Ein Wert, der von westdeutschen Sparkassen letztmalig 1993 erreicht wurde, wie Abbildung 6.4 verdeutlicht.

Abbildung 6.4: Anteil der Einlagen von Privat- und Geschäftskunden an der Bilanzsumme

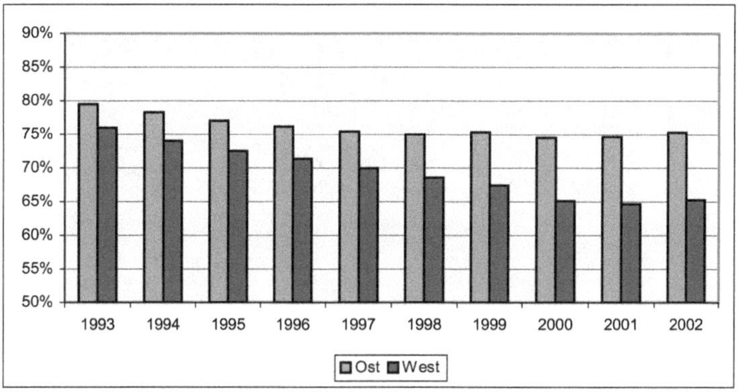

Neben dem Zinsgeschäft hat sich in den vergangenen Jahren das Provisionsgeschäft als eine zweite wichtige Säule der Geschäftstätigkeit der Banken etabliert. Das Provisionsgeschäft erreicht jedoch bei den Sparkassen im Betrachtungszeitraum nicht den Umfang, den es bei anderen Banken, insbesondere bei den privaten Kreditbanken, einnimmt.[208] Für die ostdeutschen Sparkassen ist der relative Stellenwert des provisionsabhängigen Geschäftes höher als für die westdeutschen Sparkassen wie Abbildung 6.5 veranschaulicht. Gemessen am Verhältnis der Provisionserträge zu den Zinserträgen (PE/ZE) hat sich ausgehend vom gleichen Niveau das Provisionsgeschäft im Osten kräftiger entwickelt als im Westen. Insgesamt erscheint seine Bedeutung jedoch nach wie vor relativ gering. Im Hinblick auf die Erfolgs-

[208] Vgl. Kapitel 3.

wirksamkeit der Geschäfte ist jedoch das Verhältnis von Provisionsüberschuss zum Zinsüberschuss (PÜ/ZÜ) relevant, denn diese Größen stehen letztlich zur Deckung der Verwaltungsausgaben zur Verfügung. Gemessen an diesem Kriterium hat auch bei den Sparkassen das Provisionsgeschäft einen nicht mehr zu vernachlässigenden Stellenwert erreicht. Auch hier deuten die Daten auf ein stärkeres Gewicht des provisionsabhängigen Geschäftes im Osten hin.

Abbildung 6.5: Verhältnis von Provisions- zu Zinserträgen bzw. Provisions- zu Zinsüberschuss

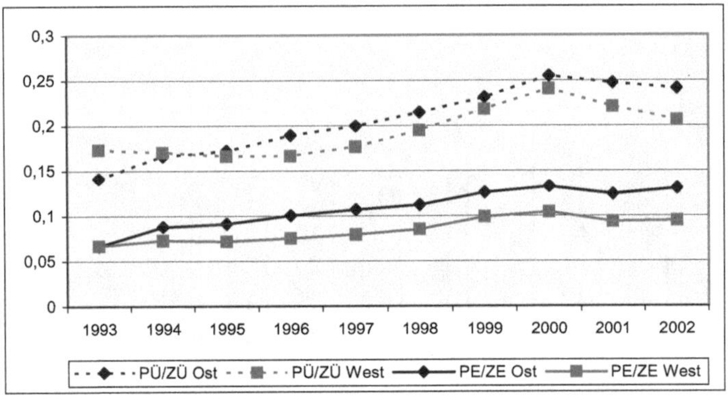

6.4.3 Aufwands- und Erfolgsgrößen

Unterschiede zwischen ost- und westdeutschen Sparkassen bestehen nicht nur in der Geschäftsstruktur, sondern auch in der Nutzung von Personal und Sachkapital, die sich letztlich in den Verwaltungsaufwendungen niederschlägt. Eine diesbezügliche Untersuchung zeigt, dass die ostdeutschen Sparkassen bezogen auf die beschäftigten Vollzeiteinheiten mit höherem Personaleinsatz produzieren als die westdeutschen. Wurden im Mittel des Jahres 1993 im Osten durchschnittlich Aktiva im Wert von rund 2,1 Mio. € je Vollzeiteinheit verwaltet, so lag dieser Wert im Westen bei rund 2,6 Mio. €. Bis 2002 erhöhten sich diese Werte kontinuierlich um insgesamt 64 % auf 3,4 Mio. € im Osten bzw. 61 % auf 4,2 Mio. € im Westen. Ein Angleichungsprozess hat in Bezug auf diese Größe also nicht stattgefunden.

In beiden Landesteilen beruhte dabei die Zunahme der verwalteten Aktiva je Vollzeiteinheit überwiegend auf dem Wachstum der Bilanzsumme. Der Personalbestand der Sparkassen hat in diesem Zeitraum im Osten um 9,2 % und im Westen um 4,4 % abgenommen.

Trotz dieser in mengenmäßiger Betrachtung relativ personalintensiveren Produktion in Ostdeutschland besitzen die Personalkosten ein geringeres Gewicht als in Westdeutschland. Die Ursache ist in den fortdauernd höheren Personalaufwendungen je Vollzeit-Beschäftigten in Westdeutschland zu suchen. Im gesamten Untersuchungszeitraum lagen diese Aufwendungen je Vollzeiteinheit im Westen durchschnittlich um ca. 33 % höher als im Osten, wobei sich hier im Zeitablauf eine gewisse Angleichung vollzogen hat. Übertraf der Mittelwert für die westdeutschen Sparkassen 1993 den ostdeutschen Mittelwert noch um 41 %, so lag der Unterschied im Jahr 2002 bei rund 28 %. Im Ergebnis wurde der Nachteil des höheren Personalbestandes im Osten durch die geringeren Pro-Kopf-Ausgaben vollständig ausgeglichen. Im Durchschnitt des betrachteten 10-Jahres-Zeitraums erreichten die jährlichen Personalkosten rund 1,2 % der Bilanzsumme im Osten und lagen damit sogar etwas niedriger als im Westen (1,3 %).

Hinsichtlich des zweiten Faktors, dessen Kosten sich in den Verwaltungsaufwendungen niederschlagen, des Sachkapitals, lassen sich ebenfalls Differenzen zwischen Ost und West ausmachen. In der ersten Hälfte der 90er Jahre bauten die ostdeutschen Sparkassen den für den modernen Bankbetrieb notwendigen Anlagenbestand auf. Dadurch wuchs der Umfang dieses zunächst relativ geringen Bestandes auf ein mit dem Westen vergleichbares Niveau. Seit 1995 liegt der Anteil der Sachanlagen an der Bilanzsumme in Ostdeutschland stabil bei rund 2,1 % und übertrifft damit sogar den westdeutschen Wert von rund 1,7 %. Mit dem jüngeren Anlagenbestand scheinen höhere laufende Aufwendungen verbunden zu sein.[209] Seit 1995 liegt das Verhältnis von Sachaufwendungen zu Sachanlagen unter geringen Schwankungen in Ostdeutschland bei rund 53 %. In Westdeutschland hat es sich seitdem von rund 38 % auf etwa 50 % im Jahr 2002 erhöht. Gemessen an der Bilanzsumme erreichten die

[209] Höhere Abschreibungen für neuere Anlagen könnten eine Ursache für die größeren Sachaufwendungen im Osten darstellen. Jedoch ist auch eine relativ umfangreichere Nutzung von Leasing-Möglichkeiten denkbar. Die dadurch verursachten Aufwendungen sind naturgemäß Teil der Sachaufwendungen, ohne dass diesen ein entsprechender Bestand an Sachanlagen in der Bilanz des Leasing-Nehmers gegenüberstünde. Die gängige Interpretation des Verhältnisses von Sachaufwendungen zu Sachanlagen als Preis des Sachkapitals in empirischen Untersuchungen wird durch Leasing grundsätzlich erschwert.

Sachaufwendungen im Durchschnitt des Untersuchungszeitraums 1993 bis 2002 einen Wert von 0,9 % in Ostdeutschland und 0,7 % in Westdeutschland.

Die Personalaufwendungen stellen somit die bedeutendere Komponente der Verwaltungsaufwendungen dar. An den gesamten Verwaltungsaufwendungen hatten die Personalaufwendungen im Mittel einen Anteil von rund 57 % im Osten, im Westen lag dieser Anteil bei rund 66 %. Abbildung 6.6 vergleicht die Entwicklung der Verwaltungsaufwendungen in Relation zur Bilanzsumme (rechte Skala) sowie des Anteils der Personalaufwendungen an diesen Verwaltungsanwendungen (linke Skala) in Ost und West. Insgesamt lagen die Verwaltungsaufwendungen durchschnittlich mit über 2,1 % der Bilanzsumme bei den ostdeutschen Sparkassen etwas höher als bei den westdeutschen Instituten (2,0 %).

Abbildung 6.6: Entwicklung der Verwaltungsaufwendungen

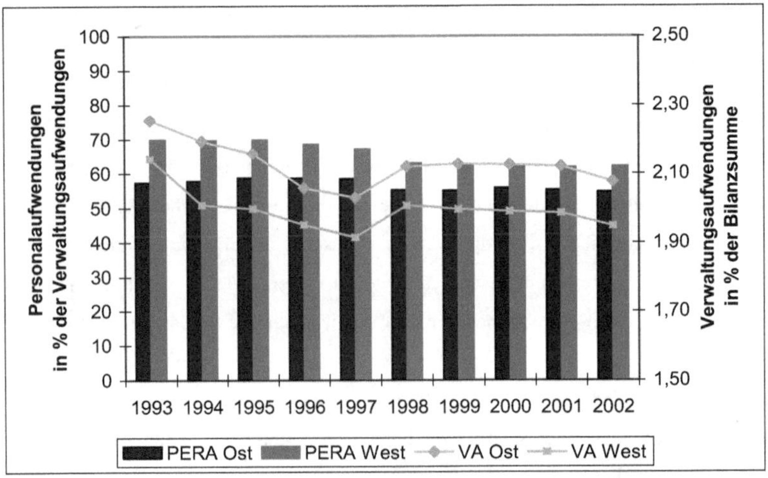

Den für den Bankbetrieb notwendigen Verwaltungsaufwendungen lassen sich die aus dem operativen Kerngeschäft erzielten Überschüsse gegenüberstellen. Eine verbreitete Größe für die Erfolgsbeurteilung des operativen Kerngeschäftes ist das sogenannte Teilbetriebsergebnis.[210] Es ergibt sich aus dem Zins- und Provisionsüberschuss abzüglich der Verwaltungsaufwendungen. Abbildung 6.7 verdeutlicht, dass trotz der etwas höheren Verwaltungsaufwendungen in Ostdeutschland die Sparkassen dort zumeist ein etwas besseres Teilbetriebsergebnis als ihre westdeutschen Pendants erzielt haben. Verantwortlich hierfür ist die sogenannte Zinsspanne, d.h. das Verhältnis von Zinsüberschuss zur Bilanzsumme. Im Mittel lag dieses Verhältnis im Osten bei rund 2,9 % (im Westen 2,7 %) und ermöglichte damit den Ausgleich der höheren Aufwendungen.

Abbildung 6.7: Teilbetriebsergebnis in Relation zur Bilanzsumme

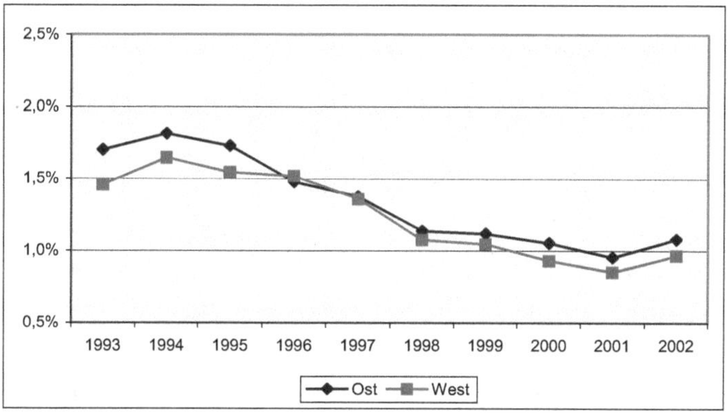

Ein breiteres, aber auch teilweise schwankungsanfälligeres Bild vermittelt schließlich das Betriebsergebnis vor Steuern, in welchem sich zusätzlich die weiteren Komponenten des ordentlichen Ergebnisses (aus Finanzgeschäften und sonstigen ordentlichen Aufwendungen und Erträgen) sowie das Bewertungsergebnis niederschlagen. Abbildung 6.8 zeigt, dass bezüglich dieser Größe die ostdeutschen Sparkassen zumeist schlechtere Werte erzielten, die darüber hinaus auch noch größeren Schwankungen unterlagen. Ursache hierfür ist u.a. das dort niedrigere (d.h. stärker negative) und von wesentlich größeren jährlichen Veränderungen geprägte Bewertungsergebnis. Auffallend sind die seit Mitte der 90er Jahre kontinuierlich

[210] Vgl. beispielsweise die jährlichen Untersuchungen zur Ertragslage der deutschen Kreditinstitute durch die Deutsche Bundesbank, veröffentlicht in den September-Ausgaben der laufenden Jahrgänge des Monatsberichtes.

zurückgehenden Ergebnisse der westdeutschen Sparkassen. Für Ostdeutschland lässt sich hingegen (noch) kein klarer Trend ausmachen.

Abbildung 6.8: Betriebsergebnis vor Steuern in Relation zur Bilanzsumme

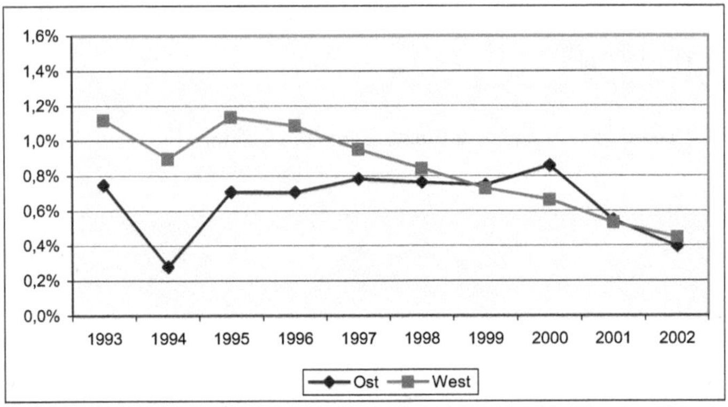

Auch wenn schließlich ähnliche Resultate hinsichtlich Teilbetriebsergebnis und Betriebsergebnis erzielt werden, lässt sich aus den vorangegangenen Betrachtungen das Fazit ziehen, dass die Sparkassen in Ost und West unter unterschiedlichen Bedingungen operieren. Die hier kaum beleuchteten, nach allgemeiner Überzeugung aufgrund des weitgehend zum Erliegen gekommenen ostdeutschen Aufholprozesses nach wie vor bestehenden generellen Unterschiede in der wirtschaftlichen Situation in Ost und West[211] sowie die unterschiedliche Vorgeschichte des Bankwesens in Ostdeutschland, dessen Charakteristika ebenfalls eine gewisse Persistenz aufweisen, wirken sich sowohl auf die Kosten- als auch auf die Ertragslage der Kreditinstitute aus. Im Hinblick auf die folgende Untersuchung erscheint eine getrennte Betrachtung für Ost- und Westdeutschland sinnvoll. Die Tabellen 6.4 und 6.5 verdichten daher abschließend noch einmal Informationen über die wichtigsten Kenngrößen gesondert für die ost- und westdeutschen Sparkassen im Zeitraum 1993 bis 2002.

[211] Vgl. etwa Sachverständigenrat (2002), Ziff. 273 ff., und Sachverständigenrat (2004), Ziff. 390 ff.

Tabelle 6.4: Deskriptive Statistiken für ostdeutsche Sparkassen

Variable	Mittelwert	Standard-abweichung	Minimum	Maximum	5. Perzentil	95. Perzentil
DBS	1.109,31	896,23	177,26	6.341,81	405,54	2.957,25
EK	34,25	28,53	6,40	258,98	11,53	90,31
EINL	998,88	818,39	152,41	5.894,03	368,94	2.661,48
ZE	62,26	47,79	13,52	321,21	24,69	159,49
ZA	31,31	25,50	5,41	188,22	11,66	79,76
PE	6,50	5,07	0,92	38,09	2,24	15,69
PA	0,26	0,26	0,00	2,00	0,02	0,74
PERA	12,90	9,36	2,70	66,84	5,09	31,01
SACA	10,28	8,51	1,56	62,87	3,42	26,94
ERG	6,88	8,77	-28,65	92,59	0,00	19,08
SANL	22,74	23,71	0,67	212,63	4,23	62,43
VZE	393,27	273,76	62,40	1.795,60	165,40	929,60

Bemerkungen: alle Werte in Mio. € (außer VZE),
DBS - Bilanzsumme,
EK - Eigenkapital,
EINL - Einlagen,
ZE - Zinserträge,
ZA - Zinsaufwendungen,
PE - Provisionserträge,
PA - Provisionsaufwendungen,
PERA - Personalaufwand,
SACA - Sachaufwand,
ERG - Betriebsergebnis (vor Steuern),
SANL - Sachanlagen,
VZE - Personalbestand in Vollzeiteinheiten

Tabelle 6.5: Deskriptive Statistiken für westdeutsche Sparkassen

Variable	Mittelwert	Standard-abweichung	Minimum	Maximum	5. Perzentil	95. Perzentil
DBS	1.686,80	2.244,79	34,10	32.875,58	182,18	5.234,21
EK	73,86	107,71	1,65	1.712,34	8,13	225,31
EINL	1.494,97	1.980,65	29,92	28.917,85	160,34	4.636,05
ZE	105,72	135,53	2,90	1.837,84	12,15	329,73
ZA	62,19	81,33	1,48	1.135,63	6,45	197,57
PE	8,92	12,12	0,14	196,61	0,86	27,66
PA	0,34	0,58	0,00	13,26	0,02	1,20
PERA	20,70	24,86	0,61	324,22	2,54	61,65
SACA	11,44	16,22	0,27	266,56	1,19	34,44
ERG	13,03	19,46	-122,79	278,14	0,77	42,48
SANL	28,51	37,50	0,49	580,70	2,80	89,46
VZE	462,82	504,27	18,20	5.581,60	59,15	1.351,70

Bemerkungen: siehe Tabelle zuvor

7 Empirische Schätzung

Gegenstand der Ausführungen dieses Kapitels ist die empirische Untersuchung der Wettbewerbssituation aus der Sicht des deutschen Sparkassensektors anhand des Panzar-Rosse-Ansatzes. Die nach wie vor sehr stark voneinander abweichenden wirtschaftlichen Verhältnisse in Ost- und Westdeutschland sowie die unterschiedliche Vorgeschichte des Bankensystems, deren strukturelle Auswirkungen auf den Bankenmarkt weit über den Zeitpunkt der deutschen Vereinigung hinaus anhielten und teilweise bis heute anhalten, legen eine getrennte Untersuchung für den westlichen und östlichen Teil Deutschlands nahe. Ferner werden auch die empirischen Ergebnisse zeigen, dass eine gesonderte Analyse der Wettbewerbsverhältnisse erforderlich ist. Nach den Auswertungen für West- und Ostdeutschland werden die Unterschiede zwischen den beiden Gebieten detailliert untersucht. Anschließend werden Differenzen in der Modellierung zwischen in anderen Studien verwendeten Spezifikationen und der hier gewählten eruiert. Eine Einordnung der Untersuchungsergebnisse in die Literatur beschließt das Kapitel.

7.1 Auswertung für Westdeutschland

7.1.1 Grundlegendes Modell und erste Ergebnisse

Die Panzar-Rosse-Statistik ist definiert als die Summe der Faktorpreiselastizitäten der Erlöse eines Unternehmens. Die weitere Untersuchung folgt dem Intermediationsansatz, der Banken als Unternehmen beschreibt, welche mithilfe der Inputs physisches Kapital (auch als Real- oder Sachkapital bezeichnet), menschliche Arbeit und Finanzkapital Kredite produzieren.[212] Als Einnahmen aus der Tätigkeit der Bank resultieren die Zinserträge ZE, welche die abhängige Variable der folgenden Schätzung darstellen.[213] Der Faktorpreis des Finanzkapitals FP1 ist durch den Quotienten aus Zinsaufwand und Einlagen bzw. Verbindlichkeiten gegenüber Kunden und anderen Kreditinstituten gegeben. Der Personalaufwand dividiert

[212] Zum Intermediationsansatz vgl. die Ausführungen in Kapitel 6.2.

[213] Dies entspricht dem strengen Intermediationsansatz. Später wird der Begriff des Outputs der Bank breiter gefasst und die Summe aus Zins- und Provisionserträgen als abhängige Variable verwendet werden.

durch den durchschnittlichen Personalbestand in Vollzeiteinheiten entspricht dem Preis des Faktors Arbeit FP2. Der Preis des Sachkapitals FP3 schließlich ergibt sich aus dem Verhältnis von Sachaufwand zu Sachanlagen.

Aufgrund der geltenden Bestimmungen über die Mindesteigenkapitalausstattung von Banken (Kapitaladäquanz) begrenzt die Menge an Eigenkapital die Kreditvergabemöglichkeiten und damit auch die Möglichkeiten der Erzielung von Zinserträgen durch eine Bank. Die Höhe des Eigenkapitals EK wird daher in der Schätzgleichung berücksichtigt.

Als Indikator B für den von der Bank gewählten Business Mix wird der Quotient aus der Summe der Forderungen an Privat- und Geschäftskunden und der Bilanzsumme bestimmt. Diese Kredite sind mutmaßlich riskanter und erfordern eine gänzlich andere Technologie zur Auswahl und zum Monitoring der Kreditnehmer als Kredite an staatliche Institutionen (zum Beispiel Gebietskörperschaften) oder an andere Banken. Ein höherer Anteil solcher Kredite im Portefeuille der Bank sollte zu höheren Zinseinnahmen führen. Tabelle 7.1 enthält deskriptive Statistiken dieser Variablen.

Tabelle 7.1: Deskriptive Statistiken der Faktorpreise und des Business-Mix-Indikators

Variable	Mittelwert	Standard-abweichung	Minimum	Maximum	5. Perzentil	95. Perzentil
FP1	0,042	0,007	0,028	0,065	0,034	0,056
FP2	43,865	4,655	32,174	68,930	36,706	51,592
FP3	0,433	0,170	0,127	2,128	0,236	0,735
B	0,571	0,075	0,200	0,861	0,443	0,691

Für die Schätzung der Panzar-Rosse-Statistik wird die folgende Gleichung verwendet:

$$\ln ZE_{it} = \sum_{j=1}^{3} \alpha_j \ln FPj_{it} + \beta_1 \ln EK_{it} + \beta_2 \ln B_{it} + \gamma + \varepsilon_{it}. \qquad (13)$$

Die Subskripte i und t kennzeichnen den Wert der indizierten Größe von Bank i zum Zeitpunkt t, γ ist das (gemeinsame) Absolutglied und ε_{it} die Störgröße.

Die Verwendung der obigen Schätzgleichung ist konsistent mit den theoretischen Grundlagen des Ansatzes von Panzar und Rosse. Die zu schätzenden Parameter α_j und β_j geben unmittelbar die jeweilige Elastizität der Zinserträge gegenüber den oben genannten Einflussgrößen an. Die PR-Statistik H ist daher gegeben durch:

(14) $$H = \sum_j \alpha_j \, .$$

Der vorliegende Datensatz in Form eines Balanced Panel erlaubt die Formulierung eines Fixed-Effects-Modells, welches die Heterogenität der Unternehmen in angemessener Weise berücksichtigt. Die Störgröße in (13) besitzt daher annahmegemäß die Struktur

(15) $$\varepsilon_{it} = u_i + e_{it} \, ,$$

wobei u_i bankspezifische Konstanten darstellen, die sich im Zeitablauf nicht verändern, jedoch zwischen den Banken variieren können. Der verbleibende stochastische Störterm ist durch e_{it} gegeben. Diese Modellspezifikation berücksichtigt, dass möglicherweise unbeobachtete Größen existieren, welche die Lage der (logarithmierten) Erlös-Funktion beeinflussen können. Ein denkbarer Effekt, der durch diese Größen eingefangen wird, besteht beispielsweise darin, dass eine Bank, die in einem Gebiet mit großer Bevölkerungsdichte oder mit hohem Pro-Kopf-Einkommen operiert, in der Lage ist, bei vergleichbarem Aufwand höhere Erlöse zu erzielen als eine Bank, die in einem Gebiet tätig ist, in welchem dies nicht der Fall ist.

Die Existenz von Fixed Effects lässt sich jedoch nicht nur mit sachlogischen Argumenten begründen, sondern auch mit statistischen Tests untermauern. Nach der Schätzung von (13) mit bankspezifischen Konstanten verwirft ein F-Test dieser Konstanten die alleinige Existenz eines gemeinsamen Absolutgliedes und damit das einfache Pooling aller Beobachtungen (häufig als Pooled-OLS-Modell bezeichnet) zugunsten von Fixed Effects ($F = 74,3$; $p = 0,00$). Ein chi-Quadrat-Test der Varianz der bankspezifischen Effekte[214] führt ebenfalls zur Ablehnung von Pooled OLS, hier zugunsten von Random Effects ($\chi^2 = 8959,6$; $p = 0,00$). Schließ-

[214] Vgl. Breusch/Pagan (1980).

lich kann die Entscheidung zwischen Fixed und Random Effects aufgrund des Hausman-Tests[215] erfolgen: Im vorliegenden Fall werden die Random Effects zugunsten von Fixed Effects verworfen ($\chi^2 = 1004,7$; $p = 0,00$). Grund für die Ablehnung von Random Effects ist die Existenz einer Korrelation zwischen bankspezifischen Konstanten und Regressoren. Dies führt zu systematischen Unterschieden in den Ergebnissen der beiden Varianten und die Random-Effects-Schätzung würde daher zu verzerrten Koeffizienten führen. Somit stützt auch die empirische Evidenz die Verwendung von Fixed Effects.

Für die Schätzung von (13) wird der within-Schätzer (auch within-group-Schätzer oder Fixed-Effects-Schätzer genannt) verwendet. Bei diesem Verfahren werden die Parameter α_i und β_i durch Regression transformierter Daten bestimmt, die durch Subtraktion des individuellen, „gruppenspezifischen" (über die Zeit bestimmten) Mittelwertes von den ursprünglichen Werten der abhängigen und unabhängigen Variablen gewonnen werden, wodurch die Abhängigkeit von den individuellen Effekten u_i beseitigt wird. Die Veränderung der exogenen Variablen im Zeitablauf gegenüber ihren jeweiligen Mittelwerten führt zu einer Abweichung der endogenen Variablen gegenüber deren Mittelwert. Dies reflektiert das Verhalten der Bank als Reaktion auf Änderungen in der Umwelt der Bank, etwa einem Anstieg der Faktorpreise. Die bankspezifischen Variablen u_i dürfen dabei mit den Regressoren in (13) korrelieren, der hier gewählte Schätzer ist robust gegenüber jeder beliebigen Form von Korrelation zwischen diesen Größen. Um zu eindeutigen Ergebnissen zu gelangen bzw. die perfekte Multikollinearität der u_i mit dem (gemeinsamen) Absolutglied γ zu vermeiden, wird die Restriktion $\sum u_i = 0$ auferlegt.

Die Ergebnisse der Regression von (13) für das Sample aus 428 westdeutschen Sparkassen über 10 Jahre zeigt Tabelle 7.2.[216] Die Tabelle gibt die Koeffizienten der logarithmierten Variablen und somit die Elastizitäten der einzelnen Einflussgrößen sowie die zugehörigen robusten t- und p-Statistiken[217] an.

[215] Vgl. Hausman (1978).

[216] Detaillierte Regressionsergebnisse sind im Anhang, Tabelle 1 enthalten. Zu den Ergebnissen zählen ferner die - in diesem Fall 428 - bankspezifischen Konstanten, auf deren Angabe im Rahmen dieser Untersuchung aus Platzgründen generell verzichtet werden muss. Alle Regressionsergebnisse dieser Untersuchung wurden mit Stata 9.1 ermittelt.

[217] Die Standardabweichungen der Parameter sowie die darauf basierenden t- und p-Werte wurden auf der Grundlage des u.a. von Huber (1967) und White (1980) entwickelten Huber-White-Sandwich-Schätzers der

Tabelle 7.2: Regressionsergebnisse für das gesamte Sample

Variable	Koeffizient	t-Wert	p-Wert
lnFP1	0,307	15,62	0,000
lnFP2	0,181	5,79	0,000
lnFP3	0,013	1,98	0,048
lnEK	0,264	14,15	0,000
lnB	0,015	0,57	0,569
Konstante	8,581	67,63	0,000
F d. Regression		149,6	0,000
H	0,501	12,33	0,000
H=0#		152,0	0,000
H=1#		151,1	0,000

F- und p-Wert für Test auf H = 0 bzw. 1

Die Koeffizienten der Faktorpreise und der zusätzlichen Variablen zeigen das erwartete Vorzeichen, jedoch ist der Business-Mix-Indikator nicht signifikant. Die resultierende Panzar-Rosse-Statistik wird hauptsächlich vom Einlagenpreis beeinflusst, aber auch der Preis des Faktors Arbeit übt eine starke Wirkung aus. Der Preis des Sachkapitals spielt demgegenüber nur eine untergeordnete Rolle und ist außerdem lediglich auf dem 5-%-Niveau signifikant. Schließlich ist der ermittelte Gesamtzusammenhang hochsignifikant.[218]

Für die Panzar-Rosse-Statistik wird ein Wert von rund 0,5 ermittelt. Dies stimmt mit der Annahme eines Monopolistischen Wettbewerbs überein. Durch einen F-Test auf die Null-Hypothese H = 0 kann der Monopol-Fall verworfen werden.[219] Ebenso werden durch die Ablehnung der Vermutung H = 1 die Fälle des perfekten Wettbewerbs, des Monopols auf einem perfekt bestreitbaren Markt und der Fall des Umsatzmaximierers unter Null-Gewinn-Restriktion verworfen.

Varianz-Kovarianz-Matrix ermittelt. Sie sind daher gegenüber Heteroskedastizität und nicht-normalverteilten Residuen robust.

218 Die Ergebnisse im Anhang enthalten auch Angaben zum R^2 bzw. adjustierten R^2. Jedoch ist die Aussagekraft dieser Statistiken bei Panel-Regressionen, insbesondere mit vielen Firmen, begrenzt. Die aus der äquivalenten LSDV-Regression (least-squares-Schätzung mit individuellen Niveau-Dummies) gewonnenen Statistiken werden aufgrund der Vielzahl firmenspezifischer Effekte typischerweise sehr groß. Daher wird hier der F-Wert der Regression bzw. dessen p-Wert als Gradmesser für die Qualität des gefundenen Zusammenhangs verwendet.

219 Bei positiv geschätzten Werten für H wird mit H = 0 zugleich H < 0 verworfen.

7.1.2 Alternative Modellspezifikationen

Alternativ zum Business-Mix-Indikator B soll im Folgenden ein Indikator S für die Risikopolitik der Bank verwendet werden. Dieser ergibt sich aus Eins zuzüglich dem Quotienten aus dem Bewertungsergebnis des Kreditgeschäfts und der Bilanzsumme. Da regelmäßig Abwertungen einen größeren Umfang als Aufwertungen annehmen, ist das Bewertungsergebnis typischerweise negativ. Das Verhältnis dieses Bewertungsergebnisses zur Summe der Aktiva kann als Proxy für das Risiko aufgefasst werden, da es den Anteil der Vermögenswerte angibt, auf den die Bank verzichten muss, weil Zahlungsansprüche an die Kreditnehmer uneinbringlich werden. Je höher betragsmäßig dieser normalerweise negative Wert ist, desto riskanter die Kreditvergabepolitik der Bank. Anders gewendet: Je näher dieser Wert an Null liegt, desto sicherer die vergebenen Kredite. Addiert man nun Eins hinzu, ergibt sich ein einfach zu interpretierendes Maß für die Sicherheitsorientierung der Bank: Der Mittelwert von 0,997 für S (siehe Tabelle 7.3 unten) bedeutet beispielsweise, dass durchschnittlich nur 0,3 % der Aktiva in einem Jahr ausfallen. Man könnte S also auch als eine durchschnittliche jährliche Rückzahlungsquote der Bilanzsumme ansehen. Bei risikoorientierter Bepreisung von Krediten sollte ein höherer Grad an Sicherheit (oder, äquivalent dazu, ein geringeres Ausmaß an Riskantheit) im Portfolio der Bank zu geringeren Zinserträgen führen.

Während der Einlagenpreis sowie die Preise für menschliche Arbeit und Sachkapital (abgesehen von Unterschieden im Detail) seit den ersten Arbeiten von Shaffer praktisch einmütig[220] in der empirischen Literatur zur Bestimmung der Panzar-Rosse-Statistik bei Banken benutzt werden, wurde dem Preis des Eigenkapitals bisher keinerlei Aufmerksamkeit zuteil. In der Tat ist die Frage, ob Eigenkapital einen Produktionsfaktor darstellt, umstritten. In der regelmäßig vor allem an Unternehmen aus dem industriellen Bereich orientierten betriebs- und produktionswirtschaftlichen Literatur wird diese Frage zumeist verneint oder das Thema erst gar nicht explizit problematisiert.[221]

---

220 Eine Ausnahme stellt z.B. die Untersuchung von Murjan/Ruza (2002) dar, in der neben dem Faktorpreis der Einlagen nur ein weiterer Preis definiert wird, indem alle anderen Faktoren bzw. Faktoraufwendungen zusammengefasst werden. Dieser Preis wird festgelegt als Quotient aus der Summe der Nichtzinsaufwendungen und der Bilanzsumme.

221 Stellvertretend für viele andere sei hier auf die Diskussion in Busse von Colbe/Laßmann (1988) hingewiesen. So scheint Abbildung 2.1 dort nahezulegen, dass Produktionsfaktoren lediglich als Basis des Güterstroms innerhalb eines Unternehmens dienen - vgl. Busse von Colbe/Laßmann (1988), S. 21. Gemäß dem von diesen Autoren vorgeschlagenen und weithin beachteten „Klassifikationsschema für Produktionsfaktoren“ ist der

Gerade im Bankensektor existieren jedoch Gesichtspunkte, die für eine Einordnung des Eigenkapitals als Produktionsfaktor sprechen. Offensichtlich hat Eigenkapital die Funktion eines Puffers, der die Bank vor dem Eintreten einer Situation, in der die Ansprüche ihrer eigenen Gläubiger - etwa aufgrund des Ausfalles größerer Kredite - nicht mehr befriedigt werden können, bewahren kann.[222]

Zudem kann ebenso wie die Einlagen auch das zur Verfügung stehende Eigenkapital physisch (d.h. substantiell) in Kredite transformiert werden. So ist zumindest prinzipiell eine Bank als Produzent von Krediten vorstellbar, die zu 100 % eigenfinanziert ist. Für diese Bank sind Einlagen offensichtlich kein Produktionsfaktor (und die Entwicklung des Einlagenpreises dürfte für die Ermittlung der PR-Statistik keine Rolle spielen). Würde eine solche Bank deshalb nicht auf steigende Zinsen reagieren? Eine solche Vermutung wäre wenig überzeugend, denn auch die Rendite-Forderungen der Eigenkapitalgeber würden auf ein geändertes Zinsumfeld reagieren. Darüber hinaus erfüllt Eigenkapital, selbst wenn es nicht Teil der vergebenen Kredite wird, sondern in Form von Liquidität vorhanden ist, eine bankbetriebliche Funktion (Sicherung der Zahlungsfähigkeit).

Schließlich knüpfen in allen entwickelten Ländern Vorschriften bezüglich der Regulierung der geschäftlichen Aktivitäten einer Bank an deren Eigenkapitalbasis an. Mit der Einführung stärker risikoabhängiger Eigenkapitalanforderungen im Rahmen des Basel-II-Prozesses wurde dieser Aspekt noch einmal verstärkt. Demnach muss für jede Kreditvergabe eine bestimmte Menge an Eigenkapital vorhanden sein.

Faktor-Begriff tatsächlich jedoch weiter gefasst. So werden diese in den „dispositiven Faktor", „Elementar-Faktoren" und „Zusatzfaktoren der Unternehmung" eingeteilt. Zu Letzteren werden auch die „Leistungen von Kreditinstituten" gerechnet, für die Zinsen zu entrichten seien - vgl. Busse von Colbe/Laßmann (1988), S. 81 ff. Die Leistungen von Eigenkapitalgebern zählen augenscheinlich jedoch nicht dazu.
In der Gliederung der Produktionsfaktoren nach Wittmann (1977) finden, wie bei vielen anderen Autoren, die Leistungen von Kapitalgebern hingegen generell keinen Platz - vgl. Wittmann (1977), S. 589 f. Differenzierter erfolgt die Diskussion in Weber (1980). Er sieht „Geld", wozu er Eigen- und Fremdkapital zählt, nicht als unmittelbar für die Produktion erforderlich an und würde es daher allenfalls in einem mittelbaren, indirekten Sinne als Produktionsfaktor bezeichnen, der den (eigentlichen) Produktionsfaktoren vorangestellt oder vorgeordnet sei - vgl. Weber (1980), S. 1062 und 1066.

[222] So besteht schon für Lipfert (1960) in Kreditinstituten „das System der Betriebsfaktoren aus den Elementarfaktoren menschliche Arbeitsleistung und sachliche Betriebsmittel, dem Regiefaktor Finanzierungsmittel und dem Sicherungsfaktor Kapital" (Lipfert (1960), S. 27). Unter „Finanzierungsmittel" versteht er sowohl Einlagen als auch „Kredithergaben", „Kapital" meint hier erkennbar Eigenkapital.

Im produktionswirtschaftlichen Sinne könnte man daher Eigenkapital sowohl als Potentialfaktor (da es das Kreditvergabepotential determiniert) als auch als Verbrauchsfaktor (da es in die erstellten Produkte substantiell eingeht) interpretieren.[223] Es stellt in jedem Fall eine knappe Ressource dar und kann als ein bedeutender Faktor in der Produktionstechnologie einer Bank angesehen werden.[224] Obwohl die Menge des Eigenkapitals bereits gelegentlich als Inputgröße in empirischen Studien zu Kostenfunktionen von Banken berücksichtigt wurde,[225] wurde der Preis des Eigenkapitals im Rahmen der empirischen Implementierung des Panzar-Rosse-Ansatzes bisher nicht beachtet.

Als Proxy für den Faktorpreis des Eigenkapitals FP4 wird der Quotient aus Betriebsergebnis und vorhandenem Eigenkapital definiert. Dabei umfasst das Betriebsergebnis das Ergebnis aus der gewöhnlichen Geschäftstätigkeit der Bank vor Steuern.[226] Tabelle 7.3 enthält deskriptive Statistiken dieser Größe. Demnach betrug das durchschnittliche Betriebsergebnis 19,8 % des eingesetzten Eigenkapitals, wobei die Streuung beträchtlich ist.

Tabelle 7.3: Deskriptive Statistiken des Eigenkapitalpreises und des Sicherheitsindikators

Variable	Mittelwert	Standard-abweichung	Minimum	Maximum	5. Perzentil	95. Perzentil
FP4	0,198	0,111	-0,777	0,740	0,028	0,381
S	0,997	0,003	0,951	1,020	0,991	1,001

Darauf aufbauend werden im Folgenden drei weitere Modelle untersucht. Modell II berücksichtigt den Faktor Eigenkapital bei der Ermittlung der Panzar-Rosse-Statistik. Daher wird das durch Gleichung (13) gegebene Modell I um den Faktorpreis des Eigenkapitals erweitert:

$$\ln ZE_{it} = \sum_{j=1}^{4} \alpha_j \ln FPj_{it} + \beta_1 \ln EK_{it} + \beta_2 \ln B_{it} + \gamma + \varepsilon_{it}. \quad (16)$$

[223] Zu den Begriffen Potentialfaktor und Verbrauchsfaktor vgl. etwa Schneeweiß (2002), S. 34 f.

[224] So in neuerer Zeit beispielsweise auch Büschgen/Börner (2003), S. 31 ff. und Hughes/Mester/Moon (2001), S. 2174.

[225] Vgl. Hughes/Mester (1993), Hughes/Mester (1998) und Hughes/Mester/Moon (2001).

[226] Zur genaueren Abgrenzung dieser Größe vgl. die Ausführungen in Kapitel 6.3.

Modell III entsteht aus Modell I durch Verwendung des Sicherheitsindikators anstelle des Business-Mix-Indikators:

(17) $$\ln ZE_{it} = \sum_{j=1}^{3} \alpha_j \ln FPj_{it} + \beta_1 \ln EK_{it} + \beta_2 \ln S_{it} + \gamma + \varepsilon_{it}.$$

Schließlich wird im Modell IV sowohl der Sicherheitsindikator als auch der Faktorpreis des Eigenkapitals berücksichtigt:

(18) $$\ln ZE_{it} = \sum_{j=1}^{4} \alpha_j \ln FPj_{it} + \beta_1 \ln EK_{it} + \beta_2 \ln S_{it} + \gamma + \varepsilon_{it}.$$

Tabelle 7.4 auf der folgenden Seite fasst die Ergebnisse der Regression dieser drei Modelle sowie zur besseren Vergleichbarkeit auch jene des ersten Modells zusammen. Da FP4 in einigen Fällen negative Werte annimmt und der Logarithmus negativer Zahlen nicht existiert, gehen die entsprechenden Beobachtungen für die Schätzung verloren (ca. 2,5 % der Beobachtungen). Der Einfluss des Eigenkapitalpreises in den Modellen II und IV ist signifikant und insgesamt etwas stärker als der des Sachkapitals. Erwartungsgemäß reduziert ein höherer Grad an Sicherheit in den Modellen III und IV die Zinserträge. Die ermittelte Panzar-Rosse-Statistik erscheint robust gegenüber den einzelnen Modellvarianten. Nimmt man Modell I mit einem Wert von rund 0,5 als Referenz, so bewegen sich die Differenzen innerhalb der einfachen Standardabweichung.[227] Das Verhalten der Kreditinstitute ist offenbar weit entfernt von dem eines Monopolisten und dem Verhalten unter den Bedingungen des perfekten Wettbewerbs. Die Ergebnisse weisen vielmehr auf ein Verhalten der Institute entsprechend dem Modell der monopolistischen Konkurrenz hin.

[227] Die geschätzten Standardabweichungen sowie weitere detaillierte Regressionsergebnisse enthalten die Tabellen 1 bis 4 im Anhang.

Tabelle 7.4: Regressionsergebnisse für die Modelle I bis IV

Modell	**I**	**II**	**III**	**IV**
lnFP1	0,307*** (15,62)	0,311*** (15,57)	0,283*** (14,18)	0,287*** (14,46)
lnFP2	0,181*** (5,79)	0,202*** (6,20)	0,175*** (5,83)	0,205*** (6,64)
lnFP3	0,013** (1,98)	0,012* (1,94)	0,016** (2,44)	0,015** (2,45)
lnFP4		0,014*** (6,45)		0,021*** (8,38)
lnEK	0,264*** (14,15)	0,281*** (14,09)	0,250*** (13,55)	0,277*** (14,30)
lnB	0,015 (0,57)	0,018 (0,65)		
lnS			-3,443*** (-9,89)	-4,904*** (-11,16)
Konstante	8,581*** (67,63)	8,358*** (59,08)	8,656*** (78,98)	8,300*** (67,27)
Beobachtungen	4280	4172	4280	4172
F d. Regression	149,6	127,9	171,4	143,1
H	0,501***	0,540***	0,474***	0,528***
H=0#	152,0	160,9	147,2	172,6
H=1#	151,1	116,3	181,5	137,5

Bemerkungen:

Robuste t-Werte in Klammern,
***, ** und * kennzeichnen Signifikanz auf dem Niveau von 1 %, 5 % und 10 %.
F-Wert für Test H = 0 bzw. 1.

Methode: Robuste Fixed-Effects-Regression

abhängige Variable: Zinserträge
unabhängige Variablen:
FP1 Faktorpreis der Einlagen
FP2 Faktorpreis der Arbeit
FP3 Faktorpreis des Sachkapitals
FP4 Faktorpreis des Eigenkapitals
EK Eigenkapital
B Business-Mix-Indikator
S Sicherheitsindikator

7.1.3 Gleichgewichtstests

Für die Interpretation der empirischen Resultate ist die Annahme notwendig, dass die Beobachtungen im langfristigen Gleichgewicht erfolgten, da dies eine Voraussetzung für die theoretische Ableitung der Panzar-Rosse-Statistik in den Fällen des vollkommenen sowie des monopolistischen Wettbewerbs darstellt. Dies heißt nicht, dass im gesamten Untersuchungszeitraum ein und dasselbe Marktgleichgewicht bestanden haben müsste. Vielmehr bedeutet es, dass die Beobachtungen jeweils in einem Gleichgewichtszustand vorgenommen wurden, die Gleichgewichtszustände selbst können sich jedoch (im Zeitablauf) durchaus voneinander unterscheiden. Ein Übergangszustand zwischen den Gleichgewichten ist dadurch gekennzeichnet, dass die im Markt befindlichen Unternehmen nicht in der Lage sind, eine Erhöhung der Faktorpreise auf die Kunden zu überwälzen. Dies führt zu einem Rückgang der Gewinne, weshalb schließlich einzelne Unternehmen den Markt verlassen. Dieser Prozess vollzieht sich so lange, bis sich ein neues Gleichgewicht einstellt (keine weiteren Marktaustritte). Dies ist erreicht, wenn die erzielten Renditen dem von der Gesamtökonomie vorgegebenen Niveau entsprechen.

Gemäß dem Vorschlag von Shaffer (1982a) wird daher eine Regression mit dem Return-on-Assets (ROA) als abhängiger Variable durchgeführt. Der ROA ergibt sich aus dem Verhältnis der Summe von Ergebnis und Zinsaufwendungen zur Bilanzsumme. Die Summe der Faktorpreiselastizitäten in dieser Gleichgewichtsregression wird mit HG benannt. Somit entspricht ein HG < 0 einem Übergangszustand.

Alternativ kann man argumentieren, dass diejenigen, die über den Markteintritt oder -austritt einer Firma entscheiden (Eigentümer, angestellte Manager), ihre Entscheidung eher auf der Grundlage der Nettorendite des Eigenkapitals treffen. Hier gilt die gleiche Argumentation, wonach ein Ungleichgewicht dadurch identifiziert wird, dass ein Faktorpreisanstieg zu einem Rückgang der Renditen führt. Deshalb wird ergänzend auch der Return-on-Equity (ROE), definiert als Quotient aus Nachsteuerergebnis und eingesetztem Eigenkapital, als abhängige Variable für den Gleichgewichtstest benutzt. Die empirischen Ergebnisse weisen darauf hin, dass die Gleichgewichtsannahme in diesem Sample erfüllt ist.[228]

[228] Die Tabellen 5 und 6 im Anhang zeigen die Ergebnisse der ROA- und ROE-Regression entsprechend dem Modell III. Die Ergebnisse der anderen Modellvarianten sind den hier präsentierten Resultaten sehr ähnlich und werden deshalb ausgelassen. In keinem Fall ergeben sich signifikant negative Werte für HG.

7.1.4 Einfluss der Größe

Im Folgenden wird untersucht, ob die durch die Panzar-Rosse-Statistik gemessene Wettbewerbsintensität zwischen Kreditinstituten unterschiedlicher Größe differiert. Dazu ist zuerst die Wahl eines geeigneten Gradmessers für die Betriebsgröße einer Bank zu treffen. In der Literatur besteht keine Einigkeit darüber, welche Kennzahl, verstanden als ein Maß für die Produktionskapazität der Bank, deren Größe bestmöglich reflektiert.

Als Maßstab für die Firmengröße wird hier zunächst der Eigenkapitalausstattung der Vorzug gegenüber der insbesondere in der öffentlichen Wahrnehmung dominierenden Bilanzsumme[229] gegeben, da Letztere durch Geschäfte am Interbankenmarkt stark aufgebläht werden kann und daher nicht notwendigerweise die tatsächliche ökonomische Aktivität einer Bank reflektiert.[230] In stärker heterogenen Datensätzen mit Banken, die unterschiedliche Rechtsformen aufweisen und / oder divergierenden Rechnungslegungsvorschriften unterliegen, mag die Verwendung des Eigenkapitals als Indikator weniger adäquat erscheinen, sie ist unter diesen Gesichtspunkten für den hier vorliegenden Datensatz jedoch unproblematisch. Da sie an den Finanzierungsmitteln von Banken den größten Anteil besitzen, wurden in der Vergangenheit verschiedentlich auch die Kundeneinlagen, d.h. die Einlagen von Nichtbanken, sowie die Gesamteinlagen als Größenkennzahlen verwendet.[231]

Eine umfangreiche Diskussion möglicher Kriterien für die Betriebsgröße einer Bank erfolgt in Baxmann (1995). Er plädiert dafür, neben dem sogenannten „liquiditätsmäßig-finanziellen Bereich“, dem alle vorgenannten Kennzahlen angehören, auch Kriterien des „technisch-

229 Die zumeist jährlich aufgestellten Ranglisten der größten Kreditinstitute, die in der allgemeinen Wirtschaftspresse wie in Fachzeitschriften des Bankbereichs regelmäßig veröffentlicht werden, orientieren sich nahezu ausschließlich an der Bilanzsumme. Andere Kennzahlen werden zwar mitunter ebenfalls angeführt, jedoch eher als zusätzliche Informationen, die die Reihenfolge nicht beeinflussen - vgl. exemplarisch o.V. (2002b), S. 496 ff.

230 Sowohl das Eigenkapital als auch die Bilanzsumme unterliegen als Größenmaßstab der Kritik. So bezeichnen Akhavein/Berger/Humphrey beide als „a crude indicator of bank scale“ (Akhavein/Berger/Humphrey (1997), S. 102) bzw. „crude measures of bank size“ (Akhavein/Berger/Humphrey (1997), S. 113).

231 Zur Kritik an den Einlagen als Größenmaßstab vgl. Bräutigam (1972), S. 46 f. Er hält darüber hinaus sowohl die Bilanzsumme als auch einzelne Passivpositionen der Bankbilanz als Kapazitätsmaßstab für nur wenig aussagefähig. Für ihn führt „der theoretisch richtige Weg zur Kapazitätsbestimmung im finanziellen Bereich von Kreditinstituten ... allein über die Überschussreserve als Grundlage einer jeden Kreditgewährung“ (Bräutigam (1972), S. 49). Jedoch konstatiert schließlich auch er, dass obwohl diese Vorgehensweise theoretischen Ansprüchen genüge, sie jedoch vor allem aufgrund fehlender Daten wenig geeignet sei und daher in empirischen Untersuchungen einzelne Passivpositionen oder die Bilanzsumme als Kapazitätsmaßstäbe zugrundegelegt werden müssen - vgl. Bräutigam (1972), S. 49.

organisatorischen Bereichs“ zu berücksichtigen. Insbesondere das Volumen an Personal- und Sachkosten erscheint ihm als ein geeigneter Indikator für den leistungsbedingten Faktoreinsatz und damit für die Betriebsgröße.[232] Alternativ zum Eigenkapital werden daher auch die Bilanzsumme, die Einlagen und der Verwaltungsaufwand als Kriterien für die Größenbestimmung herangezogen.

Zunächst wird das gesamte Sample in Abhängigkeit des durchschnittlichen Eigenkapitals einer Bank während des Beobachtungszeitraums in zwei Klassen geteilt. Die Verwendung des durchschnittlichen Eigenkapitals bewirkt dabei die eindeutige Zuordnung jedes Instituts auf eine bestimmte Größenklasse für den gesamten Zeitraum (die Subsamples aus großen und kleinen Banken sind daher jeweils Balanced Samples).[233] Es wird somit unterstellt, dass sich das Verhalten eines Instituts nicht abrupt ändert, wenn es in eine andere Klasse „hineinwächst“.

Als Basis für die Trennung zwischen kleinen und großen Banken ist sowohl ein relatives Kriterium, zum Beispiel in Form eines Quantils der Verteilung, als auch ein fester absoluter Wert denkbar. Eine relative Abgrenzung bietet den Vorteil der besseren Vergleichbarkeit mit den Ergebnissen, die auf der Basis alternativer Größenkennzahlen ermittelt werden. Zur Abgrenzung zwischen den kleinen und großen Banken wird das erste Quartil der Verteilung verwendet. Tabelle 7.5 fasst Informationen über die Größenklassen zusammen.

Tabelle 7.5: Größenklassen

Klasse	Eigenkapital in Mio. €	Anzahl Banken	Anteil im gesamten Sample
Klein	$\leq 23{,}1$	107	25 %
Groß	$> 23{,}1$	321	75 %

[232] Vgl. Baxmann (1995), S. 37 f.

[233] Es ist anzumerken, dass die Behandlung von fusionierten Instituten als ein Institut im Datenmaterial den Nachweis von Unterschieden zwischen den Größenklassen erschwert, da kleine Institute fusionsbedingt die Schwelle zu den großen Instituten überschreiten können, und so - obwohl möglicherweise im überwiegenden Teil des Untersuchungszeitraums als kleine Institute agierend - nun als groß erscheinen.

Um mögliche Unterschiede zwischen den Klassen festzustellen, werden die zuvor erörterten Regressionen mit Interaktionstermen für die Subsamples aus kleinen und großen Banken durchgeführt. Die Regressionsgleichung für Modell I für das entsprechende „genestete" Regressionsmodell zeigt Formel (19), wobei dl (dummy large) und ds (dummy small) die Dummy-Variablen für die jeweilige Größenklasse darstellen, d.h. für kleine Banken ist dl Null und ds ist Eins, entsprechend gilt das Entgegengesetzte für große Banken. Durch die Berücksichtigung aller Interaktionsterme in einer Regression kann sowohl auf die Signifikanz der geschätzten Parameter als auch auf die Signifikanz der Unterschiede zwischen den Klassen direkt getestet werden.

(19)
$$\begin{aligned}\ln ZE_{it} &= \sum_{j=1}^{3} \alpha_{jl} \, dl \ln FPj_{it} + \beta_{1l} \, dl \ln EK_{it} + \beta_{2l} \, dl \ln B_{it} \\ &+ \sum_{j=1}^{3} \alpha_{js} \, ds \ln FPj_{it} + \beta_{1s} \, ds \ln EK_{it} + \beta_{2s} \, ds \ln B_{it} + \gamma + \varepsilon_{it}\end{aligned}$$

In analoger Weise werden die Regressionsgleichungen der anderen Modelle durch Interaktionsterme ergänzt. Tabelle 7.6 zeigt die Regressionsergebnisse und die resultierenden Werte für die Panzar-Rosse-Statistik für beide Größenklassen.[234]

(Tabelle auf Folgeseite)

[234] Detaillierte Regressionsergebnisse enthalten die Tabellen 7 bis 10 im Anhang.

Tabelle 7.6: Ergebnisse der Regression für kleine und große Banken

Modell	**I**	**II**	**III**	**IV**
Groß				
lnFP1	0,339*** (14,07)	0,348*** (14,16)	0,320*** (12,91)	0,323*** (13,03)
lnFP2	0,221*** (5,88)	0,250*** (6,32)	0,215*** (5,87)	0,247*** (6,48)
lnFP3	0,015* (1,87)	0,013* (1,72)	0,018** (2,26)	0,017* (2,28)
lnFP4		0,014*** (5,51)		0,019*** (6,75)
lnEK	0,248*** (10,19)	0,266*** (10,28)	0,237*** (9,83)	0,262*** (10,32)
lnB	0,003 (0,09)	0,011 (0,34)		
lnS			-2,623*** (-7,08)	-4,128*** (-8,50)
Klein				
lnFP1	0,202*** (6,33)	0,198*** (6,03)	0,175*** (5,56)	0,185*** (5,84)
lnFP2	0,123** (2,13)	0,124** (2,07)	0,117** (2,19)	0,141*** (2,61)
lnFP3	-0,002 (-0,21)	-0,000 (-0,03)	0,000 (0,03)	0,000 (0,02)
lnFP4		0,015*** (3,08)		0,024*** (4,56)
lnEK	0,290*** (11,32)	0,306*** (10,93)	0,268*** (10,57)	0,302*** (11,27)
lnB	0,021 (0,47)	0,008 (0,18)		
lnS			-4,849*** (-7,71)	-6,430*** (-6,93)
Konstante	8,583*** (65,43)	8,359*** (57,30)	8,665*** (75,15)	8,317*** (64,16)
Beobachtungen	4280	4172	4280	4172
F d. Regression	84,3	70,0	101,6	80,8
H Groß	0,575***	0,625***	0,553***	0,606***
H Klein	0,323***	0,336***	0,293***	0,350***
Diff H#	0,251***	0,289***	0,260***	0,256***

Bemerkungen: Robuste t-Werte in Klammern,
***, ** und * kennzeichnen Signifikanz auf dem Niveau von 1 %, 5 % und 10 %.
Differenz der H-Werte für große und kleine Banken.

Die geschätzte Panzar-Rosse-Statistik von rund 0,58 (im Modell I) für die hier als groß bezeichneten Banken unterscheidet sich aufgrund der Dominanz dieser Banken im Sample erwartungsgemäß nicht wesentlich vom vorhergehenden Ergebnis für das gesamte Sample (0,5 im Modell I). Kleine Banken hingegen weisen eine PR-Statistik von nur 0,32 auf. Die Differenz in Höhe von 0,25 zu den großen Banken ist hochsignifikant. Dieser systematische Unterschied in der PR-Statistik ist in allen Modellen präsent. Er beruht nicht nur auf der geringeren Einlagenpreiselastizität, sondern auch auf der verminderten Elastizität des Arbeitspreises sowie - allerdings in deutlich geringerem Ausmaß - auch auf der des Sachkapitalpreises. Letzterer scheint für kleine Banken bedeutungslos zu sein. Lediglich der Preis des Eigenkapitals trägt bei großen und kleinen Banken in etwa gleichem Ausmaß zur PR-Statistik bei. Im Hinblick auf die zusätzlichen Variablen bestehen keine signifikanten Unterschiede im Einfluss des Eigenkapitals. Gleiches gilt für den Business-Mix-Indikator, der ferner in allen Fällen nicht signifikant ist. Der Indikator für die Sicherheit des Portfolios der Bank weist einen stärkeren Einfluss auf die Zinserträge für kleine als für große Banken auf. Dies könnte beispielsweise auf ein stärker risikoorientiertes Preissetzungsverhalten dieser Banken hinweisen.

Um zu überprüfen, ob die Ergebnisse auch bei einer Größenabgrenzung auf Basis anderer Kennzahlen bestehen bleiben, wird nachfolgend die Teilung des Samples auf der Grundlage der Bilanzsumme, des Verwaltungsaufwands sowie der Einlagen von Nichtbanken und der gesamten Einlagen (jeweils Durchschnittswerte für den Beobachtungszeitraum) vorgenommen. Um die Vergleichbarkeit mit den obigen Befunden zu wahren, fungiert dabei wieder das 1. Quartil der jeweiligen Verteilung als Trenner zwischen kleinen und großen Banken.[235]

Die Untersuchung konzentriert sich auf die Modelle I und IV und die bezüglich der Panzar-Rosse-Statistik erzielten Resultate.[236] Die nachfolgende Tabelle 7.7 zeigt die Auswirkungen der unterschiedlichen Größendefinition auf Basis der oben diskutierten alternativen Maße. Sieht man von den Kundeneinlagen ab, die offenbar kein geeignetes Größenkriterium darstellen, da sie (beinahe) ohne Aufwand durch Einlagen anderer Kreditinstitute ersetzt bzw. ergänzt werden können und daher erst die Gesamteinlagen ein stimmiges Bild bieten, so

[235] Das erste Quartil der Verteilung entspricht auf Basis der Bilanzsumme 517,7 Mio. €, Verwaltungsaufwand 10,7 Mio. €, Einlagen von Nichtbanken 353,4 Mio. € und Gesamteinlagen 459,8 Mio. €.

[236] Detaillierte Ergebnisse enthalten die Tabellen 11 bis 18 im Anhang.

bewegen sich die Ergebnisse in einem engen Rahmen um die auf der Grundlage der Eigenkapitalausstattung gewonnenen Ergebnisse. Dies gilt sowohl für die Ergebnisse der beiden Gruppen als auch für die gemessene Differenz. Das Viertel der kleinsten Banken weist durchweg eine PR-Statistik auf, die deutlich geringer ist als diejenige der größeren Banken. Zusammenfassend dürfen die Ergebnisse als robust gegenüber den verschiedenen Varianten der Definition der Betriebsgröße einer Bank gelten.

Tabelle 7.7: Ergebnisse der Regression mit Größenklassen auf der Grundlage alternativer Größenkennzahlen

		Größenkennzahl			
		Bilanzsumme	Verwaltungsaufwand	Einlagen v. Nichtb.	Gesamteinlagen
Modell I	H Groß	0,562***	0,567***	0,538***	0,558***
	H Klein	0,342***	0,346***	0,402***	0,350***
	Diff H	0,220**	0,221**	0,136	0,208**
Modell IV	H Groß	0,592***	0,600***	0,570***	0,570***
	H Klein	0,386***	0,378***	0,444***	0,365***
	Diff H	0,205**	0,222***	0,126	0,204**

***, ** und * kennzeichnen Signifikanz auf dem Niveau von 1 %, 5 % und 10 %.

Im Lichte der bisherigen Ergebnisse konzentrieren sich die nachfolgenden Betrachtungen wieder auf das Modell I sowie das Eigenkapital als Größenkennzahl. Gliedert man die Klasse der kleinen Banken, für die oben eine Panzar-Rosse-Statistik von rund 0,32 ermittelt wurde, noch einmal in zwei Hälften, so zeigt sich, dass die kleinsten Institute (mithin das erste Achtel) mit einem Wert von 0,25 über die stärkste Wettbewerbsposition verfügen. Das zweite Achtel besitzt immerhin noch einen Wert von 0,43.[237]

Dass neben der Größe auch andere Faktoren für die Wettbewerbsposition verantwortlich sein könnten, darauf deutet Abbildung 7.1 hin. Die Institute innerhalb des sogenannten Interquartilsabstandes (d.h. zwischen dem ersten und dem dritten Quartil der Verteilung) wurden dabei den mittleren Banken zugeordnet, die noch größeren Institute bilden hier die Gruppe der

[237] Detaillierte Ergebnisse im Anhang, Tabellen 19 und 20.

großen Banken. Im Gegensatz zum Viertel der kleinsten Banken kann sich das größte Viertel nicht von den Banken mittlerer Größe absetzen.[238] Zunehmende Größe verbessert die Wettbewerbsposition somit nicht.

Abbildung 7.1: Panzar-Rosse-Statistik für kleine, mittlere und große Banken

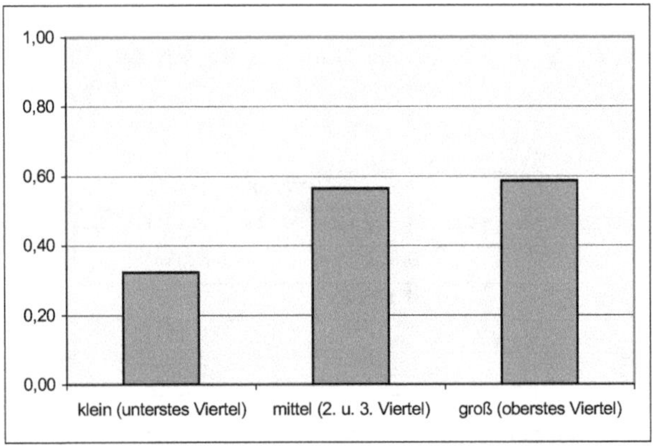

7.1.5 Zeitlicher Verlauf

Bei der Unterteilung eines gegebenen Beobachtungszeitraums in Teilperioden oder einzelne Jahre[239] zeigt sich oft ein erratisches, sprunghaftes Verhalten der für diese Zeiträume ermittelten Panzar-Rosse-Statistik.[240] Einige Autoren begegnen dem durch Einführung eines logistischen, quadratischen oder exponentiellen Trends,[241] um zu den gewünschten graduellen Veränderungen der PR-Statistik im Zeitablauf zu gelangen. Diese ad-hoc-Restriktionen lassen sich jedoch nur schwer plausibel begründen und können einen gewissen künstlichen Charak-

[238] Detaillierte Ergebnisse im Anhang, Tabellen 21 und 22.

[239] Regressionen für einzelne Jahre stellen reine Querschnittsregressionen dar, in denen die eigentliche Panel-Struktur der Daten nicht beachtet wird. Daher können beispielsweise bankspezifische Effekte nicht berücksichtigt werden. Letztlich handelt es sich bei diesen Regressionen um die Schätzung eines gänzlich anderen ökonometrischen Modells.

[240] Vgl. etwa die entsprechenden Resultate von Molyneux/Lloyd-Williams/Thornton (1994) und Vesala (1995). De Bandt und Davis bemerken hierzu: „We verified for our sample the common observation that year-to-year-results are somewhat volatile." - De Bandt/Davis (2000), S. 1057.

[241] Vgl. Bikker/Groeneveld (2000), S. 70 f., De Bandt/Davis (2000), S. 1051 und Bikker/Haaf (2002b), S. 2196 f.

ter nicht verleugnen. Darüber hinaus hat die Einführung dieser Zeittrends die Ergebnisse kaum verändert[242] oder die geschätzten Parameter der unterstellten Trends waren in der Mehrzahl der untersuchten Fälle nicht signifikant[243].

Um trotzdem eine Indikation für die zeitliche Entwicklung der Wettbewerbsintensität zu geben, soll daher hier ein anderer Weg auf der Basis eines beweglichen Zeitfensters (Moving Window) beschritten werden. Der Untersuchungszeitraum wird dazu in rollierende 3-Jahres-Abschnitte unterteilt und die PR-Statistik für diese Zeiträume bestimmt.[244] Als PR-Statistik eines bestimmten Jahres soll der Durchschnitt der in den einzelnen Regressionen ermittelten Werte gelten, zu denen das betreffende Jahr beiträgt. Die PR-Statistik für das Jahr 1995 ergibt sich somit als Durchschnitt der Ergebnisse der drei Regressionen für 1993 bis 1995, 1994 bis 1996 und 1995 bis 1997. Diese Vorgehensweise bietet den Vorteil, dass eine gewisse Glättung erreicht wird, die das Erkennen genereller Entwicklungstendenzen erleichtert, ohne dem Verlauf der PR-Statistik eine vorgegebene funktionale Form aufzuzwingen. Darüber hinaus können einzelnen Zeitpunkten konkrete Werte zugewiesen werden. Die Schätzung in Form eines Fixed-Effects-Modells kann dabei im Gegensatz zu den (problematischen) Querschnittsregressionen grundsätzlich beibehalten werden. Für jeweils zwei Jahre am Anfang und Ende des Untersuchungszeitraums können unvermeidlich keine Werte angegeben werden. Aufgrund der anderen Ermittlungsmethode sind die Ergebnisse in ihrer absoluten Höhe mit den bisherigen Resultaten nicht vergleichbar, sie können jedoch Hinweise auf die relative Bewegung im Untersuchungszeitraum geben.

Abbildung 7.2 zeigt die zeitliche Entwicklung des so bestimmten Wettbewerbsindikators aufgrund der Modellspezifikationen I und IV. Während in der ersten Hälfte des Beobachtungszeitraums der Wettbewerbsdruck demnach für die Banken weitgehend konstant oder sogar leicht rückläufig gewesen ist, hat er ab 1998 zugenommen. Für die Spezifikationen I und IV zeigen sich dabei nur geringfügige Unterschiede in den Ergebnissen. Insgesamt erscheint die Situation im gesamten Zeitraum vereinbar mit dem Modell des monopolistischen Wettbewerbs.

---

242 Vgl. Bikker/Groeneveld (2000), S. 75.

243 Vgl. De Bandt/Davis (2000), S. 1062 und Bikker/Haaf (2002b), S. 2201.

244 Die aus diesen Regressionen jeweils resultierenden Ergebnisse im Hinblick auf die Panzar-Rosse-Statistik sind im Anhang in den Tabellen 23 bis 28 festgehalten.

Abbildung 7.2: Zeitliche Entwicklung des Wettbewerbsindikators

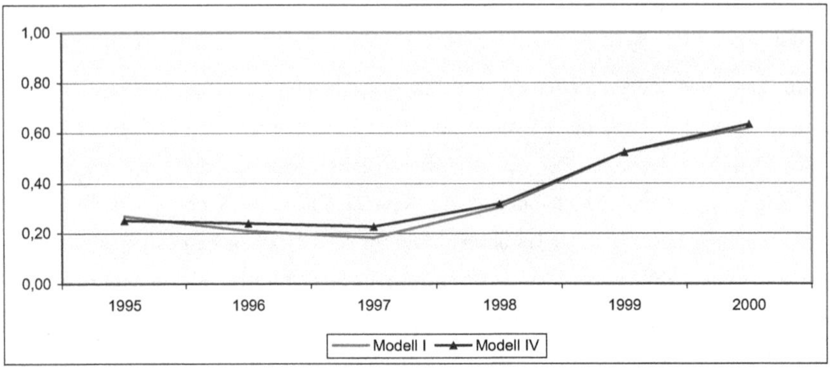

Die folgende Abbildung 7.3 stellt die Entwicklung differenziert für kleine und große Institute dar. Dabei gelten wie zuvor die untersten bzw. obersten 25 % des Samples - gemessen am Eigenkapital - als „klein" bzw. „groß". Erwartungsgemäß bewegen sich große Banken in einem wettbewerbsintensiveren Umfeld als die kleineren Institute. In der zweiten Hälfte des Untersuchungszeitraums ist der Wettbewerbsdruck für die großen Banken offenbar gestiegen. Dies gilt in einem noch größeren Ausmaß auch für die kleinen Institute. Die Differenz zwischen diesen Gruppen hat sich dadurch von rund 0,3 auf etwa 0,1 verringert. Während die unterschiedlichen Spezifikationen für große Banken zu keinen nennenswerten Unterschieden in den Ergebnissen führen, scheint bei den kleinen Instituten die aufgrund des Modells IV angezeigte Wettbewerbsintensität durchweg etwas größer zu sein als jene, die im Modell I bestimmt wurde. Das Verhalten der kleinen Institute kann zumindest gemäß Modell I vorübergehend auch kompatibel mit der Vorstellung des monopolistischen Verhaltens gewesen sein. Bei der Betrachtung ist allerdings zu berücksichtigen, dass die Ergebnisse mit erheblichen Unsicherheiten (Standardabweichung der PR-Statistik bei der Schätzung für die einzelnen Gruppen regelmäßig zwischen ca. 0,1 und 0,15) behaftet sind.

Abbildung 7.3: Zeitliche Entwicklung des Wettbewerbsindikators für kleine und große Banken

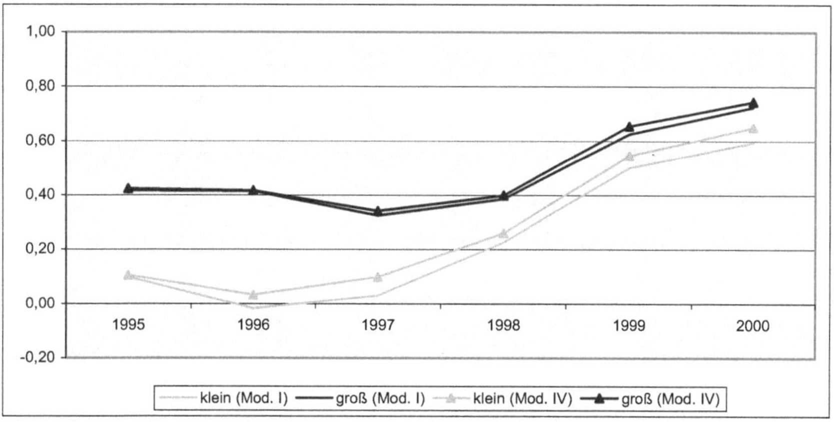

7.1.6 Einbeziehung der Provisionserträge

Bisher wurde entsprechend der Sichtweise des (strengen) Intermediationsansatzes die Vergabe von Krediten als einziges Produkt einer Bank angenommen. Tatsächlich existiert jedoch mit dem Provisionsgeschäft eine weitere Ertragsquelle, deren Bedeutung in den letzten Jahren für die Geschäftstätigkeit der Kreditinstitute insgesamt zugenommen hat. Daher wird nun der Begriff des Outputs einer Bank weiter gefasst und neben dem Zins- auch das Provisionsgeschäft berücksichtigt. Auf dieser Grundlage soll untersucht werden, ob durch die Einbeziehung des Provisionsgeschäftes ein anderes Bild von der Wettbewerbssituation gezeichnet wird.

Für die 428 westdeutschen Sparkassen in diesem Sample hat sich der Anteil der Provisionserträge an der Summe aus Zins- und Provisionserträgen von 1993 bis 2002 von durchschnittlich ca. 6,3 % auf 8,6 % erhöht. Im Mittel entfielen während dieses Zeitraums rund 7,7 % der

Gesamtsumme auf die Provisionserträge. Der Höchstwert wurde dabei im Jahr 2000 mit 9,4 % erreicht.

Im Folgenden bildet die Summe aus Zins- und Provisionserträgen ZPE jeweils die abhängige Variable, die unabhängigen Variablen bleiben unverändert. Somit lautet die zu schätzende Gleichung beispielsweise für Modell I:

$$\ln ZPE_{it} = \sum_{j=1}^{3} \alpha_j \ln FPj_{it} + \beta_1 \ln EK_{it} + \beta_2 \ln B_{it} + \gamma + \varepsilon_{it}. \quad (20)$$

In entsprechender Weise ergeben sich die Regressionsgleichungen für die anderen Modelle.

Die Tabelle 7.8 fasst die Ergebnisse dieser Schätzungen zusammen.[245] Die Koeffizienten aller Faktorpreise sowie die des Eigenkapitals und des Sicherheitsindikators sind signifikant. Lediglich der Business-Mix-Indikator übt keinen signifikanten Einfluss auf die abhängige Variable aus. Die resultierende Panzar-Rosse-Statistik ist überaus robust gegenüber den einzelnen Modellvarianten. Die Ergebnisse sprechen für ein Verhalten der Institute entsprechend dem Modell des monopolistischen Wettbewerbs. Die Annahmen des Monopols und des perfekten Wettbewerbs werden überzeugend zurückgewiesen.

(Tabelle auf Folgeseite)

[245] Detaillierte Ergebnisse enthalten die Tabellen 29 bis 32 im Anhang. Für ein Institut steht für das Jahr 1993 kein Wert für die Provisionserträge zur Verfügung. Dementsprechend geht eine Beobachtung für die Schätzung verloren.

Tabelle 7.8: Regressionsergebnisse für die Modelle I bis IV

Modell	I	II	III	IV
lnFP1	0,272*** (14,34)	0,275*** (14,21)	0,251*** (13,03)	0,254*** (13,20)
lnFP2	0,237*** (7,70)	0,258*** (7,98)	0,234*** (7,87)	0,262*** (8,51)
lnFP3	0,015** (2,47)	0,015** (2,47)	0,017*** (2,87)	0,017*** (2,90)
lnFP4		0,013*** (6,05)		0,019*** (7,83)
lnEK	0,264*** (14,77)	0,278*** (14,52)	0,253*** (14,30)	0,276*** (14,81)
lnB	0,030 (1,14)	0,031 (1,20)		
lnS			-3,102*** (-9,19)	-4,280*** (-10,16)
Konstante	8,350*** (68,66)	8,157*** (60,09)	8,390*** (80,20)	8,081*** (68,40)
Beobachtungen	4279	4171	4279	4171
F d. Regression	259,1	222,3	272,4	231,1
H	0,525***	0,561***	0,502***	0,551***
H=0#	171,5	176,8	168,9	189,0
H=1#	140,7	108,5	166,3	125,4

Bemerkungen:

Robuste t-Werte in Klammern,
***, ** und * kennzeichnen Signifikanz auf dem Niveau von 1 %, 5 % und 10 %.
F-Wert für Test H = 0 bzw. 1.

Methode: Robuste Fixed-Effects-Regression

abhängige Variable: Summe aus Zins- und Provisionserträgen
unabhängige Variablen:
FP1 Faktorpreis der Einlagen
FP2 Faktorpreis der Arbeit
FP3 Faktorpreis des Sachkapitals
FP4 Faktorpreis des Eigenkapitals
EK Eigenkapital
B Business-Mix-Indikator
S Sicherheitsindikator

Vergleicht man die Ergebnisse mit denen der früheren Regressionen ohne Provisionserträge, so ist der Beitrag des Einlagenpreises zur PR-Statistik gesunken. Der Einfluss des Preises für menschliche Arbeit ist jedoch in einem stärkeren Maße gestiegen. Dieses Ergebnis erscheint plausibel, da das Provisionsgeschäft weniger von den Einlagen als vom Faktor Arbeit abhängig ist. Der Einfluss des Eigenkapitalpreises ist ebenso wie der des Sachkapitals praktisch unverändert. Tabelle 7.9 stellt die ermittelten Panzar-Rosse-Statistiken aus den Regressionen mit und ohne Berücksichtigung der Provisionserträge gegenüber. Insgesamt ergibt sich eine geringfügige Erhöhung der Statistik um durchschnittlich 0,024 in allen Modellen durch die Berücksichtigung des Provisionsgeschäftes. Dies entspricht etwa der Hälfte der in den Modellen jeweils geschätzten Standardabweichung für die Panzar-Rosse-Statistik. Die Einbeziehung der Provisionserträge führt somit zu keinem grundsätzlich anderen Bild der Wettbewerbssituation.

Tabelle 7.9: Vergleich der geschätzten PR-Statistiken mit und ohne Berücksichtigung der Provisionserträge

Modell	I	II	III	IV
Abhängige Variable: nur Zinserträge	0,501	0,540	0,474	0,528
Abh. Var.: Zins- u. Provisionserträge	0,525	0,561	0,502	0,551
Differenz	0,024	0,021	0,028	0,023

Dies gilt auch bei differenzierter Betrachtung für die einzelnen Größenklassen. Die Abgrenzung zwischen den Gruppen erfolgt dabei analog zu der zuvor praktizierten Vorgehensweise. Mithin werden Banken, deren durchschnittliches Eigenkapital kleiner als das erste Quartil der Verteilung ist, der Klasse der kleinen Banken zugerechnet, Banken zwischen dem ersten und dritten Quartil bilden die Klasse der mittelgroßen Banken, die verbleibenden Banken stellen schließlich die Klasse der großen Banken dar.

Abbildung 7.3 zeigt die unter Berücksichtigung des Provisionsgeschäftes ermittelten PR-Statistiken für die drei Größenklassen (Modell I). Das Viertel der kleinsten Banken verfügt über die stärkste Wettbewerbsposition, der Unterschied zu den anderen Banken ist signifikant. Zwischen den mittleren und großen Banken besteht hinsichtlich ihrer Wettbewerbsposition dagegen kein nennenswerter Unterschied.

Abbildung 7.3: Panzar-Rosse-Statistik für kleine, mittlere und große Banken

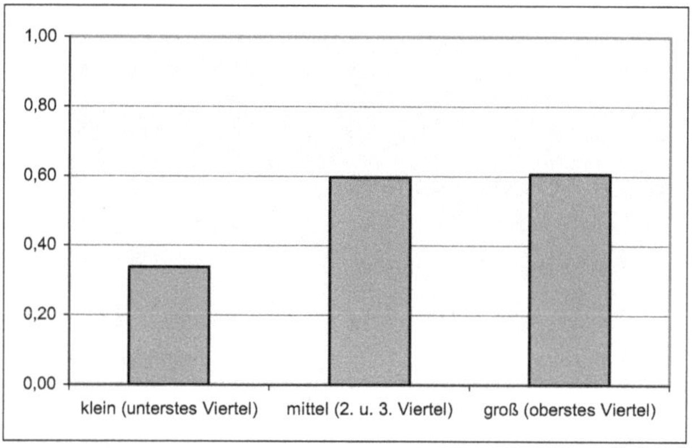

Die Tabelle 7.10 vergleicht die für die jeweilige Größenklasse mit und ohne Berücksichtigung des Provisionsgeschäftes ermittelten Werte für die Panzar-Rosse-Statistik. Es ergibt sich jeweils eine geringfügige Erhöhung, der jedoch angesichts der mit der Schätzung verbundenen statistischen Unsicherheiten kaum Aussagekraft beizumessen ist.[246] Dabei hat das Provisionsgeschäft für alle Größenklassen praktisch die gleiche Bedeutung. Der Anteil der Provisionserträge an der Summe aus Zins- und Provisionserträgen beträgt 7,7 % für kleine Banken, 7,8 % für mittelgroße und erneut 7,7 % für große Banken. Selbst eine Konzentration der Betrachtung auf das Viertel der Banken mit dem höchsten relativen Anteil der Provisionserträge ergibt nur marginale Unterschiede zwischen der Schätzung mit und ohne Berücksichtigung dieser Erträge.[247]

Tabelle 7.10: Vergleich der geschätzten PR-Statistiken nach Größenklassen mit und ohne Berücksichtigung der Provisionserträge

Größenklasse	**klein**	**mittel**	**groß**
Abhängige Variable: nur Zinserträge	0,323	0,565	0,586
Abh. Var.: Zins- u. Provisionserträge	0,337	0,596	0,606
Differenz	0,014	0,031	0,020

[246] Detaillierte Ergebnisse der Regressionen mit Provisionserträgen enthalten die Tabellen 33 bis 35 im Anhang.

[247] Die Differenz zwischen den PR-Statistiken beträgt nur 0,02. Vgl. hierzu die entsprechenden Tabellen 36 und 37 im Anhang.

Vor diesem Hintergrund verwundert es nicht, dass auch eine Untersuchung der zeitlichen Entwicklung des Wettbewerbsindikators unter Berücksichtigung der Provisionserträge zu Resultaten führt, die den im vorhergehenden Abschnitt präsentierten äußerst ähnlich sind. Auf eine gesonderte Darstellung kann daher an dieser Stelle verzichtet werden.

7.2 Auswertung für Ostdeutschland

Für die empirische Schätzung stehen die Daten von 89 ostdeutschen Sparkassen über den Zeitraum von 10 Jahren in Form eines Balanced Samples zur Verfügung. Die Anzahl der insgesamt vorhandenen Beobachtungen in Höhe von 890 beträgt nur etwas mehr als ein Fünftel derjenigen für Westdeutschland. Zwangsläufig muss die Analyse für die neuen Länder daher an einigen Stellen weniger detailliert ausfallen, als dies für Westdeutschland der Fall war. Es wird zunächst das gesamte Sample untersucht und die Gleichgewichtstests werden durchgeführt. Anschließend wird geprüft, ob die Wettbewerbssituation zwischen Banken unterschiedlicher Größe differiert. Schließlich wird der Frage nachgegangen, ob durch die Einbeziehung des Provisionsgeschäfts abweichende Ergebnisse resultieren.

7.2.1 Ergebnisse für gesamtes Sample und Gleichgewichtstests

Für die Schätzung werden die vier im Kapitel 7.1 erarbeiteten Modelle herangezogen. Somit werden im Einzelnen die folgenden Gleichungen geschätzt:

$$(21) \qquad \ln ZE_{it} = \sum_{j=1}^{3} \alpha_j \ln FPj_{it} + \beta_1 \ln EK_{it} + \beta_2 \ln B_{it} + \gamma + \varepsilon_{it} \quad \text{(Modell I),}$$

$$(22) \qquad \ln ZE_{it} = \sum_{j=1}^{4} \alpha_j \ln FPj_{it} + \beta_1 \ln EK_{it} + \beta_2 \ln B_{it} + \gamma + \varepsilon_{it} \quad \text{(Modell II),}$$

$$(23) \qquad \ln ZE_{it} = \sum_{j=1}^{3} \alpha_j \ln FPj_{it} + \beta_1 \ln EK_{it} + \beta_2 \ln S_{it} + \gamma + \varepsilon_{it} \quad \text{(Modell III),}$$

$$(24) \qquad \ln ZE_{it} = \sum_{j=1}^{4} \alpha_j \ln FPj_{it} + \beta_1 \ln EK_{it} + \beta_2 \ln S_{it} + \gamma + \varepsilon_{it} \quad \text{(Modell IV).}$$

Die Definitionen der Faktorpreise der Einlagen FP1, der Arbeit FP2, des Sachkapitals FP3 und des Eigenkapitals FP4 sowie der Indikatoren für den Business-Mix B und die Sicherheit des Portfolios der Bank S erfolgen entsprechend den Festlegungen für die alten Länder. Tabelle 7.11 weist deskriptive Statistiken für diese Größen aus. Dabei zeigen sich einige markante Unterschiede zu den Werten für Westdeutschland. Die Einlagenverzinsung liegt um immerhin einen Prozentpunkt unter dem Wert der alten Länder. Der Arbeitspreis erreicht nicht überraschend lediglich rund drei Viertel des westdeutschen Niveaus. Der Sachkapitalpreis liegt deutlich, der Preis des Eigenkapitals nur geringfügig über dem westdeutschen Vergleichswert. Der Anteil der Forderungen an Privat- und Geschäftskunden an der Bilanzsumme entspricht durchschnittlich nur rund der Hälfte des entsprechenden Wertes bei den Instituten der alten Länder. Schließlich fielen im Mittel pro Jahr rund 0,5 % der Forderungen gegenüber nur rund 0,3 % in Westdeutschland aus.

Tabelle 7.11: Deskriptive Statistiken der Faktorpreise sowie des Business-Mix- und des Sicherheitsindikators

Variable	Mittelwert	Standard-abweichung	Minimum	Maximum	5. Perzentil	95. Perzentil
FP1	0,032	0,006	0,021	0,052	0,025	0,044
FP2	32,887	6,394	22,181	171,574	25,008	39,143
FP3	0,577	0,403	0,179	5,433	0,271	1,126
FP4	0,212	0,171	-0,883	1,017	0,000	0,495
B	0,262	0,074	0,113	0,481	0,152	0,398
S	0,995	0,004	0,950	1,009	0,988	1,000

Tabelle 7.12 fasst die Ergebnisse der Schätzungen zusammen.[248] Da FP4 auch negative Werte annimmt, gehen rund 5,3 % der Beobachtungen in den Modellen II und IV für die Schätzung verloren. Die ermittelten Koeffizienten des Einlagenpreises sind geringer als die zuvor bestimmten Werte für Westdeutschland. Die Koeffizienten des Sachkapitals und der menschlichen Arbeit zeigen ein negatives Vorzeichen und Letzterer ist lediglich auf dem 5-%-Niveau, im Modell III sogar nur auf dem Niveau von 10 %, signifikant. Der Eigenkapitalpreis ist signifikant positiv, übt jedoch nur einen geringen Einfluss aus. Der Business-Mix-

[248] Detaillierte Regressionsergebnisse enthalten die Tabellen 38 bis 41 im Anhang.

Indikator erscheint stets positiv, jedoch nur im Modell I (schwach) signifikant. Ein höherer Grad an Sicherheit reduziert erwartungsgemäß die Zinserträge in den Modellen III und IV. Schließlich zeigen sich die resultierenden Panzar-Rosse-Statistiken überaus robust gegenüber den einzelnen Spezifikationen und vereinbar mit dem Modell der monopolistischen Konkurrenz. Sie sind niedriger als die Werte für Westdeutschland und liegen dem Monopolbereich näher. Jedoch wird die Monopolvermutung ebenso wie die des perfekten Wettbewerbs zurückgewiesen.

Tabelle 7.12: Regressionsergebnisse für die Modelle I bis IV

Modell	**I**	**II**	**III**	**IV**
lnFP1	0,247*** (8,07)	0,266*** (8,25)	0,214*** (7,05)	0,234*** (7,55)
lnFP2	-0,062** (-2,21)	-0,071** (-2,33)	-0,048* (-1,76)	-0,063** (-2,15)
lnFP3	-0,042*** (-3,98)	-0,052*** (-4,71)	-0,030*** (-2,78)	-0,039*** (-3,60)
lnFP4		0,008*** (2,68)		0,016*** (5,21)
lnEK	0,237*** (8,02)	0,254*** (8,33)	0,254*** (11,95)	0,276*** (12,92)
lnB	0,057* (1,82)	0,046 (1,44)		
lnS			-3,763*** (-4,43)	-6,109*** (-6,11)
Konstante	9,547*** (32,85)	9,459*** (32,19)	9,122*** (64,92)	9,022*** (63,89)
Beobachtungen	890	843	890	843
F d. Regression	45,1	37,5	46,6	47,3
H	0,142***	0,151***	0,136***	0,149***
H=0#	8,89	9,02	9,29	10,25
H=1#	323,0	283,2	376,6	336,0

Bemerkungen:

Robuste t-Werte in Klammern,
***, ** und * kennzeichnen Signifikanz auf dem Niveau von 1 %, 5 % und 10 %.
F-Wert für Test H = 0 bzw. 1.

Methode: Robuste Fixed-Effects-Regression

abhängige Variable: Zinserträge
unabhängige Variablen:

FP1	Faktorpreis der Einlagen	EK	Eigenkapital
FP2	Faktorpreis der Arbeit	B	Business-Mix-Indikator
FP3	Faktorpreis des Sachkapitals	S	Sicherheitsindikator
FP4	Faktorpreis des Eigenkapitals		

Die Gleichgewichtstests durch Regressionen mit ROA und ROE als abhängigen Variablen liefern für alle Modelle sehr ähnliche Resultate.[249] Die Ergebnisse weisen darauf hin, dass die Gleichgewichtsannahme im vorliegenden Sample erfüllt ist.

7.2.2 Ergebnisse für einzelne Größenklassen

Im Folgenden wird untersucht, wie sich die Wettbewerbssituation für Banken unterschiedlicher Größe in Ostdeutschland gestaltet. Hierzu erfolgt zunächst die Einteilung der Banken in Größenklassen auf der Basis des durchschnittlichen Eigenkapitals der betreffenden Bank im Untersuchungszeitraum. Banken, die kleiner als das erste Quartil der Verteilung sind, werden der Klasse der kleinen Banken zugerechnet, Banken zwischen dem ersten und dritten Quartil stellen die Gruppe der mittelgroßen Banken dar und die verbleibenden Banken bilden die Klasse der großen Banken. Tabelle 7.13 zeigt Informationen über die Größenklassen. Die Eingruppierung einer Bank erfolgt dabei in Abhängigkeit ihrer relativen Position innerhalb der Größenverteilung der ostdeutschen Institute. Die Abgrenzung ist daher nicht identisch mit der Abgrenzung der westdeutschen Größenklassen.

Tabelle 7.13: Größenklassen

Klasse	Eigenkapital in Mio. €	Anzahl Banken	Anteil im gesamten Sample
Klein	$< 19{,}2$	23	25,84 %
Mittel	$\geq 19{,}2$ bis $< 38{,}2$	44	49,44 %
Groß	$\geq 38{,}2$	22	24,72 %

Die Schätzung erfolgt in Form eines genesteten Modells mit Interaktionstermen für die drei Größenklassen, wobei dl, dm und ds die jeweiligen Dummy-Variablen für große, mittlere und kleine Banken darstellen. Die nachfolgende Formel (25) zeigt die Regressionsgleichung für Modell I.

[249] Stellvertretend für diese enthalten die Tabellen 42 und 43 im Anhang die Ergebnisse der Regressionen von ROA und ROE entsprechend dem Modell III.

$$
\begin{aligned}
\ln ZE_{it} &= \sum_{j=1}^{3} \alpha_{jl} \, dl \ln FPj_{it} + \beta_{1l} \, dl \ln EK_{it} + \beta_{2l} \, dl \ln B_{it} \\
(25) \qquad &+ \sum_{j=1}^{3} \alpha_{jm} \, dm \ln FPj_{it} + \beta_{1m} \, dm \ln EK_{it} + \beta_{2m} \, dm \ln B_{it} \\
&+ \sum_{j=1}^{3} \alpha_{js} \, ds \ln FPj_{it} + \beta_{1s} \, ds \ln EK_{it} + \beta_{2s} \, ds \ln B_{it} + \gamma + \varepsilon_{it}
\end{aligned}
$$

In gleicher Weise wird die Regressionsgleichung für Modell IV um entsprechende Interaktionsterme ergänzt. Tabelle 7.14 fasst die wichtigsten Ergebnisse der Schätzungen hinsichtlich der Faktorpreiselastizitäten und der resultierenden Panzar-Rosse-Statistiken für die drei Größenklassen zusammen.[250] Die resultierenden PR-Statistiken werden wesentlich vom Faktorpreis der Einlagen und vom regelmäßig nicht oder nur geringfügig signifikanten Arbeitspreis bestimmt. Sachkapital- und Eigenkapitalpreis besitzen demgegenüber nur eine untergeordnete Bedeutung. Die geschätzte PR-Statistik von rund 0,17 im Modell I (0,19 im Modell IV) für mittelgroße Banken ist vereinbar mit der Vorstellung des monopolistischen Wettbewerbs. Der Wert ist darüber hinaus signifikant positiv, so dass die Monopolannahme verworfen werden kann.

Die Ergebnisse für die Subsamples aus großen und kleinen Banken sind dagegen mit erheblichen Unsicherheiten behaftet. So erreichen die geschätzten Standardabweichungen für die Panzar-Rosse-Statistiken durchweg die Größenordnung der jeweiligen Punktschätzungen für diese Statistik. Für die Gruppe der großen Banken ergibt sich ein Wert von 0,09 (0,10), welcher unter dem der mittleren Banken liegt. Dieser Wert ist darüber hinaus nicht signifikant von Null verschieden. Die kleinen Banken scheinen mit einem geschätzten Wert von -0,09 (-0,14) über die stärkste Wettbewerbsposition zu verfügen. Dieser Wert deutet auf monopolistisches Verhalten hin, ist jedoch nicht signifikant negativ. Auch die Unterschiede zwischen den Größenklassen sind zumeist nicht signifikant. Lediglich die Differenz zwischen kleinen und mittleren Banken ist im Modell IV signifikant (p-Wert: 0,051). Damit bestehen allenfalls schwache Hinweise auf eine relativ bessere Position der kleinen Banken in Ostdeutschland. Zwischen mittleren und großen Banken scheinen keine systematischen Unterschiede zu existieren.

[250] Die vollständigen Regressionsergebnisse enthalten die Tabellen 44 und 45 im Anhang.

Tabelle 7.14: Ergebnisse der Regression für kleine, mittlere und große Banken

Modell	**I**	**IV**
Groß		
lnFP1	0,301*** (5,14)	0,255*** (4,24)
lnFP2	-0,165* (-1,89)	-0,124 (-1,26)
lnFP3	-0,043** (-2,25)	-0,032 (-2,28)
lnFP4		0,001 (0,09)
Mittel		
lnFP1	0,214*** (4,81)	0,233*** (4,95)
lnFP2	-0,015 (-0,49)	-0,027 (-0,91)
lnFP3	-0,029* (-1,93)	-0,031** (-2,03)
lnFP4		0,018*** (4,50)
Klein		
lnFP1	0,154** (2,18)	0,085 (1,30)
lnFP2	-0,193 (-1,59)	-0,198* (-1,71)
lnFP3	-0,054*** (-2,64)	-0,052*** (-2,57)
lnFP4		0,022*** (4,13)
Beobachtungen	890	843
F d. Regression	20,5	20,1
H Groß	0,093	0,099
H Mittel	0,169***	0,193***
H Klein	-0,092	-0,143
Diff H (Groß – Mittel)	-0,076	-0,093
Diff H (Klein – Mittel)	-0,261	-0,336*

Bemerkungen: Robuste t-Werte in Klammern,
***, ** und * kennzeichnen Signifikanz auf dem Niveau von 1 %, 5 % und 10 %.

7.2.3 Zeitliche Entwicklung

Um eine Indikation für die Entwicklung der Wettbewerbsverhältnisse während des Untersuchungszeitraums zu geben, wird wie zuvor für Westdeutschland auf der Basis rollierender 3-Jahres-Abschnitte ein gleitender Durchschnittswert ermittelt. Dabei ist zu beachten, dass die Unsicherheit bezüglich der geschätzten Parameter in den einzelnen Regressionen erheblich ist, da die statistische Basis hier wesentlich dünner ausfällt.[251] Aus diesem Grund wird auch auf eine Aufspaltung in Größenklassen verzichtet.

Abbildung 7.4 zeigt die Entwicklung des auf diese Weise bestimmten Indikators der Wettbewerbsintensität für die Modellspezifikationen I und IV. Demnach haben sich die Wettbewerbsverhältnisse während des betrachteten Zeitraums nicht wesentlich verändert. Eine genauere Aussage wird durch die erwähnte statistische Unsicherheit erschwert. So liegen beispielsweise die Standardabweichungen regelmäßig zwischen 0,10 und 0,15. Die Differenzen zwischen den beiden Varianten sind dabei insgesamt recht gering. Die Ergebnisse deuten auf ein Verhalten entsprechend dem Modell des monopolistischen Wettbewerbs während des gesamten Zeitraums hin.

Abbildung 7.4: Zeitliche Entwicklung des Wettbewerbsindikators

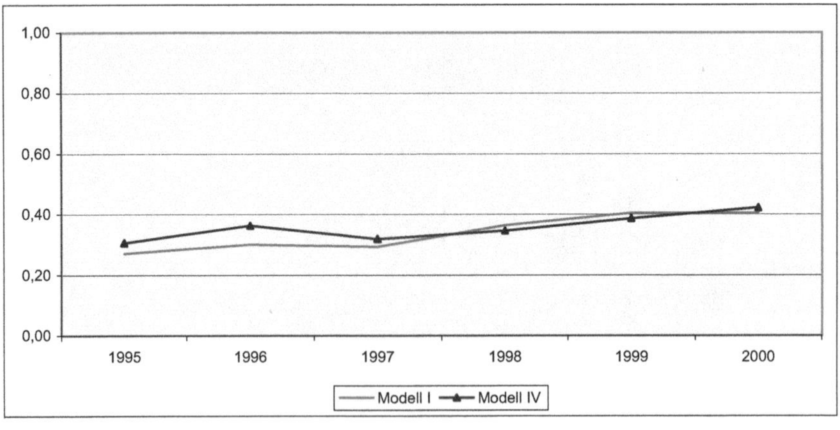

[251] Ergebnisse bezüglich der ermittelten Panzar-Rosse-Statistiken enthalten die Tabellen 46 und 47 im Anhang.

7.2.4 Berücksichtigung des Provisionsgeschäftes

Auch für die ostdeutschen Institute existiert mit dem Provisionsgeschäft eine weitere Ertragsquelle, die für diese Institute sogar etwas bedeutsamer ist als für die westdeutschen. Der Anteil der Provisionserträge an der Summe aus Provisions- und Zinserträgen stieg im Durchschnitt der ostdeutschen Institute von rund 6,2 % im Jahr 1993 auf 11,5 % im Jahr 2002. Auch hier wurde der Spitzenwert im Jahr 2000 mit ca. 11,7 % erreicht. Im gesamten Zeitraum betrug der Anteil der Provisionserträge durchschnittlich 9,7 %.

In der nachfolgenden Untersuchung soll daher neben dem Zinsgeschäft auch das Provisionsgeschäft berücksichtigt werden. Dementsprechend bildet nunmehr die Summe aus Zins- und Provisionserträgen ZPE jeweils die abhängige Variable der Regression. Infolgedessen lautet beispielsweise die zu schätzende Gleichung für Modell I:

(26) $$\ln ZPE_{it} = \sum_{j=1}^{3} \alpha_j \ln FPj_{it} + \beta_1 \ln EK_{it} + \beta_2 \ln B_{it} + \gamma + \varepsilon_{it}.$$

Die Tabelle 7.15 auf der Folgeseite zeigt die Ergebnisse der Schätzungen für die vier Modelle.[252] Die Faktorpreise der Einlagen, des Eigen- und des Sachkapitals üben einen signifikanten Einfluss auf die abhängige Variable aus. Der Preis der Arbeit ist ebenso wie der Business-Mix-Indikator lediglich in einem Fall schwach signifikant. Die ermittelten Werte für die Panzar-Rosse-Statistik sind in allen Varianten nahezu identisch. Die Ergebnisse erweisen sich erneut als vereinbar mit einem Verhalten der Institute entsprechend dem Modell des monopolistischen Wettbewerbs. Die Monopolannahme kann gleichwohl nur noch auf dem 5-%-Niveau abgelehnt werden.

252 Detaillierte Regressionsergebnisse enthalten die Tabellen 48 bis 51 im Anhang.

Tabelle 7.15: Regressionsergebnisse für die Modelle I bis IV

Modell	I	II	III	IV
lnFP1	0,171*** (5,93)	0,189*** (6,21)	0,141*** (4,79)	0,160*** (5,35)
lnFP2	-0,034 (-1,38)	-0,043* (-1,72)	-0,02 (-0,72)	-0,034 (-1,30)
lnFP3	-0,042*** (-4,08)	-0,050*** (-4,76)	-0,031*** (-2,93)	-0,039*** (-3,68)
lnFP4		0,008*** (2,86)		0,015*** (5,21)
lnEK	0,259*** (9,04)	0,275*** (9,33)	0,276*** (13,21)	0,297*** (14,36)
lnB	0,056* (1,87)	0,047 (1,52)		
lnS			-3,376*** (-4,26)	-5,602*** (-5,90)
Konstante	9,066*** (32,11)	8,987*** (31,51)	8,647*** (62,61)	8,555*** (62,01)
Beobachtungen	890	843	890	843
F d. Regression	68,6	56,6	69,0	65,1
H	0,096**	0,104**	0,091**	0,102**
H=0#	5,11	5,74	4,22	5,77
H=1#	452,8	426,6	424,1	447,1

Bemerkungen:

Robuste t-Werte in Klammern,
***, ** und * kennzeichnen Signifikanz auf dem Niveau von 1 %, 5 % und 10 %.
F-Wert für Test H = 0 bzw. 1.

Methode: Robuste Fixed-Effects-Regression

abhängige Variable: Summe aus Zins- und Provisionserträgen

Der Vergleich mit den Ergebnissen ohne Provisionserträge zeigt eine Verringerung des Einflusses von Einlagen- und Arbeitspreis, während die Koeffizienten für den Sach- und Eigenkapitalpreis praktisch unverändert geblieben sind. Tabelle 7.16 konfrontiert die für die Panzar-Rosse-Statistik erzielten Resultate aus den Regressionen mit und ohne Berücksichtigung der Provisionserträge miteinander. Durch die Einbeziehung des Provisionsgeschäftes hat sich der Wert der PR-Statistik für die ostdeutschen Institute um durchschnittlich 0,046 verringert. Dies entspricht etwa dem Niveau der in den einzelnen Varianten geschätzten Standardabweichungen für die Panzar-Rosse-Statistik. Die Beachtung des Provisionsgeschäftes führt insofern nicht zu einem grundsätzlich anderen Bild der Wettbewerbssituation.

Tabelle 7.16: Vergleich der geschätzten PR-Statistiken mit und ohne Berücksichtigung der Provisionserträge

Modell	I	II	III	IV
Abhängige Variable: nur Zinserträge	0,142	0,151	0,136	0,149
Abh. Var.: Zins- u. Provisionserträge	0,096	0,104	0,091	0,102
Differenz	-0,046	-0,047	-0,045	-0,047

Im nächsten Schritt wird untersucht, ob unter Berücksichtigung des Provisionsgeschäftes die Wettbewerbssituation zwischen Banken unterschiedlicher Größe differiert. Das Provisionsgeschäft besitzt als zusätzliche Ertragsquelle für alle Banken eine ähnliche Bedeutung. Der Anteil der Provisionserträge an der Summe aus Zins- und Provisionserträgen beträgt rund 10,3 % bei den kleinen Banken, 9,5 % für die mittelgroßen und 9,3 % bei den großen Banken.

Auf der Basis der wie zuvor definierten Größenklassen wird die Regression für Modell I entsprechend Formel (25) durchgeführt, jedoch fungiert nunmehr die Summe aus Zins- und Provisionserträgen als abhängige Variable. Entsprechendes gilt für Modell IV. Die Tabelle 7.17 zeigt die wichtigsten Ergebnisse dieser Regressionen hinsichtlich der Faktorpreise und der jeweils resultierenden Panzar-Rosse-Statistiken.

Mithin verfügen die kleinsten Banken über die stärkste Wettbewerbsposition. Der Wert der PR-Statistik für diese Gruppe von Banken ist - allerdings nicht signifikant - negativ. Die Werte für die mittleren und großen Banken liegen nahezu gleichauf im positiven Bereich. Trotz des optisch starken Unterschiedes zwischen kleinen Banken auf der einen Seite und mittleren auf der anderen sind die gemessenen Unterschiede zwischen ihnen nicht signifikant. Dafür verantwortlich ist die große Unsicherheit in der Schätzung für die kleinen Banken.[253] Darüber hinaus kann lediglich für die Klasse der mittleren Banken die Hypothese eines monopolistischen Verhaltens verworfen werden. Das Ergebnis ist vereinbar mit dem Modell des monopolistischen Wettbewerbs. Die Resultate für die kleinen und großen Banken sind prinzi-

[253] Dies zeigt sich deutlich im Konfidenzintervall der PR-Statistik der kleinen Banken. Das 95-%-Intervall reicht von -0,42 bis 0,23. Dieses und weitere detaillierte Regressionsergebnisse enthalten die Tabellen 52 und 53 im Anhang.

piell sowohl mit dem Fall des monopolistischen Wettbewerbs als auch mit dem des Monopols vereinbar.

Tabelle 7.17: Ergebnisse der Regression für kleine, mittlere und große Banken

Modell	**I**	**IV**
Groß		
lnFP1	0,242*** (4,33)	0,200*** (3,43)
lnFP2	-0,091 (-1,07)	-0,051 (-0,53)
lnFP3	-0,036** (-2,06)	-0,028 (-1,34)
lnFP4		0,002 (0,35)
Mittel		
lnFP1	0,136*** (3,10)	0,153*** (3,30)
lnFP2	0,001 (0,02)	-0,009 (-0,29)
lnFP3	-0,033** (-2,23)	-0,034** (-2,27)
lnFP4		0,017*** (4,29)
Klein		
lnFP1	0,084 (1,25)	0,018 (0,29)
lnFP2	-0,129 (-1,11)	-0,138 (-1,22)
lnFP3	-0,050*** (-2,59)	-0,048** (-2,42)
lnFP4		0,021*** (4,08)
Beobachtungen	890	843
F d. Regression	31,2	27,6
H Groß	0,115	0,122
H Mittel	0,104*	0,126**
H Klein	-0,095	-0,146
Diff H (Groß – Mittel)	0,012	-0,004
Diff H (Klein – Mittel)	-0,199	-0,272

Bemerkungen: Robuste t-Werte in Klammern,
***, ** und * kennzeichnen Signifikanz auf dem Niveau von 1 %, 5 % und 10 %.

Die soeben für die einzelnen Größenklassen unter Einbeziehung des Provisionsgeschäftes gewonnenen Ergebnisse werden in der nachfolgenden Tabelle 7.18 den zuvor ohne dieses Geschäft ermittelten Resultaten gegenübergestellt. Es zeigen sich unterschiedliche Auswirkungen in den einzelnen Klassen. Während die Panzar-Rosse-Statistik als Gradmesser der Wettbewerbsintensität für die kleinen Banken de facto unverändert geblieben ist, hat sie sich für die mittelgroßen Banken deutlich verringert. Bei den großen Banken führte die Einbeziehung der Provisionserträge zu einer leichten Erhöhung des gemessenen Wertes.

Tabelle 7.18: Vergleich der geschätzten PR-Statistiken nach Größenklassen mit und ohne Berücksichtigung der Provisionserträge

	Größenklasse	**klein**	**mittel**	**groß**
Mod. I	Abhängige Variable: nur Zinserträge	-0,092	0,169	0,093
	Abh. Var.: Zins- u. Provisionserträge	-0,095	0,104	0,115
	Differenz	-0,003	-0,065	0,022
Mod. IV	Abhängige Variable: nur Zinserträge	-0,143	0,193	0,099
	Abh. Var.: Zins- u. Provisionserträge	-0,146	0,126	0,122
	Differenz	-0,003	-0,067	0,023

7.3 Zu den Unterschieden zwischen Ost und West

Im Vergleich zwischen Ost und West zeigen sich deutliche Unterschiede in den Ergebnissen, deren Signifikanz im Rahmen eines genesteten Modells geprüft werden kann. Hierzu wird eine Dummy-Variable dw eingeführt, die den Wert 1 bei westdeutschen und den Wert 0 bei ostdeutschen Instituten annimmt. Die Schätzgleichung wird sodann um Interaktionsterme zwischen der Dummy-Variablen und den Regressoren ergänzt. Für Modell I nimmt die Gleichung demgemäß die folgende Form an:

$$\begin{aligned} \ln ZE_{it} &= \sum_{j=1}^{3} \alpha_j \ln FPj_{it} + \beta_1 \ln EK_{it} + \beta_2 \ln B_{it} \\ &\quad + \sum_{j=1}^{3} \alpha_{jw} \, dw \ln FPj_{it} + \beta_{1w} \, dw \ln EK_{it} + \beta_{2w} \, dw \ln B_{it} + \gamma + \varepsilon_{it} . \end{aligned} \tag{27}$$

Die Parameter α_j, β_1 und β_2 spiegeln die Werte für Ostdeutschland wider, die in dieser Schätzung als Referenz fungieren. Die zusätzlich mit w indizierten Parameter messen die Differenzen zwischen West- und Ostdeutschland bzw. die westdeutschen Aufschläge auf die ostdeutschen Werte. Folglich sind die für Westdeutschland gültigen Koeffizienten der Einflussgrößen durch $\alpha_j+\alpha_{jw}$, $\beta_1+\beta_{1w}$ und $\beta_2+\beta_{2w}$ gegeben. In entsprechender Weise wird die Regressionsgleichung für das Modell IV um Interaktionsterme erweitert. Tabelle 7.19 fasst die wichtigsten Resultate der genesteten Schätzung der beiden Modelle zusammen.[254]

Tabelle 7.19: Regressionsergebnisse für die Modelle I und IV

	Modell I			Modell IV		
	West	Ost	Differenz	West	Ost	Differenz
lnFP1	0,307*** (15,62)	0,247*** (8,07)	0,060* (1,66)	0,287*** (14,46)	0,234*** (7,55)	0,053 (1,43)
lnFP2	0,181*** (5,79)	-0,062** (-2,21)	0,243*** (5,78)	0,205*** (6,64)	-0,063** (-2,15)	0,268*** (6,32)
lnFP3	0,013** (1,98)	-0,042*** (-3,98)	0,055*** (4,44)	0,015** (2,45)	-0,039*** (-3,60)	0,054*** (4,35)
lnFP4				0,021*** (8,38)	0,016*** (5,21)	0,005 (1,37)
lnEK	0,264*** (14,15)	0,237*** (8,02)	0,027 (0,77)	0,277*** (14,30)	0,276*** (12,92)	0,001 (0,03)
lnB	0,015 (0,57)	0,057* (1,82)	-0,042 (-1,01)			
lnS				-4,904*** (-11,16)	-6,109*** (-6,11)	1,204 (1,11)
H	0,501***	0,142***	0,358***	0,528***	0,149***	0,380***

Bemerkungen: Robuste t-Werte in Klammern,
***, ** und * kennzeichnen Signifikanz auf dem Niveau von 1 %, 5 % und 10 %.

Die Einzelergebnisse für West- und Ostdeutschland entsprechen naturgemäß den Resultaten aus den zuvor vorgenommenen getrennten Schätzungen für die beiden Samples. Die zusätzlich aufgeführten Differenzen geben Aufschluss über die Unterschiede zwischen den beiden Gruppen. In beiden Modellen sind die Werte sämtlicher Faktorpreiselastizitäten für Westdeutschland höher als die vergleichbaren Werte für Ostdeutschland. Dies führt in der Summe zu einer Panzar-Rosse-Statistik für die ostdeutschen Institute, die deutlich geringer ist als diejenige für die westdeutschen Institute. Im Einfluss der anderen Größen auf die Zinserträge scheinen zwischen den beiden Gruppen allenfalls geringfügige Unterschiede zu

[254] Die detaillierten Regressionsergebnisse enthalten die Tabellen 54 und 55 im Anhang.

bestehen. Die Eigenkapitalausstattung übt einen praktisch identischen Einfluss aus. Die Koeffizienten des Business-Mix- und des Sicherheitsindikators sind zwar hinsichtlich ihres absoluten Betrages für Ostdeutschland größer als für Westdeutschland, jedoch sind auch diese Differenzen nicht signifikant.

Verglichen mit den westdeutschen weisen die ostdeutschen Institute folglich eine signifikant niedrigere Panzar-Rosse-Statistik auf. Zugleich sind diese Institute in der Regel deutlich kleiner als die westdeutschen (die ostdeutschen sind im Mittel mit einem durchschnittlichen Eigenkapital von 34,2 Mio. € nur etwa halb so groß wie die westdeutschen mit einem durchschnittlichen Eigenkapital von 73,9 Mio. €). Dies und das zuvor festgestellte Faktum, dass kleinere Institute über eine bessere Wettbewerbsposition verfügen, könnten Anlass zu der Vermutung geben, dass diese geringere Unternehmensgröße für die kleinere PR-Statistik der ostdeutschen Institute verantwortlich ist.

Um den quantitativen Einfluss der Unternehmensgröße auf die Panzar-Rosse-Statistik H explizit zu berücksichtigen, wird diese in einen autonomen, d.h. von der Größe unabhängigen, und in einen größenabhängigen Teil aufgespalten. In der Schätzgleichung werden dementsprechend zusätzliche Interaktionsterme der Faktorpreise mit der Unternehmensgröße aufgenommen. Nachfolgende Formel (28) zeigt die Schätzgleichung für das Modell IV.[255]

$$\begin{aligned} \ln ZE_{it} &= \sum_{j=1}^{4} \alpha_{ja} \ln FPj_{it} + \sum_{j=1}^{4} \alpha_{jg} \ln FPj_{it} EK + \beta_1 \ln EK_{it} + \beta_2 \ln S_{it} \\ &\quad + \sum_{j=1}^{4} \alpha_{jaw} dw \ln FPj_{it} + \sum_{j=1}^{4} \alpha_{jgw} dw \ln FPj_{it} EK + \beta_{1w} dw \ln EK_{it} + \beta_{2w} dw \ln S_{it} \\ &\quad + \gamma + \varepsilon_{it} \end{aligned} \tag{28}$$

Die Panzar-Rosse-Statistik ist in dieser Formulierung abhängig von der Unternehmensgröße und für Ostdeutschland gegeben durch:

$$H(EK) = \sum_{j=1}^{4} \frac{\partial \ln ZE}{\partial \ln FPj} = \sum_{j=1}^{4} \alpha_{ja} + \sum_{j=1}^{4} \alpha_{jg} EK. \tag{29}$$

255 Auf die zusätzliche Darstellung von Modell I soll an dieser Stelle zur besseren Übersicht und aufgrund der Tatsache, dass die Ergebnisse dieses Modells den hier präsentierten Resultaten des Modells IV sehr ähnlich sind, verzichtet werden.

Der autonome Teil der Panzar-Rosse-Statistik H_a ergibt sich aus:

(30) $$H_a = \sum_{j=1}^{4} \alpha_{ja} .$$

Der größenabhängige Teil H_g ist gegeben durch:

(31) $$H_g = \sum_{j=1}^{4} \alpha_{jg} EK .$$

Von entscheidender Bedeutung ist außerdem die partielle Ableitung von H nach der Unternehmensgröße, die als marginale Panzar-Rosse-Statistik aufgefasst werden kann:

(32) $$\frac{\partial H}{\partial EK} = \sum_{j=1}^{4} \alpha_{jg} .$$

Für Westdeutschland ergibt sich die Panzar-Rosse-Statistik analog zu (29) durch zusätzliche Berücksichtigung der Aufschläge (bzw. Differenzen zu Ostdeutschland) α_{jaw} bzw. α_{jgw}:

(33) $$H(EK) = \sum_{j=1}^{4} \alpha_{ja} + \sum_{j=1}^{4} \alpha_{jaw} + (\sum_{j=1}^{4} \alpha_{jg} + \sum_{j=1}^{4} \alpha_{jgw}) EK .$$

Die anderen Definitionen für Westdeutschland ergeben sich in entsprechender Weise.

Ist H_a für Ostdeutschland geringer als für Westdeutschland, so folgt, dass unabhängig vom Einfluss der Unternehmensgröße (oder anders ausgedrückt: bei einer hypothetischen Unternehmensgröße von Null) die Panzar-Rosse-Statistik dort geringer ist als in Westdeutschland. Wenn sowohl der durch (30) gegebene autonome Teil der PR-Statistik als auch die partielle Ableitung gemäß (32) für Ostdeutschland kleiner als die entsprechenden Werte für Westdeutschland sein sollten, dann dürfte sogar die Schlussfolgerung gezogen werden, dass bei jeder beliebigen Unternehmensgröße die PR-Statistik in Ostdeutschland niedriger ausfallen würde als in Westdeutschland. Dies trifft allerdings nicht zu, wie Tabelle 7.20 mit den wichtigsten Ergebnissen der Schätzung des beschriebenen Modells zeigt.[256]

[256] Die vollständigen Regressionsergebnisse enthält Tabelle 56 im Anhang.

Tabelle 7.20: Ergebnisse für die autonome und die marginale Panzar-Rosse-Statistik

	West	Ost	Differenz
H_a	0,454*** (10,17)	0,030 (0,43)	0,423*** (5,09)
$\partial H/\partial EK$	$1{,}12\cdot 10^{-06}$*** (4,05)	$4{,}32\cdot 10^{-06}$** (2,54)	$-3{,}20\cdot 10^{-06}$* (-1,86)

Bemerkungen: Robuste t-Werte in Klammern,
***, ** und * kennzeichnen Signifikanz auf dem Niveau von 1 %, 5 % und 10 %.

Die autonome Panzar-Rosse-Statistik ist für Westdeutschland wesentlich höher als für Ostdeutschland. Sie zeigt, dass nicht allein aufgrund der geringeren Unternehmensgröße der ostdeutschen Institute die PR-Statistik dort auf einem wesentlich niedrigeren Niveau als in Westdeutschland liegt. Gemäß der partiellen Ableitung nimmt in beiden Landesteilen die PR-Statistik mit zunehmender Unternehmensgröße zu. Dies vollzieht sich im Osten mit einem Wert von $4{,}32\cdot 10^{-06}$ je Tausend Euro Eigenkapital schneller als im Westen, der Unterschied ist allerdings nur von geringerer Signifikanz.[257] Für ein ostdeutsches Institut mit einer Größe von 34,2 Mio. € entsprechend dem Mittelwert der ostdeutschen Verteilung resultiert eine PR-Statistik von rund 0,18. Unter den gleichen Bedingungen würde sich in Westdeutschland ein Wert von rund 0,49 ergeben.

Es existiert mithin ein Zusammenhang zwischen der Unternehmensgröße und der Panzar-Rosse-Statistik derart, dass kleine Unternehmen ceteris paribus einen geringeren Wert besitzen. Dies reicht jedoch nicht aus, um die Unterschiede zwischen Ost und West zu erklären, da selbst unter Ausschaltung jeglichen Größeneinflusses die PR-Statistik für ostdeutsche Institute geringer ist als für westdeutsche.

Die Ergebnisse der obigen Vorgehensweise sollten allerdings auch mit einer gewissen Vorsicht interpretiert werden. Die Formulierung des Modells nimmt implizit einen linearen Zusammenhang zwischen H und der Größe an. Dagegen ließen sich zwei Einwände vorbringen. Zum einen ist die PR-Statistik zwischen $-\infty$ und 1 in den betrachteten theoretischen Modellen gebunden, zum anderen sprechen die Ergebnisse aus den Regressionen für

[257] Demnach existiert ein Schnittpunkt beider Kurven. Ab einem Wert von rund 132 Mio. € hätte rein rechnerisch ein ostdeutsches Institut eine höhere PR-Statistik. Diese Größe erreichen jedoch nur 2 Sparkassen in Ostdeutschland.

einzelne Größenklassen eher gegen einen linearen Zusammenhang. Das Modell sollte daher vielmehr als eine Annäherung an die womöglich komplexeren realen Zusammenhänge, in denen auch der Einfluss anderer Variablen eine Rolle spielt, gesehen werden.

Eine alternative, pragmatische Vorgehensweise besteht darin, die Analyse für Ost und West auf einen identischen Größenbereich zu beschränken, um durch die Eingrenzung des Intervalls den Einfluss unterschiedlicher Unternehmensgrößen weitgehend auszuschalten. Dabei sollen das 5. Perzentil der ostdeutschen Verteilung die untere Grenze und das 95. Perzentil derselben die Obergrenze bilden. In diesem Bereich liegen 80 ostdeutsche Institute, für die eine Panzar-Rosse-Statistik von rund 0,15 gemäß Modell I (0,16 laut Modell IV) ermittelt wird. Die 264 westdeutschen Institute dieses Intervalls weisen eine PR-Statistik von rund 0,53 nach Modell I (0,59 laut Modell IV) auf.[258] Somit ergeben sich auch bei Konzentration der Betrachtung auf einen gemeinsamen Größenbereich erhebliche, signifikante Unterschiede zwischen den beiden Gebieten.

Als Fazit bleibt daher festzuhalten, dass die Panzar-Rosse-Statistik für Ostdeutschland nicht schon bereits aufgrund der Tatsache, dass die dortigen Institute eine geringere Größe aufweisen, deutlich kleiner ist als diejenige für Westdeutschland.

7.4 Vergleich mit Spezifikationen aus der Literatur

In der Literatur verwendete Methoden zur Ermittlung der Panzar-Rosse-Statistik differieren u.a. hinsichtlich der endogenen Variablen und der Definition der Faktorpreise. Die Mehrzahl der vorhandenen Studien verwendet die Preisgleichung anstelle der Ertragsgleichung und/oder - in Ermangelung besserer Daten - eine Proxy-Variable für den tatsächlichen Faktorpreis der menschlichen Arbeit. Da gleichzeitig unterschiedliche Datensätze analysiert werden, gestaltet sich ein Vergleich der Ergebnisse zwischen den Studien außerordentlich schwierig. Mit dem hier vorliegenden, umfangreichen Datensatz steht eine ausreichende Basis zur Untersuchung und Bewertung alternativer Spezifikationen zur Verfügung. Im Folgenden soll deshalb anhand des westdeutschen Datensatzes aufgezeigt werden, welche Auswirkungen die Verwendung der Preisgleichung und die einer Proxy-Variablen für den Arbeitspreis auf die

[258] Die vollständigen Regressionsergebnisse sind in den Tabellen 57 und 58 im Anhang enthalten.

resultierende PR-Statistik haben. Dabei sollen die Effekte zunächst isoliert betrachtet werden. Anschließend wird die kombinierte Wirkung der beiden Modifikationen im Vergleich zur hier verwendeten Modellierung beleuchtet.

7.4.1 Preisgleichung

In der Schätzung der Panzar-Rosse-Statistik auf der Grundlage der Preisgleichung ersetzt das Verhältnis von Erträgen zur Bilanzsumme die Erträge als abhängige Variable. Die Preisgleichung findet u.a. in den Untersuchungen von Molyneux/Lloyd-Williams/Thornton (1994), Bikker/Groeneveld (2000), Bikker/Haaf (2002b), Hempell (2002), Claessens/Laeven (2004) und Gelos/Roldós (2004) Verwendung. Die Ertragsgleichung wurde etwa von Lang (1997) und De Bandt/Davis (2000) benutzt.

Um die Ergebnisse der Preisgleichung mit denen der Ertragsgleichung zu vergleichen, werden für beide Varianten die Modelle I und IV geschätzt. Tabelle 7.21 zeigt, dass die Ergebnisse der Schätzung von Preis- und Ertragsgleichung beträchtlich voneinander abweichen. Die Streuung des Outputpreises (abhängige Variable der Preisgleichung) ist naturgemäß erheblich geringer als die der Erträge. „Optisch“ gelingt mit der Preisgleichung eine bessere Anpassung der Schätzung an die Daten. Gegenüber der Ertragsgleichung weist die Konstante einen sehr viel geringeren Wert auf, der F-Wert der Regression ist dramatisch gestiegen und auch die Standardabweichung der geschätzten Panzar-Rosse-Statistik fällt deutlich geringer aus.[259] Das Eigenkapital besitzt in der Preisgleichung einen negativen Einfluss auf die abhängige Variable. Ferner weist der Business-Mix-Indikator einen signifikant positiven und der Sicherheitsindikator einen signifikant negativen Koeffizienten auf, beides stellen plausible Ergebnisse dar.

Entscheidend für den Wert der Panzar-Rosse-Statistik sind die Ergebnisse bezüglich der Faktorpreiselastizitäten. Die Elastizität des Einlagenpreises ist in der Preisgleichung deutlich höher als in der Ertragsgleichung. Für den Arbeitspreis resultiert in der Preisgleichung ein negativer Wert für die Elastizität, der sich nachdrücklich vom Wert aus der Ertragsgleichung

[259] Detaillierte Ergebnisse der Schätzungen der Preisgleichung finden sich den Tabellen 59 und 60 des Anhangs.

unterscheidet. Die Auswirkungen auf Sachkapital- und Eigenkapitalpreis sind demgegenüber von untergeordneter Bedeutung. Aufgrund des negativen Koeffizienten für den Arbeitspreis zeigt sich die Panzar-Rosse-Statistik spürbar verringert, wenn auch noch signifikant positiv.

Tabelle 7.21: Vergleich der Regressionsergebnisse von Ertrags- und Preisgleichung

	Ertragsgleichung		Preisgleichung	
Modell	**I**	**IV**	**I**	**IV**
lnFP1	0,307*** (15,62)	0,287*** (14,46)	0,491*** (53,47)	0,490*** (51,35)
lnFP2	0,181*** (5,79)	0,205*** (6,64)	-0,378*** (-20,84)	-0,343*** (-19,12)
lnFP3	0,013** (1,98)	0,015** (2,45)	-0,006** (-2,17)	-0,006** (-2,30)
lnFP4		0,021*** (8,38)		0,015*** (12,22)
lnEK	0,264*** (14,15)	0,277*** (14,30)	-0,124*** (-21,38)	-0,100*** (-17,26)
lnB	0,015 (0,57)		0,118*** (9,56)	
lnS		-4,904*** (-11,16)		-2,780*** (-12,23)
Konstante	8,581*** (67,63)	8,300*** (67,27)	1,626*** (34,04)	1,184*** (26,00)
Beobachtungen	4280	4172	4280	4172
F d. Regression	149,6	143,1	13741,3	12064,2
H	0,501***	0,528***	0,108***	0,156***

Bemerkungen: Robuste t-Werte in Klammern,
***, ** und * kennzeichnen Signifikanz auf dem Niveau von 1 %, 5 % und 10 %.

Damit bleibt zwar das grundlegende Resultat des monopolistischen Wettbewerbs und der Ablehnung von Monopol und perfekter Konkurrenz als alternativen Verhaltensannahmen erhalten, jedoch führt die Verwendung der Preisgleichung zu erheblichen Abweichungen in den Ergebnissen. Der zuweilen in der Literatur geäußerten Ansicht, dass Preis- und Ertragsgleichung zu keinen wesentlichen Differenzen in den empirischen Ergebnissen führen, kann somit zumindest für die hier zugrundeliegende Spezifikation und die verwendeten Daten nicht gefolgt werden.[260]

[260] Vgl. etwa Bikker/Groeneveld (2000), S. 77. Die Autoren ermitteln in ihrer Schätzung für die EU-15 mit Gesamterträgen als abhängiger Variable einen Wert von 0,68 für das Jahr 1989 und stellen diesen dem Wert von 0,79 in der von ihnen präferierten Formulierung mit Verhältnis von Zinserträgen zur Bilanzsumme als

7.4.2 Proxy für Arbeitspreis

Weil Daten zum Personalbestand häufig nicht zur Verfügung stehen oder nur mit erheblichem Aufwand beschafft werden können, werden in der Literatur für den Faktorpreis der menschlichen Arbeit regelmäßig Proxy-Größen verwendet. So trat u.a. in den Studien von Molyneux/Lloyd-Williams/Thornton (1994), Bikker/Groeneveld (2000), Bikker/Haaf (2002b), Hempell (2002), Claessens/Laeven (2004) und Gelos/Roldós (2004) der Quotient aus Personalausgaben und Bilanzsumme an die Stelle des tatsächlichen Arbeitspreises. In der Untersuchung von De Bandt/Davis (2000) wurde der Arbeitspreis durch das Verhältnis der Personalausgaben zur Summe aus Krediten und Einlagen ersetzt. Die Autoren nehmen an, dass die Gewinnung von Einlagen und die Vergabe von Krediten die arbeitsintensivsten Tätigkeiten einer Bank darstellen und daher eine gute Proxy für den Personalbestand bilden.[261]

Wie zuvor ausgeführt, wird der Personalbestand hier - erstmals in einer Panzar-Rosse-Untersuchung im europäischen Raum - in vollzeitäquivalenten Kopfzahlen gemessen. Der vorliegende Datensatz bietet die Möglichkeit einer Beurteilung des Zusammenhangs zwischen den Proxy-Variablen und der eigentlichen Größe, und erlaubt ferner eine Abschätzung der Auswirkungen der Verwendung der Proxies auf die Ermittlung der Panzar-Rosse-Statistik.

Dass Proxy und tatsächlicher Arbeitspreis unterschiedliche Sachverhalte messen (können), mag die folgende, einfache Überlegung verdeutlichen. Kommt es etwa in der Folge von Tarifabschlüssen zu einer Steigerung der Bruttolöhne *pro Kopf*, so bestünde für die betroffenen Unternehmen eine denkbare Reaktion beispielsweise darin, den Faktor Arbeit teilweise durch Sachkapital zu ersetzen. Im Ergebnis könnte die Bruttolohnsumme auf ihrem alten Wert verharren, während der Bruttolohn pro Kopf gestiegen ist. Eine solche Entwicklung würde sich im tatsächlichen Faktorpreis der Arbeit, aber nicht in einer ausschließlich auf der Ausgabensumme aufsetzenden Proxy-Variable niederschlagen.

abhängiger Variable gegenüber. Die Differenz von 0,11 ist vergleichsweise gering, allerdings bleibt unklar, welchen Einfluss dabei die gleichzeitig geänderte Abgrenzung der Erträge ausübte.

[261] Vgl. De Bandt/Davis (2000), S. 1053.

Die vorliegenden Daten zeigen, dass die Unterschiede zwischen diesen Größen noch gravierender sind, als es die vorstehende Betrachtung anzudeuten vermag. Der Korrelationskoeffizient zwischen dem Arbeitspreis und der häufiger genutzten Proxy (Quotient aus Personalausgaben und Bilanzsumme) beträgt rund -0,24, der Korrelationskoeffizient mit der Proxy von De Bandt und Davis liegt bei -0,25. Zwischen beiden Proxy-Variablen besteht eine Korrelation von 0,96. Demnach ist der Zusammenhang zwischen Proxy und tatsächlichem Arbeitspreis nicht nur relativ schwach ausgeprägt, sondern darüber hinaus auch noch negativ.[262] Dies hat Folgen für die Bestimmung der Panzar-Rosse-Statistik, wie Tabelle 7.22 zeigt. Die Tabelle stellt die bereits zuvor auf der Grundlage des realen Arbeitspreises hinsichtlich der Faktorpreiselastizitäten und der resultierenden Panzar-Rosse-Statistik gewonnenen Ergebnisse den auf der Basis der häufiger gebrauchten Proxy erzielten Resultaten gegenüber. Dabei wird wieder die hier präferierte Ertragsgleichung verwendet.[263]

Tabelle 7.22: Vergleich der Regressionsergebnisse mit Proxy und tatsächlichem Arbeitspreis

	Arbeitspreis		**Proxy**	
Modell	**I**	**IV**	**I**	**IV**
lnFP1	0,307*** (15,62)	0,287*** (14,46)	0,359*** (20,01)	0,328*** (17,95)
lnFP2	0,181*** (5,79)	0,205*** (6,64)	-0,636*** (-34,03)	-0,599*** (-33,41)
lnFP3	0,013** (1,98)	0,015** (2,45)	0,000 (0,05)	0,004 (0,76)
lnFP4		0,021*** (8,38)		0,014*** (6,92)
Beobachtungen	4280	4172	4280	4172
F d. Regression	149,6	143,1	478,6	395,9
H	0,501***	0,528***	-0,277***	-0,253***

Bemerkungen: Robuste t-Werte in Klammern,
***, ** und * kennzeichnen Signifikanz auf dem Niveau von 1 %, 5 % und 10 %.

262 Selbstverständlich ist die Tatsache, dass zwischen einer Größe und ihrer Proxy eine negative Korrelation besteht, per se kein Hinderungsgrund für die Verwendung der betreffenden Proxy-Variable, jedoch müsste dieser Umstand bei der Interpretation der empirischen Resultate geeignet berücksichtigt werden.

263 Ausführliche Ergebnisse für die Regressionen mit Proxy enthalten die Tabellen 61 und 62 im Anhang. Auf Basis der Proxy von De Bandt und Davis ergeben sich ähnliche Resultate, auf deren gesonderte Darstellung daher verzichtet werden kann.

Die Verwendung der Proxy-Variablen führt zu einem stark negativen Koeffizienten für den Arbeitspreis. Die Auswirkungen auf die anderen Faktorpreise sind relativ gering. Im Ergebnis wird die Panzar-Rosse-Statistik damit in den negativen Bereich verschoben und wäre somit vereinbar mit dem Fall des Monopols. Demgegenüber ist der Koeffizient des realen Arbeitspreises hochsignifikant und besitzt einen plausiblen Wert. Dies unterstreicht die hier vertretene Ansicht, dass der Arbeitspreis nach Möglichkeit auf der Basis tatsächlicher Daten ermittelt werden sollte und nicht auf Grundlage der oft genutzten Proxies.

Mit Blick u.a. auf De Bandt/Davis (2000) führt Hempell aus, dass der negative Koeffizient des Arbeitspreises ein Resultat sei der Verwendung von Erträgen als abhängiger Variable in Kombination mit Quotienten als Regressoren, welche - wie die Proxy-Variablen des Arbeitspreises - die Summe der Aktiva oder die Summe aus Krediten und Einlagen im Nenner führen. Dies führe zu einem Endogenitätsproblem, da diese Quotienten aufgrund der Bilanzrestriktion per Definition negativ korreliert seien mit der abhängigen Variablen.[264] Diese Argumentation erscheint nicht zwingend, da mit zunehmendem Output (gemessen durch die vergebenen Kredite oder durch die Summe der Aktiva) nicht nur die Erträge, sondern auch die Personalausgaben im Zähler der Quotienten wachsen. Im Lichte der obigen Ergebnisse erscheint der negative Koeffizient des Arbeitspreises vielmehr als ein Resultat der eher dürftigen Fähigkeiten dieser Variablen, den Arbeitspreis tatsächlich zu approximieren.

7.4.3 Preisgleichung und Proxy für Arbeitspreis

Nach der isolierten Untersuchung der einzelnen Effekte der Verwendung von Preisgleichung und Arbeitspreis-Proxy soll nunmehr abschließend die kombinierte Wirkung aufgezeigt werden. Tabelle 7.23 vergleicht die hinsichtlich der Faktorpreiselastizitäten und der resultierenden Panzar-Rosse-Statistik in den einzelnen Varianten erzielten Ergebnisse.[265] Im Ergebnis hat sich die Einlagenpreiselastizität gravierend erhöht, während sich beim Arbeitspreis die Einzeleffekte gegenseitig weitgehend aufheben. Der Sachkapitalpreis hat seinen signifikanten Einfluss verloren, der Eigenkapitalpreis zeigt sich nahezu unverändert. Die resultierende

264 Vgl. Hempell (2002), S. 27.

265 Die ausführlichen Ergebnisse der Regressionen mit Preisgleichung und Proxy geben die Tabellen 63 und 64 im Anhang.

Panzar-Rosse-Statistik weist einen deutlich höheren Wert auf als der auf der Grundlage der Ertragsgleichung und des tatsächlichen Arbeitspreises ermittelte Wert. Damit bleibt für diesen Datensatz das grundlegende Resultat des monopolistischen Wettbewerbs zwar erhalten, jedoch zeigen sich teilweise gravierende Differenzen in den Ergebnissen der Schätzungen.

Tabelle 7.23: Vergleich der Regressionsergebnisse mit Proxy und tatsächlichem Arbeitspreis

	Ertragsgl. + Arbeitspreis		**Preisgl. + Proxy**	
Modell	**I**	**IV**	**I**	**IV**
lnFP1	0,307*** (15,62)	0,287*** (14,46)	0,581*** (76,59)	0,562*** (74,75)
lnFP2	0,181*** (5,79)	0,205*** (6,64)	0,177*** (15,91)	0,206*** (17,53)
lnFP3	0,013** (1,98)	0,015** (2,45)	-0,015*** (-4,97)	-0,012*** (-4,38)
lnFP4		0,021*** (8,38)		0,020*** (14,54)
Beobachtungen	4280	4172	4280	4172
F d. Regression	149,6	143,1	11623,2	10938,9
H	0,501***	0,528***	0,743***	0,775***

Bemerkungen: Robuste t-Werte in Klammern,
***, ** und * kennzeichnen Signifikanz auf dem Niveau von 1 %, 5 % und 10 %.

7.5 Ergebnisse für Deutschland gesamt und Vergleich mit Literatur

Die bisherige Untersuchung hat die Wettbewerbsverhältnisse in Ost- und Westdeutschland getrennt analysiert. Hierfür liegen in der Literatur keine vergleichbaren Ergebnisse vor. Die vorhandenen Studien konzentrieren sich auf die Betrachtung ganzer Länder oder sogar Ländergruppen (z.B. EU). Um auch eine Einordnung in die existierende Literatur zu ermöglichen und eine Basis für die weitere Diskussion zu legen, soll nachfolgend auch für Deutschland insgesamt die Panzar-Rosse-Statistik ermittelt werden. Es sei jedoch noch einmal betont, dass diese Sichtweise aufgrund der starken Unterschiede zwischen Ost- und Westdeutschland nicht präferiert wird. Für die folgende Untersuchung kommen die bereits bekannten Modellspezifikationen I und IV mit den Zinserträgen als abhängiger Variable zur Anwendung. Tabelle 7.24 fasst die wichtigsten Ergebnisse der Schätzungen zusammen.[266]

Tabelle 7.24: Ergebnisse der Regression für Modelle I und IV

Modell	I	IV
lnFP1	0,247*** (14,35)	0,220*** (13,42)
lnFP2	0,044 (1,54)	0,035 (1,34)
lnFP3	0,005 (0,96)	0,011** (2,01)
lnFP4		0,015*** (8,54)
lnEK	0,275*** (17,92)	0,282*** (18,25)
lnB	-0,003 (-0,18)	
lnS		-5,387*** (-13,34)
Konstante	8,771*** (76,78)	8,649*** (90,24)
Beobachtungen	5170	5015
F d. Regression	147,2	149,8
H	0,296***	0,282***
H=0#	57,7	64,0
H=1#	325,1	416,9

Bemerkungen: Robuste t-Werte in Klammern,
***, ** und * kennzeichnen Signifikanz auf dem Niveau von 1 %, 5 % und 10 %.
F-Wert für Test H = 0 bzw. 1.

Bei gesamtdeutscher Betrachtung üben der Einlagenpreis und der Preis des Eigenkapitals einen signifikanten Einfluss aus, während der Arbeitspreis nicht und der Sachkapitalpreis nur in einem Fall signifikant sind. Die resultierende Panzar-Rosse-Statistik von rund 0,30 bzw. 0,28 ist auch auf dieser Ebene nur vereinbar mit dem Modell des monopolistischen Wettbewerbs, die Fälle des Monopols und des perfekten Wettbewerbs können verworfen werden.

Nur in wenigen Studien wurde bisher der Panzar-Rosse-Ansatz zur Untersuchung der Wettbewerbsbedingungen in Deutschland implementiert. Dies erfolgte meist im Rahmen von

266 Detaillierte Regressionsergebnisse geben die Tabellen 65 und 66 im Anhang.

Mehr-Länder-Untersuchungen auf der Basis einer internationalen Datenbank von Fitch-IBCA (Bankscope). Die Datenbasis war nicht erschöpfend für die darin enthaltenen Länder, da vor allem bedeutendere Banken verzeichnet wurden. Die Abdeckung fiel daher für größere Banken besser aus als für kleine.[267] Zu diesen Untersuchungen zählen die Arbeiten von Molyneux/Lloyd-Williams/Thornton (1994), Bikker/Groeneveld (2000), De Bandt/Davis (2000) und Bikker/Haaf (2002b). Der Fokus dieser Studien lag eher auf der supranationalen Ebene bzw. dem internationalen Vergleich als in der Berücksichtigung der besonderen Spezifika einzelner Länder. Für diese Untersuchungen standen zudem Personaldaten nicht zur Verfügung, so dass der Arbeitspreis durch andere Variablen approximiert werden musste.

Ausnahmen bilden die Studien von Lang (1997) und Hempell (2002), die sich auf den deutschen Bankenmarkt konzentrieren und daher eine für diesen Markt mutmaßlich geeignetere Datenbasis zu verwenden suchen. Lang (1997) nutzt die Hoppenstedt-Datenbank, die umfangreiches Datenmaterial über größere Banken enthält, jedoch nur eine geringe Zahl kleinerer Institute berücksichtigt. Diese Datenbasis wurde daher um Daten des bayerischen Genossenschaftsverbandes und somit um kleinere Banken ergänzt.[268] Hempell (2002) stützt sich auf die umfangreichen Daten aus der Bilanz- und GuV-Statistik über die berichtspflichtigen Kreditinstitute der Deutschen Bundesbank.[269]

Neben der unterschiedlichen Datenbasis variieren die vorhandenen Studien stark in der funktionalen Form der Schätzgleichung, der Festlegung der endogenen Variablen, der (zusätzlich zu den Faktorpreisen eingeführten) exogenen Variablen und der verwendeten Schätzverfahren. Relativ einheitlich erfolgte dagegen die Definition der Faktorpreise selbst mit Ausnahme des Arbeitspreises. Lang (1997) nutzt eine Translog-Spezifikation, während alle anderen Autoren die Schätzung in log-linearer Form vornehmen. Mit Ausnahme von Lang (1997) und De Bandt/Davis (2000) wird in allen Untersuchungen die Preisgleichung geschätzt.

267 Vgl. De Bandt/Davis (2000), S. 1052.
268 Vgl. Lang (1997), S. 27. Für die Arbeit von Lang standen als bisher einziger Untersuchung auch verwertbare Daten zur Zahl der Beschäftigten zur Verfügung.
269 Vgl. Hempell (2002), S. 11.

Abgesehen von De Bandt/Davis (2000) und Hempell (2002) führen alle Autoren Outputvariablen wie vergebene Kredite oder Bilanzsumme als exogene Variable[270] in die Schätzgleichung ein, welches höchst bedenklich erscheint, weil der Output die *endogene* Entscheidungsvariable der Firma darstellt.[271] Der Panzar-Rosse-Ansatz verfolgt die Absicht, auf den mengenmäßigen Output als erklärende Variable zu verzichten, weil Daten dafür häufig schwerer beschaffbar sind als für die daraus resultierenden Erträge. Dies kommt auch in der theoretischen Konstruktion zum Ausdruck: Der optimale Output ist nicht Bestandteil der Ertragsgleichung in reduzierter Form. Die Verwendung des Outputs als Regressor widerspricht gewissermaßen Philosophie und Konstruktion der Panzar-Rosse-Statistik. Sie führt darüber hinaus zu einem Endogenitätsproblem. Da das Unternehmen, indem es über seinen Output entscheidet, simultan auch über die Erträge entscheidet, stehen zwei endogene Variablen, die via Zinssatz direkt miteinander verbunden sind, auf der linken und rechten Seite der Schätzgleichung.

Gravierende Unterschiede weisen ferner die verwendeten Schätzverfahren auf. Molyneux/Lloyd-Williams/Thornton (1994) führen jährliche Querschnittsregressionen durch, Bikker/Groeneveld (2000) und Bikker/Haaf (2002b) nutzen „gepoolte" Schätzungen, die häufig auch als Pooled OLS oder Pooled Cross-Sectional and Time-Series Regression bezeichnet werden. Lang (1997) verwendet Fixed und Random Effects, Hempell (2002) nur Fixed Effects, De Bandt/Davis (2000) sowohl Pooled OLS, Fixed Effects als auch den Between Estimator. Da beim Between Estimator nur die (über die Zeit bestimmten) firmenspezifischen Mittelwerte der Variablen als Grundlage der Schätzung dienen, wird hier - ähnlich zu den Regressionen von Molyneux/Lloyd-Williams/Thornton (1994) - nur die in der Querschnittsdimension enthaltene Information genutzt.

Die im Einzelfall für den deutschen Bankenmarkt geschätzten Panzar-Rosse-Statistiken variieren sehr stark. Dabei werden für teilweise identische oder zumindest überlappende Zeiträume gänzlich unterschiedliche Werte geschätzt. So ermitteln Molyneux/Lloyd-Williams/Thornton (1994) mit -0,04 (für 1986) und 0,05 (für 1987 und 1988) auch Werte, die teilweise mit dem Modell des monopolistischen Verhaltens vereinbar sind. Für das folgende

[270] Lang (1997) verwendet insgesamt fünf Outputvariablen, darunter auch die Provisionserträge. Dies erscheint besonders fragwürdig, da diese zugleich Teil seiner abhängigen Ertragsvariablen sind.

[271] Auf diese Problematik hat ebenfalls bereits Vesala (1995), S. 75, verwiesen.

Jahr 1989 wird ein Wert von 0,47 geschätzt. Eine solche starke Veränderung in den Wettbewerbsbedingungen über eine derart kurze Frist erscheint kaum überzeugend und deutet darauf hin, dass reine Querschnittsregressionen für die Bestimmung der Panzar-Rosse-Statistik wenig geeignet sind. De Bandt/Davis (2000) bestimmen für den Zeitraum 1992 bis 1996 mit verschiedenen Schätzverfahren Werte von -0,35 bis 0,18 für kleine Banken[272]. Ohne Berücksichtigung der auf der Grundlage des Between Estimators ermittelten Resultate ergibt sich ein signifikant negatives Ergebnis von -0,07 als kleinster Wert. Für große Banken reichen die ermittelten Werte von 0,25 bis 1,13 und sind damit teilweise vereinbar mit perfektem Wettbewerb. Lässt man wieder den Between Estimator außer Acht, so werden die Ergebnisse auf den Bereich von 0,25 bis 0,63 eingegrenzt und sind damit nur noch vereinbar mit dem Modell des monopolistischen Verhaltens.

Alle anderen Untersuchungen ermitteln Werte zwischen rund 0,4 und 0,9 für die Panzar-Rosse-Statistik. So schätzt Lang (1997) für den Zeitraum 1988-92 Werte zwischen 0,44 und 0,69 für verschiedene Bankengruppen (Sparkassen: 0,44). Bikker/Haaf (2002b) ermitteln 0,60 für 1991 und 0,63 für 1997, Bikker/Groeneveld (2000) für den Zeitraum 1989-96 mit verschiedenen Modellen 0,84 bis 0,92. Schließlich bestimmt Hempell (2002) für den Zeitraum 1993 bis 1998 einen Wert von 0,68 (Sparkassen: 0,64), der immerhin gut zu den Ergebnissen von Bikker/Haaf (2002b) passt. Als Schlussfolgerung bleibt jedoch nur, dass die divergierenden Resultate kaum mit tatsächlichen Veränderungen der Bedingungen im Zeitablauf in Zusammenhang gebracht werden können. Verglichen mit den bisher gewonnenen Ergebnissen ist der hier ermittelte Wert der Panzar-Rosse-Statistik von rund 0,3 für Gesamtdeutschland relativ gering. Ein Vergleich zwischen den diversen Untersuchungen gestaltet sich jedoch äußerst schwierig. Dafür sind die zuvor angesprochenen Unterschiede in der empirischen Ermittlung der Panzar-Rosse-Statistik sowohl hinsichtlich der verwendeten Verfahren als auch der zugrundeliegenden Daten zu groß.

---

[272] Zur Unterscheidung von kleinen und großen Banken wird für alle Länder eine fixe Grenze von 3 Mrd. (US-)$ Bilanzsumme verwendet - vgl. De Bandt/Davis (2000), S. 1053. Nach diesem Kriterium wären im hier vorliegenden Datensatz z.B. für das Jahr 1994 über 90 % der westdeutschen und 96 % der ostdeutschen Sparkassen als „klein" einzustufen.

8 Fazit

Den Ausgangspunkt der Überlegungen bildete die Frage nach den Funktionen, die Banken im Wirtschaftsgeschehen wahrnehmen und den Grundlagen der Tätigkeit von Kreditinstituten im Kontext der modernen Banktheorie. Kern der Banktätigkeit ist die Finanzintermediation. Die unerlässliche Rolle der Banken für die Allokation von Kapital resultiert aus der Unvollkommenheit realer Kapitalmärkte. In den von Informationsasymmetrien geprägten Beziehungen von Kapitalanbietern und -nachfragern erscheint die Kreditvergabe durch Banken als effizientes Instrument der Unternehmensfinanzierung. Dabei stellt das bewusste Eingehen von Risiken in Form der Bildung eines diversifizierten Kreditportefeuilles den Schlüssel für die Vorteilhaftigkeit der Banktätigkeit dar.

Daran anschließend wurden die Verhältnisse auf dem deutschen Bankenmarkt eingehend beleuchtet, der regelmäßig als überaus wettbewerbsintensiv charakterisiert wird. Untersuchungen zum Bankenmarkt müssen seine komplexe Struktur berücksichtigen. Neben dem Drei-Säulen-System ist für den deutschen Markt kennzeichnend, dass hier Universalbanken bundesweit, regional oder in einem lokal eng begrenzten Raum miteinander konkurrieren. Es fiel zunächst auf, dass die einzelnen Bankengruppen recht unterschiedlich von der häufig als „Bankenkrise" apostrophierten angespannten Situation der letzten Jahre betroffen waren. Die Probleme konzentrierten sich zumeist auf überregional agierende Institute, die sich zuvor aus der Fläche und aus dem Zinsgeschäft mit privaten sowie kleinen und mittelständischen Gewerbekunden zugunsten eines stärkeren Engagements bei Großunternehmen sowie einer Intensivierung des Investment Banking zurückgezogen hatten.

Es ist daher schon unter diesem Aspekt unwahrscheinlich, dass die angesprochenen Problemlagen auf Faktoren zurückgehen, die alle Mitglieder des Bankensektors gleichermaßen betreffen würden, wie sie für die Overbanking-These und die Vermutung eines übermäßigen, vielleicht gar ruinösen Wettbewerbs typisch sind. In diesem Lichte erscheinen die Schwierigkeiten der betreffenden Banken eher als das Ergebnis einer - im Nachhinein - ungünstigen Strategiewahl. Auch der in jüngster Zeit vorgenommene erneute Wechsel in der strategischen Ausrichtung größerer Kreditinstitute hin zu einer wieder stärkeren Orientierung am Retail

Banking deutet darauf hin, dass man hier die ursprünglichen Einschätzungen über die Lukrativität dieses Geschäfts korrigiert hat.

Für ein Overbanking im deutschen Bankensektor haben sich indes auch keine stichhaltigen Hinweise ergeben. Vor dem Hintergrund der besonderen Verhältnisse auf dem deutschen Bankenmarkt muss die Beantwortung der Frage nach einer Quantifizierung des Wettbewerbs auf diesem Markt nicht zuletzt in methodischer Hinsicht sehr sorgfältig erfolgen. Der an dieser Stelle gängige Rekurs auf marktstrukturelle Kenngrößen des traditionellen SCP-Ansatzes vermag aus theoretischen wie empirischen Gründen nicht zu überzeugen. Dies gilt erst recht dann, wenn bei der Ermittlung dieser Größen auf die gesamtstaatliche Ebene abgestellt und somit ignoriert wird, dass die Grenzen des Geschäftsgebietes der wenigsten deutschen Banken mit denen des Nationalstaates identisch sind. Auch die theoretisch wesentlich besser fundierten NEIO-Methoden leiden, soweit es sich um strukturorientierte Methoden handelt, unter dem Problem einer adäquaten Marktabgrenzung.

Der Panzar-Rosse-Ansatz stellt eine verhaltensorientierte, voraussetzungsarme NEIO-Methode der Wettbewerbsmessung dar, die auf der Basis der Faktorpreiselastizität der Unternehmenserlöse ohne Rückgriff auf die Marktstruktur den Wettbewerbsgrad diagnostiziert und dabei implizit alle Effekte aus direkter, indirekter oder potentieller Konkurrenz berücksichtigt. Die Panzar-Rosse-Statistik ist ein Mittel zur Auswahl des richtigen (mit den Beobachtungen im Einklang stehenden) Wettbewerbsmodells. Aussagen über die Marktmacht der Unternehmen erfordern im Allgemeinen die Akzeptanz zusätzlicher Prämissen.

Die Untersuchung hat sich Fragen nach einer geeigneten ökonometrischen Umsetzung des Panzar-Rosse-Ansatzes gewidmet und dabei u.a. die häufig in der Literatur anzutreffende Formulierung in Form einer Preisgleichung verworfen. Schließlich wurde eine ausführliche Analyse der Wettbewerbssituation anhand dieses Ansatzes vorgenommen und dabei das Ziel verfolgt, eine bestmögliche Übereinstimmung der empirischen Implementation mit dem theoretischen Konzept von Panzar und Rosse sowohl hinsichtlich der Definition der Variablen als auch der funktionalen Form der Schätzgleichung zu erreichen. Für die Schätzung konnte ein außergewöhnlich umfangreicher und qualitativ hochwertiger Datensatz für den Zeitraum 1993 bis 2002 über die deutschen Sparkassen ausgewertet werden. Die Ergebnisse besitzen Relevanz über die Sparkassen hinaus, da diese den gleichen Bedingungen unterliegen wie die übrigen Universalbanken. Sie dürfen daher zumindest für das Marktsegment der Privatkunden sowie kleinen und mittelständischen Unternehmen, in dem die Sparkassen stark vertreten sind, Aussagekraft beanspruchen. Die wichtigsten Resultate der umfangreichen Untersuchung sollen im Folgenden zusammengefasst und diskutiert werden.

Für die Gesamtheit der westdeutschen Sparkassen wurde auf der Basis der Zinserträge ein Wert für die Panzar-Rosse-Statistik von rund 0,50 ermittelt. Das Verhalten der Institute ist vereinbar mit dem Modell der monopolistischen Konkurrenz nach Chamberlin. Es scheint gleichermaßen weit entfernt davon, perfekt kompetitiv oder rein monopolistisch zu sein. Entsprechende Hypothesen konnten überzeugend verworfen werden. Dies gilt zugleich für Modelle wie die des Monopolisten auf einem perfekt bestreitbaren Markt und des Umsatzmaximierers unter der Break-even-Bedingung, welche die gleichen Implikationen wie das Modell des perfekten Wettbewerbs hinsichtlich der Panzar-Rosse-Statistik aufweisen. Mit der Ablehnung des Monopols wurde zugleich die Vermutung eines Verhaltens der Banken entsprechend dem Modell der monopolistischen Konkurrenz ohne freien Marktzutritt verworfen. In insgesamt vier Modellvarianten wurden Werte von 0,47 bis 0,54 für die Panzar-Rosse-Statistik ermittelt, die somit als robust gegenüber Änderungen der Spezifikation erschien. Dabei wurde auch der Preis des Eigenkapitals berücksichtigt, welcher einen, wenn auch absolut gesehen geringfügigen, aber doch signifikanten Beitrag zur Panzar-Rosse-Statistik leistet. Sein Einfluss entspricht etwa dem des Sachkapitals. Beide spielen für den Wert der Panzar-Rosse-Statistik jedoch nur eine untergeordnete Rolle. Dieser wird im Wesentlichen vom Einlagenpreis und - mit schwächerem Einfluss - vom Arbeitspreis bestimmt.

Die Untersuchung einzelner Größenklassen ergab, dass kleinere Banken über eine signifikant stärkere Wettbewerbsposition verfügen als größere Institute. Dies konnte anhand verschiedener Kriterien zur Größenabgrenzung bestätigt werden. Auch die Gruppe der größten Banken profitiert nicht von ihrer Unternehmensgröße und verfügt im Vergleich zu den mittleren Banken über keine bessere Marktstellung. Zur Untersuchung der zeitlichen Veränderung der Wettbewerbsintensität wurde ein Indikator auf der Basis rollierender Zeitabschnitte vorgeschlagen. Demnach scheint sich die Wettbewerbsintensität in der zweiten Hälfte des Untersuchungszeitraums erhöht zu haben. Dies erfolgte für kleinere Banken in einem stärkeren Ausmaß als für größere, wodurch erstere einen Teil ihres Vorsprungs eingebüßt haben. Die Einbeziehung des Provisionsgeschäftes bestätigte das zuvor gezeichnete Bild der Wettbewerbssituation. Bei Berücksichtigung dieses Geschäfts ergaben sich nur geringfügig höhere Werte der Panzar-Rosse-Statistik sowohl für das gesamte Sample als auch für die einzelnen Größenklassen in Westdeutschland. Hier ist sowohl denkbar, dass die Wettbewerbssituation im Provisionsgeschäft sich letztlich nicht grundlegend anders darstellt als im Zinsgeschäft, als auch, dass das Gewicht dieses Geschäftes nicht groß genug ist, um die Panzar-Rosse-Statistik merklich zu beeinflussen. Der Panzar-Rosse-Ansatz ist jedoch wenig geeignet, differenzierte Aussagen über einzelne Geschäftsfelder zu treffen.

Für die Gesamtheit der ostdeutschen Sparkassen wurde ein Wert von rund 0,14 für die Panzar-Rosse-Statistik bestimmt. Hier ergaben sich in den einzelnen Modellvarianten nur sehr geringe Abweichungen in den Ergebnissen. Die ermittelten Werte sind ausnahmslos deutlich niedriger als die für Westdeutschland geschätzten Werte. Die ostdeutschen Sparkassen scheinen somit insgesamt über mehr Marktmacht als die westdeutschen zu verfügen. Doch auch für Ostdeutschland kann die Monopolhypothese ebenso wie die des perfekten Wettbewerbs abgelehnt werden. Auch hier ist somit das Verhalten der Banken nur mit der Vorstellung des monopolistischen Wettbewerbs vereinbar.

Die Betrachtung einzelner Größenklassen offenbarte merkliche Unterschiede zwischen denselben. Die Punktschätzung für die kleinen Institute lieferte einen negativen Wert der PR-Statistik. Dieser war jedoch nicht signifikant von Null verschieden, so dass weder der Monopol-Fall noch das Modell der monopolistischen Konkurrenz nach Chamberlin ausgeschlossen werden kann. Die gleichen Schlussfolgerungen ergeben sich für die großen Banken auf der Basis einer zwar positiven, jedoch nicht signifikant von Null verschiedenen Panzar-Rosse-Statistik für diese Klasse. Nicht zuletzt aufgrund der geringen Stichprobengröße war die Schätzung für diese beiden Gruppen mit erheblichen Unsicherheiten behaftet. Lediglich für die mittelgroßen Banken konnte die Monopol-Vermutung überzeugend zurückgewiesen werden. Diese Banken wiesen darüber hinaus den größten Wert aller Klassen für die PR-Statistik auf. Die Betrachtung der zeitlichen Entwicklung der Wettbewerbsintensität deutete darauf hin, dass diese sich während des Untersuchungszeitraums in Ostdeutschland nicht nennenswert verändert hat. Die Einbeziehung des Provisionsgeschäftes führte zu niedrigeren Werten der Panzar-Rosse-Statistik in Ostdeutschland. Im Hinblick auf die einzelnen Größenklassen ergaben sich unterschiedliche Auswirkungen. Während die PR-Statistik für die kleinen Institute praktisch unverändert blieb, verringerte sie sich für die mittleren deutlich und erhöhte sich leicht bei den größeren Banken. Im Ergebnis erreichten mittlere und große Banken nun nahezu identische Werte. Insgesamt ergaben sich jedoch auch in Ostdeutschland keine gravierenden Änderungen im Gesamtbild durch die Berücksichtigung des Provisionsgeschäftes.

Die gemessenen Unterschiede zwischen den westdeutschen und den ostdeutschen Instituten erwiesen sich als hochsignifikant. Da ostdeutsche Institute eine geringere Größe als ihre westdeutschen Pendants besitzen und dies regelmäßig mit einer kleineren Panzar-Rosse-Statistik verbunden ist, war der Frage nachzugehen, ob die Ost-West-Unterschiede auf die geringere Unternehmensgröße zurückgeführt werden können. Dies war jedoch nicht der Fall. Vielmehr dürften andere Einflussfaktoren wie zum Beispiel die Wirtschaftsstruktur dafür verantwortlich sein, dass die Kreditnachfrage dort weniger preiselastisch ist, welches im Lichte der Ergebnisse von Vesala (1995) mit einer geringeren Panzar-Rosse-Statistik einhergeht. Eine Berücksichtigung von sozio- und regionalökonomischen Einflussgrößen, die im vorliegenden Datenmaterial nicht zur Verfügung standen, könnte daher zukünftig zu weitergehenden Erkenntnissen führen.

Ferner wurden in der empirischen Literatur verwendete Spezifikationen untersucht und mit den hier gewählten verglichen. Die Schätzung der Panzar-Rosse-Statistik in Form der Preisgleichung stellt eine Fehlspezifikation dar, die zu deutlich abweichenden Ergebnissen führt. Ebenso führt die Verwendung einer Proxy-Variablen für den Arbeitspreis zu auffallend divergenten Resultaten, welche nicht nur die absolute Höhe der Panzar-Rosse-Statistik betreffen, sondern sogar mit einem Vorzeichenwechsel derselben verbunden sein können. Auf dieser Basis würden sich somit gänzlich andere Schlussfolgerungen bezüglich des herrschenden Marktregimes ergeben. Ein Vergleich mit älteren Ergebnissen aus der Literatur zeigte, dass bei gesamtdeutscher Betrachtung sich die hier ermittelten Werte im unteren Bereich einordnen würden. Ein adäquater Vergleich ist jedoch angesichts der gravierenden Unterschiede in der Modellierung und im Datenmaterial zwischen den einzelnen Studien kaum möglich.

Bei der empirischen Schätzung zeigte sich, dass zunehmende Größe einer Bank die Wettbewerbsposition nicht verbessert. Die verbreitete Ansicht „bigger is better" wird somit nicht gestützt. Das Ergebnis ist kompatibel mit der beispielsweise von Baxmann im Zusammenhang mit Größeneffekten geäußerten Vermutung, dass kleinere Institute über Vorteile verfügen, weil sie häufig an nicht gerade zentralen Bankplätzen, sondern in weniger wettbewerbsintensiven Regionen (beispielsweise ländliche, strukturschwache Gebiete) tätig seien.[273] Es wäre daher nicht originär die Größe der Institute selbst, die zu einem bestimmten Wettbewerbsverhalten führt, vielmehr dürfte eher das Umfeld, in denen sich die Banken bewegen, eine entscheidende Rolle spielen.

Für das Resultat kann allerdings auch verantwortlich sein, dass kleine Institute vorrangig kleine Unternehmen bedienen, die kaum über Ausweichmöglichkeiten bei der Finanzierung verfügen. Mit zunehmender Bankgröße werden Kredite an größere Unternehmen vergeben, bei denen die erzielbaren Margen relativ gering sind. Weil die betreffenden Unternehmen mit mehreren Banken zusammenarbeiten (können) oder gar auf den Bankkredit als solchen nicht unbedingt angewiesen sind, da sie sich - beispielsweise über die Emission von Anleihen - anderweitig die benötigten Mittel verschaffen können, ist die Position der Bank hier relativ schwach. Es stellt sich dann die Frage, warum derartige Engagements überhaupt angestrebt bzw. eingegangen werden. Ein solches Engagement kann unter verschiedenen Aspekten aus Sicht der einzelnen Bank sinnvoll sein, etwa weil der Aufwand - bezogen auf die vergebene Kreditsumme - relativ gering ist, die erzielbare Marge immer noch höher als bei einer Anlage am Interbankenmarkt ist oder das Engagement bei einer überregional oder gar international tätigen Unternehmung zu einer wünschenswerten Diversifikation des Risikos im Kreditportfolio beiträgt. Schließlich wäre gerade bei den einlagenstarken Sparkassen denkbar, dass für das in Rede stehende Volumen finanzieller Mittel unter Umständen weitere, sinnvoll erscheinende Investitionsmöglichkeiten bei anderen Unternehmen - gegenüber denen eventuell eine stärkere Verhandlungsmacht bestünde - in der betreffenden Region einfach nicht mehr zur Verfügung stehen.

Eine mögliche Erklärung für Unterschiede in der Wettbewerbssituation zwischen Banken unterschiedlicher Größe stellt auch die Existenz divergierender komparativer Vorteile dieser

[273] Vgl. Baxmann (1999), S. 27.

Banken dar, die in der neueren Forschung betont wird.[274] Große Banken besitzen demnach technologische Vorteile in der Kreditvergabe auf der Grundlage „harter“, quantitativer Daten, während kleine Banken ihre komparativen Vorteile eher in der Kreditvergabe aufgrund „weicher“ Informationen haben, die nicht nur schwer zu quantifizieren, sondern auch (vor allem in den Kommunikationskanälen großer Organisationen) schwierig zu kommunizieren sind. In empirischen Studien zeigt sich, dass große Banken dazu tendieren, Kredite an größere, sicherere, transparentere Schuldner zu vergeben. Im Gegensatz dazu finanzieren kleine Banken im Wege einer langfristigen Beziehung eher kleinere, riskantere und schwerer zu „durchleuchtende“ Schuldner. Im Lichte der hier gewonnenen Erkenntnisse erreichen kleine Banken dadurch eine bessere Wettbewerbsposition.

[274] Vgl. Berger et. al. (2004), S. 436 f., sowie die dort angegebene Literatur.

Literaturverzeichnis

Adelman, Morris A. (1969): Comment on the "H" Concentration Measure as a Numbers-Equivalent, Review of Economics and Statistics, 51, 1, S. 99-101.

Adhikari, Deergha Raj (2004): Measuring Market Power of the US Cigarette Industry, Applied Economics Letters, 11, S. 957-959.

Akerlof, George A. (1970): The Market for "Lemons": Quality Uncertainty and the Market Mechanism, Quarterly Journal of Economics, 84, S. 488-500.

Akhavein, Jalal D. / Berger, Allen N. / Humphrey, David B. (1997): The Effects of Megamergers on Efficiency and Prices: Evidence from a Bank Profit Function, Review of Industrial Organization, 12, S. 95-139.

Amel, Dean F. / Brevoort, Kenneth P. (2005): The Perceived Size of Small Business Banking Markets, Journal of Competition Law and Economics, 1, 4, S. 771-784.

Angelini, Paolo / Cetorelli, Nicola (2003): The Effects of Regulatory Reform on Competition in the Banking Industry, Journal of Money, Credit and Banking, 35, 5, S. 663-684.

Arrow, Kenneth J. (1964): The Role of Securities in the Optimal Allocation of Risk Bearing, Review of Economic Studies, 31, 2, S. 91-96.

Ashauer, Günter (2002): Die Rentabilität der Kreditwirtschaft im internationalen Vergleich, Sparkasse, 119, 6, S. 248-259.

Ashauer, Günter (2005): Sparkassen und Banken im Wettbewerb, Deutscher Sparkassenverlag, Stuttgart.

Ashton, John K. (2000): A General Test of Competitive Conditions in the UK Building Society Mortgage Market: 1990-1996, The Service Industries Journal, 20, 1, S. 86-94.

Bain, Joe S. (1951): Relation of Profit Rate to Industry Concentration: American Manufacturing, 1936-1940, Quarterly Journal of Economics, 65, 3, S. 293-324.

Bain, Joe S. (1956): Barriers to New Competition, Harvard University Press, Cambridge.

Barajas, Adolfo / Steiner, Roberto / Salazar, Natalia (2000): The Impact of Liberalization and Foreign Investment in Colombia's Financial Sector, Journal of Development Economics, 63, S. 157-196.

Baumol, William J. (1982): Contestable Markets: An Uprising in the Theory of Industry Structure, American Economic Review, 72, 1, S. 1-15.

Baumol, William J. / Panzar, John C. / Willig, Robert D. (1982): "Contestable Markets and the Theory of Industry Structure", Harcourt Brace Jovanovich, New York, San Diego.

Baxmann, Ulf G. (1995): Kreditwirtschaftliche Betriebsgrößen, Deutscher Sparkassenverlag, Stuttgart.

Baxmann, Ulf G. (1999): Hintergründe und Facetten der Bankenkonzentration im Überblick, in: Konzentrationsprozesse in der Kreditwirtschaft (hrsg. v. Baxmann, U.), Bankakademie-Verlag, Frankfurt/Main, S. 1-32.

Bell, Frederick W. / Murphy, Neil B. (1968): Economies of Scale and Division of Labor in Commercial Banking, Southern Economic Journal, 35, 2, S. 131-139.

Benston, George J. (1965a): Branch Banking and Economies of Scale, Journal of Finance, 20, 2, S. 312-331.

Benston, George J. (1965b): Economies of Scale and Marginal Costs in Banking Operations, National Banking Review, 2, S. 507-549.

Benston, George J. (1972): Economies of Scale of Financial Institutions, Journal of Money, Credit and Banking, 4, 2, S. 312-341.

Benston, George J. / Hanweck, Gerald A. / Humphrey, David B. (1982): Scale Economies in Banking: A Restructuring and Reassessment, Journal of Money, Credit and Banking, 14, 4, S. 435-456.

Berger, Allen N. / Demirgüç-Kunt, Asli / Levine, Ross / Haubrich, Joseph G. (2004): Bank Concentration and Competition: An Evolution in the Making, Journal of Money, Credit and Banking, 36, 3, S. 433-451.

Berger, Allen N. / Hanweck, Gerald A. / Humphrey, David B. (1987): Competitive Viability in Banking: Scale, Scope, and Product Mix Economies, Journal of Monetary Economics, 20, S. 501-520.

Berger, Allen N. / Humphrey, David B. (1992): Measurement and Efficiency Issues in Commercial Banking, in: Output Measurement in the Service Sectors (hrsg. v. Griliches, Z.), University of Chicago Press, Chicago, S. 245-279.

Berger, Allen N. / Leusner, John H. / Mingo, John J. (1997): The Efficiency of Bank Branches, Journal of Monetary Economics, 40, S. 141-162.

Bhattacharya, Sudipto / Thakor, Anjan V. (1993): Contemporary Banking Theory, Journal of Financial Intermediation, 3, 1, S. 2-50.

Bikker, Jacob A. (2003): Testing for Imperfect Competition on EU Deposit and Loan Markets with Bresnahan's Market Power Model, Kredit und Kapital, 36, 2, S. 167-212.

Bikker, Jacob A. / Groeneveld, Johannes M. (2000): Competition and Concentration in the EU Banking Industry, Kredit und Kapital, 33, 1, S. 62-98.

Bikker, Jacob A. / Haaf, Katharina (2002a): Measures of Competition and Concentration in the Banking Industry: a Review of the Literature, Economic & Financial Modelling, 9, 2, S. 53-98.

Bikker, Jacob A. / Haaf, Katharina (2002b): Competition, Concentration and their Relationship: An Empirical Analysis of the Banking Industry, Journal of Banking & Finance, 26, S. 2191-2214.

Boyer, Kenneth D. (1996): Can Market Power Really be Estimated?, Review of Industrial Organization, 11, 1, S. 115-124.

Bräutigam, Jochen (1972): Kostenfunktionen in Kreditinstituten, Betriebswirtschaftlicher Verlag Dr. Th. Gabler, Wiesbaden.

Breitmeyer, Carsten (2004): Messung der Wettbewerbsintensität im Kreditwesen anhand von Konzentrationsmaßen, Fritz Knapp Verlag, Frankfurt/Main.

Bresnahan, Timothy F. (1982): The Oligopoly Solution Concept is Identified, Economics Letters, 10, S. 87-92.

Bresnahan, Timothy F. (1989): Empirical Studies of Industries with Market Power, in: Handbook of Industrial Organization, Volume II (hrsg. v. Schmalensee, R. u.a.), Elsevier Science, Amsterdam, S. 1011-1057.

Breuer, Rolf-E. (2004): Pressekonferenz anlässlich der Vorstandssitzung des Bundesverbandes deutscher Banken, 22. November 2004, Frankfurt/Main.

Breusch, Trevor S. / Pagan, Adrian R. (1980): The Lagrange-Multiplier Test and its Applications to Model Specification in Econometrics, Review of Economic Studies, 47, 1, S. 239-253.

Brunner, Allan / Decressin, Jörg / Hardy, Daniel / Kudela, Beata (2004): Germany's Three-Pillar Banking System - Cross-Country Perspectives in Europe, International Monetary Fund, Occasional Paper 233, Washington, D.C.

Brüser, Silke / Schöning, Stephan (2006): Internationaler Vergleich der Erfolgssituation von Kreditinstituten, Zeitschrift für das gesamte Kreditwesen, 59, 3, S. 116-121 u. 144-145.

Bryant, John (1980): A Model of Reserves, Bank Runs, and Deposit Insurance, Journal of Banking and Finance, 4, S. 335-344.

Bundesverband deutscher Banken (2004): Banken 2004 - Fakten, Meinungen, Perspektiven, Berlin.

Büschgen, Hans E. / Börner, Christoph J. (2003): Bankbetriebslehre, Lucius & Lucius, Stuttgart.

Busse von Colbe, Walther / Laßmann, Gert (1988): Betriebswirtschaftstheorie, Band 1 - Grundlagen, Produktions- und Kostentheorie, Springer-Verlag, Berlin, Heidelberg, New York.

Büsselmann, Elke (1993): Bankenaufsicht und marktbezogenes Eigenkapital, Betriebswirtschaftlicher Verlag Dr. Th. Gabler, Wiesbaden.

Cerasi, Vittoria / Daltung, Sonja (2000): The Optimal Size of a Bank: Costs and Benefits of Diversification, European Economic Review, 44, 9, S. 1701-1726.

Chamberlin, Edward H. (1933): The Theory of Monopolistic Competition: A Re-orientation of the Theory of Value, Harvard University Press, Cambridge, Mass.

Claessens, Stijn / Laeven, Luc (2004): What Drives Bank Competition? Some International Evidence, Journal of Money, Credit and Banking, 36, 3, S. 563-583.

Coccorese, Paolo (1998): Assessing the Competitive Conditions in the Italian Banking System: Some Empirical Evidence, BNL Quarterly Review, 51, S. 171-191.

Coccorese, Paolo (2004): Banking Competition and Macroeconomic Condititions: A Disaggregate Analysis, Journal of International Financial Markets, Institutions and Money, 14, 3, S. 203-219.

Cowling, Keith / Waterson, Michael (1976): Price-Cost Margins and Market Structure, Economica, 43, S. 267-274.

De Bandt, Olivier / Davis, E. Philip (2000): Competition, Contestability and Market Structure in European Banking Sectors on the Eve of EMU, Journal of Banking & Finance, 24, S. 1045-1066.

De Bandt, Olivier / Hartmann, Philipp (2002): Systemic Risk in Banking: A Survey, in: Financial Crises, Contagion, and the Lender of Last Resort. A Reader. (hrsg. v. Goodhart, C. u.a.), Oxford University Press, Oxford, S. 249-297.

Demsetz, Harold (1973): Industry Structure, Market Rivalry, and Public Policy, Journal of Law and Economics, 16, 1, S. 1-9.

Dennig, Ulrike (1991): Die Finanzstruktur in den neuen Bundesländern, Wirtschaftsdienst, 71, 3, S. 125-131.

Deutsche Bundesbank (1996): Funktion und Bedeutung der Ausgleichsforderungen für die ostdeutschen Banken und Unternehmen, Monatsbericht der Deutschen Bundesbank, 48, 3 (März), S. 35-53.

Deutsche Bundesbank (1999): Die Ertragslage der deutschen Kreditinstitute im Jahr 1998, Monatsbericht der Deutschen Bundesbank, 51, 7 (Juli), S. 27-57.

Deutsche Bundesbank (2006a): Die Ertragslage der deutschen Kreditinstitute im Jahr 2005, Monatsbericht der Deutschen Bundesbank, 58, 9 (September), S. 15-43.

Deutsche Bundesbank (2006b): Bankenstatistik, Statistisches Beiheft zum Monatsbericht 1, September 2006.

Deutsche Postbank (2006): Postbank Konzern - Geschäftsbericht 2005, Deutsche Postbank AG, Bonn.

Diamond, Douglas W. (1984): Financial Intermediation and Delegated Monitoring, Review of Economic Studies, 51, S. 393-414.

Diamond, Douglas W. / Dybvig, Philip H. (1983): Bank Runs, Deposit Insurance, and Liquidity, Journal of Political Economy, 91, 3, S. 401-419.

Dickson, Vaughan A. (1982): Collusion and Price-Cost Margins, Economica, 49, S. 39-42.

DIW (2004): Untersuchung der Grundlagen und Entwicklungsperspektiven des Bankensektors in Deutschland (Dreisäulensystem), Endbericht zum Gutachten im Auftrag des Bundesministeriums der Finanzen, Deutsches Institut für Wirtschaftsforschung, Berlin.

Drakos, Konstantinos / Konstantinou, Panagiotis (2005): Competition and Contestability in Transition Banking: An Empirical Analysis, South-Eastern Journal of Economics, 2, S. 183-209.

DSGV (2006): Sparkassen und der Bankenmarkt in Deutschland, Aktualisierte Fassung 2006, Reihe: „Fakten, Analysen, Positionen“, Nr. 23, Deutscher Sparkassen- und Giroverband, Berlin.

ECB (2003): Structural Analysis of the EU Banking Sector, European Central Bank, Frankfurt/Main.

ECB (2006): EU Banking Structures, European Central Bank, Frankfurt/Main.

Fischer, Karl-Hermann (2005): Banken und unvollkommener Wettbewerb: Empirische Beiträge zu einer Industrieökonomik der Finanzmärkte, Deutscher Universitäts-Verlag, Wiesbaden.

Fischer, Thorsten / Kamerschen, David R. (2003): Measuring Competition in the U.S. Airline Industry Using the Rosse-Panzar Test and Cross-Sectional Regression Analyses, Journal of Applied Economics, 6, 1, S. 73-93.

Fischer, Karl-Hermann / Pfeil, Christian (2004): Regulation and Competition in German Banking: An Assessment, in: The German Financial System (hrsg. v. Krahnen, J. P. u.a.), Oxford University Press, Oxford, New York, S. 291-349.

Freixas, Xavier / Rochet, Jean-Charles (1997): Microeconomics of Banking, MIT Press, Cambridge, London.

Frisch, Ragnar (1965): Theory of Production, D. Reidel Publishing Company, Dordrecht.

Gale, Douglas / Hellwig, Martin (1985): Incentive-Compatible Debt Contracts: The One-Period Problem, Review of Economic Studies, 52, S. 647-663.

Geiger, Walter / Günther, Hans-Georg (1998): Neugestaltung des ostdeutschen Sparkassenwesens, Deutscher Sparkassenverlag, Stuttgart.

Gelos, R. Gaston / Roldós, Jorge (2004): Consolidation and Market Structure in Emerging Market Banking Systems, Emerging Markets Review, 5, S. 39-59.

Gilligan, Thomas W. / Smirlock, Michael L. (1984): An Empirical Study of Joint Production and Scale Economies in Commercial Banking, Journal of Banking and Finance, 8, S. 67-77.

Gilligan, Thomas W. / Smirlock, Michael L. / Marshall, William (1984): Scale and Scope Economies in the Multi-Product Banking Firm, Journal of Monetary Economics, 13, S. 393-405.

Gischer, Horst (1995): Zinsdifferenzen, Verhandlungsfähigkeit und Bankenwettbewerb auf einem unvollkommenen Kreditmarkt, Jahrbücher für Nationalökonomie und Statistik, 214, S. 532-556.

Gischer, Horst (2003a): Strukturwandel im Bankensektor - eine Bestandsaufnahme, Wirtschaftsdienst, 83, 5, S. 318-324.

Gischer, Horst (2003b): Anmerkungen zur Ertragsentwicklung deutscher Kreditinstitute, Sparkasse, 120, 8, S. 368-370.

Gischer, Horst / Jüttner, D. Johannes (2003): Global Competition, Fee Income und Interest Rate Margins of Banks, Kredit und Kapital, 36, 3, S. 368-394.

Gischer, Horst / Reichling, Peter / Stiele, Mike (2007): Germany's Three-Pillar Banking System From a Corporate Governance Perspective, erscheint in: Corporate Governance in Banking: An International Perspective (hrsg. v. Gup, B.), Edward Elgar Publishing, Northampton.

Gischer, Horst / Stiele, Mike (2006): Die Wettbewerbsposition der Sparkassen in Deutschland, Betriebswirtschaftliche Blätter, 55, 2, S. 109-114.

Gleiss/Lutz/Hootz/Hirsch (2000): Beschwerde der Bankenvereinigung der Europäischen Union vom 21.12.1999, Begründungsschreiben vom 26.07.2000, Brüssel.

Gorton, Gary / Winton, Andrew (2003): Financial Intermediation, in: Handbook of the Economics of Finance (hrsg. v. Constantinides, G. u.a.), Volume 1A, Elsevier, Amsterdam, S. 431-552.

Haasis, Heinrich (2006): Kleines Geld, großes Geld - der Beitrag der Sparkassen zur Vermögensbildung, in: Kultur des Eigentums (hrsg. v. Schwäbisch Hall-Stiftung), Springer-Verlag, Berlin, Heidelberg, New York, S. 35-41.

Hackethal, Andreas (2004): German Banks and Banking Structure, in: The German Financial System (hrsg. v. Krahnen, J. P. u.a.), Oxford University Press, Oxford, New York, S. 71-105.

Hall, Robert E. (1988): The Relation between Price and Marginal Cost in U.S. Industry, Journal of Political Economy, 96, 5, S. 921-947.

Hall, Marshall / Tideman, Nicolaus (1967): Measures of Concentration, Journal of the American Statistical Association, 62, S. 162-168.

Hancock, Diana (1985a): Bank Profitability, Interest Rates, and Monetary Policy, Journal of Money, Credit and Banking, 17, 2, S. 189-202.

Hancock, Diana (1985b): The Financial Firm: Production with Monetary and Nonmonetary Goods, Journal of Political Economy, 93, 5, S. 859-880.

Hancock, Diana (1991): A Theory of Production for the Financial Firm, Kluwer Academic Publishers, Boston, Dordrecht, London.

Häni, Peter Kurt (1987): Die Messung der Unternehmenskonzentration: Eine theoretische und empirische Evaluation von Konzentrationsmaßen, Ruegger, Grüsch.

Hansen, Herbert (2006): Geschichte der Großbanken: Stürmische Zeiten, Die Bank, 1/2006, S. 32-36.

Hartmann-Wendels, Thomas / Pfingsten, Andreas / Weber, Martin (2004): Bankbetriebslehre, Springer-Verlag, Berlin, Heidelberg, New York.

Hausman, Jerry A. (1978): Specification Tests in Econometrics, Econometrica, 46, 6, S. 1251-1271.

Hempell, Hannah S. (2002): Testing for Competition Among German Banks, Economic Research Center of the Deutsche Bundesbank, Discussion Paper 04/02.

Herrhausen, Alfred (1983): Wettbewerb und Regulierung in der Kreditwirtschaft, Mohr, Tübingen.

Hirschman, Albert O. (1964): The Paternity of an Index, American Economic Review, 54, 5, S. 761.

Hondroyiannis, George / Lolos, Sarantis / Papapetrou, Evangelia (1999): Assessing Competitive Conditions in the Greek Banking System, Journal of International Financial Markets, Institutions and Money, 9, 4, S. 377-391.

Horvath, Janos (1970): Suggestion for a Comprehensive Measure of Concentration, Southern Economic Journal, 36, 4, S. 446-452.

Huber, Peter J. (1967): The Behavior of Maximum Likelihood Estimates under Nonstandard Conditions, in: Proceedings of the Fifth Berkeley Symposium on Mathematical Statistics and Probability, Vol. I, University of California Press, Berkeley and Los Angeles, S. 221-233.

Hughes, Joseph P. / Mester, Loretta J. (1993): A Quality and Risk-Adjusted Cost Function for Banks: Evidence on the "Too-Big-to-Fail" Doctrine, The Journal of Productivity Analysis, 4, S. 293-315.

Hughes, Joseph P. / Mester, Loretta J. (1998): Bank Capitalization and Cost: Evidence of Scale Economies in Risk Management and Signaling, The Review of Economics and Statistics, 80, S. 314-325.

Hughes, Joseph P. / Mester, Loretta J. / Moon, Choon-Geol (2001): Are Scale Economies in Banking Elusive or Illusive? Evidence Obtained by Incorporating Capital Structure and Risk-Taking into Models of Bank Production, Journal of Banking & Finance, 25, S. 2169-2208.

Humphrey, David B. (1992): Flow versus Stock Indicators of Banking Output: Effects on Productivity and Scale Economy Measurement, Journal of Financial Services Research, 6, S. 115-135.

Hunter, William C. / Timme, Stephen G. (1995): Core Deposits and Physical Capital: A Reexamination of Bank Scale Economies and Efficiency with Quasi-Fixed Inputs, Journal of Money, Credit and Banking, 27, 1, S. 165-185.

Hyde, Charles E. / Perloff, Jeffrey M. (1995): Can Market Power be Estimated?, Review of Industrial Organization, 10, 4, S. 465-485.

IMF (2003): Germany: Financial System Stability Assessment, including Reports on the Observance of Standards and Codes on the following topics: Banking Supervision, Securities Regulation, Insurance Regulation, Monetary and Financial Policy Transparency, Payment Systems, and Securities Settlement, IMF Country Report No. 03/343, November 2003, International Monetary Fund, Washington, D.C.

Iwata, Gyoichi (1974): Measurement of Conjectural Variations in Oligopoly, Econometrica, 42, 5, S. 947-966.

Jevons, W. Stanley (1879): The Theory of Political Economy, Second Edition, Macmillan and Co., London, Faksimile-Ausgabe als Volume 2 of the Palgrave Archive Edition of the Writings on Economics of W. S. Jevons, 2001, Palgrave, Basingstoke, New York.

KfW (2005): Das deutsche Kreditgewerbe im internationalen Vergleich: Betriebswirtschaftlich wenig rentabel, volkswirtschaftlich hoch produktiv, KfW-Research, Nr. 17, Juli 2005, KfW Bankengruppe, Berlin.

Kirmße, Stefan (1999): Die Bedeutung des Filialsystems aus Sicht des Bankkunden - Welche Leistungselemente honoriert der Markt?, in: Konzentration am Bankenmarkt: Strukturentwicklung und geschäftspolitische Konsequenzen (hrsg. v. Rolfes, B. u.a.), Fritz Knapp Verlag, Frankfurt/Main, S. 143-169.

Kleff, Volker (2005): Die Eigenkapital- und Ausschüttungspolitik deutscher Sparkassen, Dissertation, Universität Mannheim.

Klein, Michael A. (1971): A Theory of the Banking Firm, Journal of Money, Credit and Banking, 3, 2, S. 205-218.

Kommission der Europäischen Gemeinschaften (2002): XXXI. Bericht über die Wettbewerbspolitik 2001, 29.04.2002, Brüssel.

Körnert, Jan (1998): Dominoeffekte im Bankensystem - Theorie und Evidenz, Berlin Verlag Arno Spitz, Berlin.

Kuntze, Wolfgang (1989): Die Bankenaufsicht im Zeichen zunehmenden Wettbewerbs auf den Finanzmärkten, Forum - Vortragsreihe des Instituts der Deutschen Wirtschaft, 41, Deutscher Instituts-Verlag, Köln.

Küppers, Markus (2000): Banken in der geldpolitischen Transmission: eine Untersuchung der Kreditvergabe deutscher Geschäftsbanken, Mohr Siebeck, Tübingen.

Lang, Günter (1997): Wettbewerbsverhalten deutscher Banken. Eine Panelanalyse auf Basis der Rosse-Panzar Statistik, Jahrbuch für Wirtschaftswissenschaften, 48, S. 21-38.

Lang, Günter / Welzel, Peter (1996): Efficiency and Technical Progress in Banking: Empirical Results for a Panel of German Cooperative Banks, Journal of Banking & Finance, 20, S. 1003-1023.

Lau, Lawrence J. (1982): On Identifying the Degree of Competitiveness from Industry Price and Output Data, Economics Letters, 10, S. 93-99.

Leland, Hayne E. / Pyle, David H. (1977): Informational Asymmetries, Financial Structure, and Financial Intermediation, Journal of Finance, 32, 2, S. 371-387.

Lerner, Abba P. (1934): The Concept of Monopoly and the Measurement of Monopoly Power, Review of Economic Studies, 1, 3, S. 157-175.

Lipfert, Helmut (1960): Nationaler und internationaler Zahlungsverkehr, Betriebswirtschaftlicher Verlag Dr. Th. Gabler, Wiesbaden.

Mamalakis, Markos J. (1987): The Treatment of Interest and Financial Intermediaries in the National Accounts: The Old "Bundle" versus the New "Unbundle" Approach, Review of Income and Wealth, 33, 2, S. 169-192.

Mamatzakis, Emmanuel / Staikouras, Christos / Koutsomanoli-Fillipaki, Natassa (2005): Competition and Concentration in the Banking Sector of the South Eastern European Region, Emerging Markets Review, 6, 2, S. 192-209.

Mas-Colell, Andreu / Whinston, Michael D. / Green, Jerry R. (1995): Microeconomic Theory, Oxford University Press, New York.

Mason, Edward S. (1939): Price and Production Policies of Large-Scale Enterprise, American Economic Review, 29, 1, S. 61-74.

Mason, Edward S. (1949): The Current Status of the Monopoly Problem in the United States, Harvard Law Review, 62, 8, S. 1265-1285.

Mkrtchyan, Armenuhi (2005): The Evolution of Competition in Banking in a Transition Economy: An Application of the Panzar-Rosse Model to Armenia, European Journal of Comparative Economics, 2, 1, S. 67-82.

Mlima, Aziz P. / Hjalmarsson, Lennart (2002): Measurement of Inputs and Outputs in the Banking Industry, Tanzanet Journal, 3, 1, S. 12-22.

Modigliani, Franco / Miller, Merton H. (1958): The Cost of Capital, Corporation Finance and the Theory of Investment, American Economic Review, 48, 3, S. 261-297.

Molyneux, Philip / Altunbas, Yener / Gardener, Edward (1996): Efficieny in European Banking, John Wiley & Sons, Chichester.

Molyneux, Philip / Lloyd-Williams, D. Michael / Thornton, John (1994): Competitive Conditions in European Banking, Journal of Banking and Finance, 18, S. 445-459.

Molyneux, Philip / Thornton, John / Lloyd-Williams, D. Michael (1996): Competition and Market Contestability in Japanese Commercial Banking, Journal of Economics and Business, 48, 1, S. 33-45.

Murat, Gulumser / Tonkin, Roger S. / Jüttner, D. Johannes (2002): Competition in the General Insurance Industry, Zeitschrift für die gesamte Versicherungswissenschaft, 91, 3, S. 453-481.

Murjan, Waleed / Ruza, Cristina (2002): The Competitive Nature of the Arab Middle Eastern Banking Markets, International Advances in Economic Research, 8, 4, S. 267-274.

Nathan, Alli / Neave, Edwin H. (1989): Competition and Contestability in Canada's Financial System: Empirical Results, Canadian Journal of Economics, 22, 3, S. 576-594.

Nathan, Alli / Neave, Edwin H. (1991): Reply to Perrakis, Canadian Journal of Economics, 24, 3, S. 733-735.

Niehans, Jürg (1990): A History of Economic Theory: Classic Contributions, 1720-1980, Johns Hopkins University Press, Baltimore and London.

Nierhaus, Michael (2006): Rechtsprobleme der Gründung einer kommunalen Sparkasse, Kommunalwissenschaftliches Institut, Universitätsverlag Potsdam, Potsdam.

OECD (2005): Bank Profitability: Financial Statements of Banks, 1994-2003, 2004 Edition, OECD Publishing, Paris.

o.V. (2002a): Die Krise der Banken ist hausgemacht, Frankfurter Allgemeine Sonntagszeitung, 6. Januar 2002, Nr. 1, S. 35.

o.V. (2002b): Die Top 100 der deutschen Kreditwirtschaft, Die Bank, 7/2002, S. 496-498.

o.V. (2003a): Die Krise der deutschen Banken, Bankmagazin, 52, 4, S. 38-39.

o.V. (2003b): Die MaK sind der „Aufgalopp" zu Basel II, Rating aktuell, 1 (Februar/März), S. 10-15.

o.V. (2004): Banken haken die Krise ab, Handelsblatt, 27./28. Februar 2004, Nr. 41, S. 2.

o.V. (2005): Banken beklagen geringe Gewinne, Frankfurter Allgemeine Zeitung, 9. Februar 2005, Nr. 33, S. 9.

o.V. (2006a): Sparkassen wollen Namen nicht mit Privatbanken teilen, Frankfurter Allgemeine Zeitung, 23. März 2006, Nr. 70, S. 14.

o.V. (2006b): Private Banken wollen als Sparkasse auftreten, Frankfurter Allgemeine Zeitung, 13. Juni 2006, Nr. 135, S. 12.

o.V. (2006c): EU geht gegen Sparkassenschutz vor, Frankfurter Allgemeine Zeitung, 28. Juni 2006, Nr. 147, S. 11.

o.V. (2006d): Nur der Fall Berliner Sparkasse ist gelöst, Frankfurter Allgemeine Zeitung, 29. November 2006, Nr. 228, S. 13.

o.V. (2006e): EU stellt Sparkassen-Verfahren ein, Frankfurter Allgemeine Zeitung, 7. Dezember 2006, Nr. 258, S. 12.

Panzar, John C. / Rosse, James N. (1982): Structure, Conduct and Comparative Statics, Bell Laboratories Economic Discussion Paper #248, March 1982, Murray Hill, N.J.

Panzar, John C. / Rosse, James N. (1987): Testing for "Monopoly" Equilibrium, Journal of Industrial Economics, 35, 4, S. 443-456.

Perrakis, Stylianos (1991): Assessing Competition in Canada's Financial System: A Note, Canadian Journal of Economics, 24, 3, S. 727-732.

Pieper, Bernhard (2006): Das Drei-Säulen-System: Erfolgsbremse der deutschen Banken?, Wirtschaftsdienst, 86, 7, S. 452-461.

Piesch, Walter (1975): Statistische Konzentrationsmaße: Formale Eigenschaften und verteilungstheoretische Zusammenhänge, Mohr Siebeck, Tübingen.

Piesch, Walter / Schmidt, Ingo (1983): Die Verwendbarkeit von Konzentrationsmaßen in der Europäischen Wettbewerbspolitik, Amt für amtliche Veröffentlichungen der Europäischen Gemeinschaften, Luxemburg.

Pohl, Hans / Rudolph, Bernd / Schulz, Günther (2005): Wirtschafts- und Sozialgeschichte der deutschen Sparkassen im 20. Jahrhundert, Deutscher Sparkassenverlag, Stuttgart.

Pontzen, Martin (2003): Bankenkrise - ein Wort beschwört Böses, Zeitschrift für das gesamte Kreditwesen, 56, 2, S. 78-84.

Ramakrishnan, Ram T. S. / Thakor, Anjan V. (1984): Information Reliability and a Theory of Financial Intermediation, Review of Economic Studies, 51, S. 415-432.

Rambarran, Anston (2000): Bank Competition and Contestability in Trinidad and Tobago: A Case for Further Commitments under the GATS, Money Affairs, 13, 1, S. 17-35.

Riekeberg, Marcus (1995): Bankstellen: Konkurrenz-Analyse, Die Bank, 8/95, S. 479-484.

Rime, Bertrand (1999): Mesure du degré de concurrence dans le système bancaire suisse à l'aide du modèle de Panzar et Rosse, Schweizerische Zeitschrift für Volkswirtschaft und Statistik, 135, 1, S. 21-40.

Robinson, Joan (1933): The Economics of Imperfect Competition, Macmillan and Co., London.

Sachverständigenrat (2002): Zwanzig Punkte für Beschäftigung und Wachstum, Jahresgutachten 2002/03, Sachverständigenrat zur Begutachtung der gesamtwirtschaftlichen Entwicklung, Wiesbaden.

Sachverständigenrat (2004): Erfolge im Ausland - Herausforderungen im Inland, Jahresgutachten 2004/05, Sachverständigenrat zur Begutachtung der gesamtwirtschaftlichen Entwicklung, Wiesbaden.

Santomero, Anthony M. (1984): Modeling the Banking Firm: A Survey, Journal of Money, Credit and Banking, 16, 4, S. 576-602.

Savage, Ian (1995): Panzar and Rosse Style Tests of Market Structure in the U.S. Motor Carrier Industry, Logistics and Transportation Review, 31, 2, S. 135-143.

Saving, Thomas R. (1970): Concentration Ratios and the Degree of Monopoly, International Economic Review, 11, 1, S. 139-146.

Scherer, Frederic M. (1980): Industrial Market Structure and Economic Performance, Rand McNally College Publishing Company, Chicago.

Scherer, Frederic M. / Ross, David (1990): Industrial Market Structure and Economic Performance, Houghton Mifflin Company, Boston.

Schmalenbach, Eugen (1933): Kapital, Kredit und Zins in betriebswirtschaftlicher Beleuchtung, Gloeckner, Leipzig.

Schmalensee, Richard (1989): Inter-Industry Studies of Structure and Performance, in: Handbook of Industrial Organization, Volume II (hrsg. v. Schmalensee, R. u.a.), Elsevier Science, Amsterdam, S. 951-1009.

Schmidt, Reinhard H. / Hackethal, Andreas / Tyrell, Marcel (1999): Disintermediation and the Role of Banks in Europe: An International Comparison, Journal of Financial Intermediation, 8, S. 36-67.

Schneeweiß, Christoph (2002): Einführung in die Produktionswirtschaft, Springer-Verlag, Berlin, Heidelberg, New York.

Schröder, Wolfgang (2005): Aufbaufinanzierung des Mittelstandes in den neuen Bundesländern seit 1989/90, in: Partner des Mittelstandes: Die Sparkassen-Finanzgruppe als Finanzier kleiner und mittlerer Unternehmen (bearb. v. Weber, Th.), Deutscher Sparkassenverlag, Stuttgart, S. 51-83.

Sealey, C.W., Jr. / Lindley, James T. (1977): Inputs, Outputs, and a Theory of Production and Cost at Depository Financial Institutions, Journal of Finance, 32, 4, S. 1251-1266.

Shaffer, Sherrill (1982a): A Non-structural Test for Competition in Financial Markets, in: Proceedings of a Conference on Bank Structure and Competition, Federal Reserve Bank of Chicago, S. 225-243.

Shaffer, Sherrill (1982b): Competition, Conduct and Demand Elasticity, Economics Letters, 10, S. 167-171.

Shaffer, Sherrill (1983a): Non-structural Measures of Competition: Toward a Synthesis of Alternatives, Economics Letters, 12, S. 349-353.

Shaffer, Sherrill (1983b): The Rosse-Panzar Statistic and the Lerner-Index in the Short Run, Economics Letters, 11, S. 175-178.

Shaffer, Sherrill (1985): Competition, Economies of Scale, and Diversity of Firm Sizes, Applied Economics,17, S. 467-476.

Shaffer, Sherrill (2004a): Patterns of Competition in Banking, Journal of Economics and Business, 56, S. 287-313.

Shaffer, Sherrill (2004b): Comment on "What Drives Bank Competition? Some International Evidence" by Stijn Claessens and Luc Laeven, Journal of Money, Credit and Banking, 36, 3, S. 585-592.

Shaffer, Sherrill / DiSalvo, James (1994): Conduct in a Banking Duopoly, Journal of Banking & Finance, 18, S. 1063-1082.

Shephard, Ronald W. (1970): Theory of Cost and Production Functions, Princeton University Press, Princeton, N.J.

Silberberg, Eugene (1974): The Theory of the Firm in "Long-Run" Equilibrium, American Economic Review, 64, 4, S. 734-741.

Steevens, Carsten (2003): Wie deutsche Banken das Retail Banking wiederentdecken, Börsen-Zeitung, 31. Juli 2003, Nr. 145, S. 18.

Summer, Martin (2003): Banking Regulation and Systemic Risk, Open Economics Review, 14, 1, S. 43-70.

Townsend, Robert M. (1979): Optimal Contracts and Competitive Markets with Costly State Verification, Journal of Economic Theory, 21, 2, S. 265-293.

Trende, Adolf (1957): Geschichte der deutschen Sparkassen bis zum Anfang des 20. Jahrhunderts, Deutscher Sparkassenverlag, Stuttgart.

Triffin, Robert (1949): Monopolistic Competition and General Equilibrium Theory, Harvard University Press, Cambridge, Mass.

Uchida, Hirofumi / Tsutsui, Yoshiro (2005): Has Competition in the Japanese Banking Sector Improved?, Journal of Banking & Finance, 29, S. 419-439.

Vathje, Sven-Olaf (1998): Endogene Geldmenge und Bankenverhalten: eine theoretische und empirische Studie zur Mikrofundierung des Geldangebots in der Bundesrepublik Deutschland, Duncker und Humblot, Berlin.

Vesala, Jukka (1995): Testing for Competition in Banking: Behavioral Evidence from Finland, Bank of Finland Studies, E:1.

Viner, Jacob (1932): Cost Curves and Supply Curves, Zeitschrift für Nationalökonomie, 3, S. 23-46.

Wagner, Adolph (1857): Beiträge zur Lehre von den Banken, Leopold Voss, Leipzig.

Wallace, Neil (1988): Another Attempt to Explain an Illiquid Banking System: The Diamond and Dybvig Model With Sequential Service Taken Seriously, Quarterly Review, Federal Reserve Bank of Minneapolis, 12, 4, S. 3-16.

Walter, Norbert / Lahusen, Reinhard (2004): Bankgewerbe in Deutschland - Mythen, Mysterien und die kontrastierende Realität, in: Wege aus der Banken- und Börsenkrise (hrsg. v. Schuster, L. u.a.), Springer-Verlag, Berlin, Heidelberg, New York, S. 15-31.

Weber, Helmut Kurt (1980): Zum System produktiver Faktoren, Zeitschrift für betriebswirtschaftliche Forschung, 32, S. 1056-1071.

Wehber, Thorsten (2005): Gewährträgerhaftung und Anstaltslast - ein historischer Rückblick, Zeitschrift für das gesamte Kreditwesen, 58, 14, S. 752-755.

Wenger, Ekkehard (2005): Das Drei-Säulen-Modell steht nicht im Zentrum des Reformbedarfs, ifo Schnelldienst, 58, 14, S. 10-13.

White, Halbert (1980): A Heteroscedasticity-Consistent Covariance Matrix Estimator and a Direct Test for Heteroskedasticity, Econometrica, 48, 4, S. 817-838.

Winton, Andrew (1995): Delegated Monitoring and Bank Structure in a Finite Economy, Journal of Financial Intermediation, 4, S. 158-187.

Wittmann, Waldemar (1977): Betriebswirtschaftslehre, in: Handwörterbuch der Wirtschaftswissenschaft (hrsg. v. Albers, W. u.a.), Band 1, Fischer, Stuttgart, New York, S. 585-609.

Wong, Herbert S. (1996): Market Structure and the Role of Consumer Information in the Physician Services Industry: An Empirical Test, Journal of Health Economics, 15, S. 139-160.

Anhang

Tabellen zum Kapitel 7.1 (Westdeutschland):	1 bis 37
Tabellen zum Kapitel 7.2 (Ostdeutschland):	38 bis 53
Tabellen zum Kapitel 7.3 (Ost-West-Unterschiede):	54 bis 58
Tabellen zum Kapitel 7.4 (Literatur-Spezifikationen):	59 bis 64
Tabellen zum Kapitel 7.5 (Gesamtdeutschland):	65 und 66

Methode: Robuste Fixed-Effects-Regression,
Darstellung der Ergebnisse ohne firmenspezifische Effekte (u_i)

Variablen:

B	Business-Mix-Indikator
EK	Eigenkapital
FP1	Faktorpreis der Einlagen
FP2	Faktorpreis der Arbeit
FP3	Faktorpreis des Sachkapitals
FP4	Faktorpreis des Eigenkapitals
S	Sicherheitsindikator
ROA	Return on Assets
ROE	Return on Equity
ZE	Zinserträge
ZEzDBS	Verhältnis Zinserträge zur Bilanzsumme
ZPE	Summe Zins- und Provisionserträge

dl	Dummy große Banken
dm	Dummy mittlere Banken
ds	Dummy kleine Banken
dw	Dummy Westdeutschland

Tabelle 1: Regression von Modell I

F(5, 3847) = 149,6				R² = 0,9969		
Prob > F = 0,000				Adj. R² = 0,9966		
Beobachtungen = 4280				Gruppen = 428		
abhängige Variable: lnZE						
Variable	**Koeff.**	**Standard-abw.**	**t**	**p**	**95%-Konfidenzintervall**	
lnFP1	0,3071	0,0197	15,62	0,000	0,2685	0,3456
lnFP2	0,1810	0,0313	5,79	0,000	0,1197	0,2423
lnFP3	0,0126	0,0064	1,98	0,048	0,0001	0,0251
lnEK	0,2639	0,0186	14,15	0,000	0,2274	0,3005
lnB	0,0154	0,0270	0,57	0,569	-0,0375	0,0682
Konstante	8,5815	0,1269	67,63	0,000	8,3327	8,8303
H	0,5007	0,0406	12,33	0,000	0,4210	0,5803

Tabelle 2: Regression von Modell II

F(6, 3738) = 127,9				R² = 0,9970		
Prob > F = 0,000				Adj. R² = 0,9967		
Beobachtungen = 4172				Gruppen = 428		
abhängige Variable: lnZE						
Variable	**Koeff.**	**Standard-abw.**	**t**	**p**	**95%-Konfidenzintervall**	
lnFP1	0,3115	0,0200	15,57	0,000	0,2722	0,3507
lnFP2	0,2024	0,0327	6,20	0,000	0,1384	0,2665
lnFP3	0,0122	0,0063	1,94	0,053	-0,0001	0,0245
lnFP4	0,0144	0,0022	6,45	0,000	0,0100	0,0188
lnEK	0,2811	0,0200	14,09	0,000	0,2420	0,3202
lnB	0,0175	0,0268	0,65	0,514	-0,0351	0,0701
Konstante	8,3581	0,1415	59,08	0,000	8,0807	8,6354
H	0,5405	0,0426	12,68	0,000	0,4569	0,6240

Tabelle 3: Regression von Modell III

F(5, 3847) = 171,4				R² = 0,9970		
Prob > F = 0,000				Adj. R² = 0,9967		
Beobachtungen = 4280				Gruppen = 428		
abhängige Variable: lnZE						
Variable	**Koeff.**	**Standard-abw.**	**t**	**p**	**95%-Konfidenzintervall**	
lnFP1	0,2830	0,0200	14,18	0,000	0,2439	0,3222
lnFP2	0,1753	0,0301	5,83	0,000	0,1163	0,2342
lnFP3	0,0155	0,0064	2,44	0,015	0,0030	0,0279
lnEK	0,2502	0,0185	13,55	0,000	0,2140	0,2864
lnS	-3,4429	0,3482	-9,89	0,000	-4,1255	-2,7603
Konstante	8,6561	0,1096	78,98	0,000	8,4413	8,8710
H	0,4738	0,0391	12,13	0,000	0,3972	0,5504

Tabelle 4: Regression von Modell IV

F(6, 3738) = 143,1				R² = 0,9972		
Prob > F = 0,000				Adj. R² = 0,9968		
Beobachtungen = 4172				Gruppen = 428		
abhängige Variable: lnZE						
Variable	**Koeff.**	**Standard-abw.**	**t**	**p**	**95%-Konfidenzintervall**	
lnFP1	0,2870	0,0198	14,46	0,000	0,2480	0,3259
lnFP2	0,2054	0,0309	6,64	0,000	0,1448	0,2661
lnFP3	0,0152	0,0062	2,45	0,014	0,0030	0,0273
lnFP4	0,0208	0,0025	8,38	0,000	0,0160	0,0257
lnEK	0,2772	0,0194	14,30	0,000	0,2392	0,3152
lnS	-4,9043	0,4395	-11,16	0,000	-5,7660	-4,0425
Konstante	8,2999	0,1234	67,27	0,000	8,0580	8,5417
H	0,5284	0,0402	13,14	0,000	0,4495	0,6072

Tabelle 5: Gleichgewichtstest, Regression des ROA (Modell III)

F(5, 3847) = 4994,2
Prob > F = 0,000
Beobachtungen = 4280
abhängige Variable: ROA

R^2 = 0,8940
Adj. R^2 = 0,8821
Gruppen = 428

Variable	Koeff.	Standard-abw.	t	p	95%-Konfidenzintervall	
lnFP1	0,0388	0,0007	52,03	0,000	0,0373	0,0402
lnFP2	-0,0071	0,0013	-5,33	0,000	-0,0097	-0,0045
lnFP3	-0,0001	0,0003	-0,30	0,765	-0,0006	0,0005
lnEK	-0,0069	0,0005	-13,82	0,000	-0,0079	-0,0060
lnS	0,5332	0,0277	19,25	0,000	0,4789	0,5875
Konstante	0,2715	0,0039	69,74	0,000	0,2639	0,2792
HG	0,0316	0,0018	17,30	0,000	0,0280	0,0352

Tabelle 6: Gleichgewichtstest, Regression des ROE (Modell III)

F(5, 3847) = 148,5
Prob > F = 0,000
Beobachtungen = 4280
abhängige Variable: ROE

R^2 = 0,4221
Adj. R^2 = 0,3573
Gruppen = 428

Variable	Koeff.	Standard-abw.	t	p	95%-Konfidenzintervall	
lnFP1	0,0009	0,0108	0,08	0,935	-0,0203	0,0221
lnFP2	0,0104	0,0194	0,54	0,592	-0,0277	0,0485
lnFP3	0,0017	0,0040	0,42	0,671	-0,0062	0,0096
lnEK	-0,1068	0,0074	-14,45	0,000	-0,1213	-0,0923
lnS	7,1468	0,6993	10,22	0,000	5,7758	8,5179
Konstante	1,2258	0,0549	22,34	0,000	1,1182	1,3334
HG	0,0130	0,0268	0,48	0,628	-0,0396	0,0656

Tabelle 7: Regression mit Größenklassen, Modell I

F(10, 3842) = 84,3				R² = 0,9970		
Prob > F = 0,000				Adj. R² = 0,9967		
Beobachtungen = 4280				Gruppen = 428		
abhängige Variable: lnZE						
Variable	**Koeff.**	**Standard-abw.**	**t**	**p**	**95%-Konfidenzintervall**	
dllnFP1	0,3390	0,0241	14,07	0,000	0,2918	0,3863
dllnFP2	0,2212	0,0376	5,88	0,000	0,1474	0,2950
dllnFP3	0,0146	0,0078	1,87	0,061	-0,0007	0,0298
dllnEK	0,2477	0,0243	10,19	0,000	0,2000	0,2953
dllnB	0,0029	0,0321	0,09	0,927	-0,0600	0,0659
dslnFP1	0,2025	0,0320	6,33	0,000	0,1397	0,2652
dslnFP2	0,1231	0,0577	2,13	0,033	0,0100	0,2362
dslnFP3	-0,0022	0,0104	-0,21	0,830	-0,0226	0,0182
dslnEK	0,2899	0,0256	11,32	0,000	0,2397	0,3401
dslnB	0,0211	0,0448	0,47	0,637	-0,0667	0,1089
Konstante	8,5831	0,1312	65,43	0,000	8,3259	8,8403
H Groß	0,5748	0,0469	12,26	0,000	0,4829	0,6667
H Klein	0,3233	0,0769	4,20	0,000	0,1725	0,4742
Diff H	0,2514	0,0901	2,79	0,005	0,0748	0,4281

Tabelle 8: Regression mit Größenklassen, Modell II

F(12, 3732) = 70,0				R² = 0,9971		
Prob > F = 0,000				Adj. R² = 0,9968		
Beobachtungen = 4172				Gruppen = 428		
abhängige Variable: lnZE						
Variable	**Koeff.**	**Standard-abw.**	**t**	**p**	**95%-Konfidenzintervall**	
dllnFP1	0,3483	0,0246	14,16	0,000	0,3001	0,3966
dllnFP2	0,2503	0,0396	6,32	0,000	0,1727	0,3280
dllnFP3	0,0131	0,0076	1,72	0,085	-0,0018	0,0279
dllnFP4	0,0135	0,0024	5,51	0,000	0,0087	0,0183
dllnEK	0,2656	0,0258	10,28	0,000	0,2149	0,3163
dllnB	0,0110	0,0320	0,34	0,731	-0,0518	0,0738
dslnFP1	0,1979	0,0328	6,03	0,000	0,1336	0,2622
dslnFP2	0,1237	0,0599	2,07	0,039	0,0064	0,2411
dslnFP3	-0,0003	0,0107	-0,03	0,974	-0,0213	0,0206
dslnFP4	0,0151	0,0049	3,08	0,002	0,0055	0,0246
dslnEK	0,3059	0,0280	10,93	0,000	0,2510	0,3607
dslnB	0,0079	0,0434	0,18	0,855	-0,0772	0,0931
Konstante	8,3586	0,1459	57,30	0,000	8,0726	8,6447
H Groß	0,6252	0,0499	12,53	0,000	0,5274	0,7230
H Klein	0,3364	0,0801	4,20	0,000	0,1793	0,4934
Diff H	0,2889	0,0944	3,06	0,002	0,1039	0,4739

Tabelle 9: Regression mit Größenklassen, Modell III

F(10, 3842) = 101,6 — R^2 = 0,9971
Prob > F = 0,000 — Adj. R^2 = 0,9968
Beobachtungen = 4280 — Gruppen = 428
abhängige Variable: ZE

Variable	Koeff.	Standard-abw.	t	p	95%-Konfidenzintervall	
dllnFP1	0,3197	0,0248	12,91	0,000	0,2711	0,3682
dllnFP2	0,2153	0,0367	5,87	0,000	0,1434	0,2872
dllnFP3	0,0176	0,0078	2,26	0,024	0,0023	0,0329
dllnEK	0,2372	0,0241	9,83	0,000	0,1898	0,2845
dllnS	-2,6232	0,3707	-7,08	0,000	-3,3500	-1,8963
dslnFP1	0,1752	0,0315	5,56	0,000	0,1135	0,2370
dslnFP2	0,1173	0,0535	2,19	0,029	0,0123	0,2223
dslnFP3	0,0004	0,0103	0,03	0,973	-0,0198	0,0205
dslnEK	0,2682	0,0254	10,57	0,000	0,2185	0,3180
dslnS	-4,8488	0,6292	-7,71	0,000	-6,0824	-3,6152
Konstante	8,6646	0,1153	75,15	0,000	8,4385	8,8906
H Groß	0,5526	0,0459	12,03	0,000	0,4625	0,6426
H Klein	0,2929	0,0723	4,05	0,000	0,1512	0,4346
Diff H	0,2597	0,0856	3,03	0,002	0,0918	0,4275

Tabelle 10: Regression mit Größenklassen, Modell IV

F(12, 3732) = 80,8 — R^2 = 0,9972
Prob > F = 0,000 — Adj. R^2 = 0,9969
Beobachtungen = 4172 — Gruppen = 428
abhängige Variable: ZE

Variable	Koeff.	Standard-abw.	t	p	95%-Konfidenzintervall	
dllnFP1	0,3230	0,0248	13,03	0,000	0,2744	0,3715
dllnFP2	0,2473	0,0382	6,48	0,000	0,1725	0,3221
dllnFP3	0,0172	0,0075	2,28	0,022	0,0024	0,0320
dllnFP4	0,0188	0,0028	6,75	0,000	0,0133	0,0243
dllnEK	0,2616	0,0253	10,32	0,000	0,2119	0,3113
dllnS	-4,1283	0,4857	-8,50	0,000	-5,0805	-3,1761
dslnFP1	0,1849	0,0316	5,84	0,000	0,1228	0,2469
dslnFP2	0,1411	0,0541	2,61	0,009	0,0349	0,2472
dslnFP3	0,0002	0,0105	0,02	0,986	-0,0203	0,0207
dslnFP4	0,0243	0,0053	4,56	0,000	0,0139	0,0348
dslnEK	0,3018	0,0268	11,27	0,000	0,2493	0,3544
dslnS	-6,4296	0,9273	-6,93	0,000	-8,2476	-4,6116
Konstante	8,3170	0,1296	64,16	0,000	8,0628	8,5712
H Groß	0,6063	0,0481	12,61	0,000	0,5120	0,7006
H Klein	0,3505	0,0731	4,79	0,000	0,2071	0,4939
Diff H	0,2558	0,0875	2,92	0,003	0,0842	0,4274

Tabelle 11: Regression mit Größenklassen (Basis: Bilanzsumme), Modell I

F(10, 3842) = 82,1 Prob > F = 0,000 Beobachtungen = 4280 abhängige Variable: lnZE					R² = 0,9970 Adj. R² = 0,9966 Gruppen = 428	
Variable	**Koeff.**	**Standard-abw.**	**t**	**p**	**95%-Konfidenzintervall**	
dllnFP1	0,3388	0,0243	13,92	0,000	0,2911	0,3865
dllnFP2	0,2104	0,0375	5,62	0,000	0,1370	0,2839
dllnFP3	0,0131	0,0078	1,68	0,094	-0,0022	0,0284
dllnEK	0,2571	0,0244	10,56	0,000	0,2094	0,3049
dllnB	-0,0060	0,0315	-0,19	0,850	-0,0678	0,0558
dslnFP1	0,2072	0,0315	6,57	0,000	0,1453	0,2690
dslnFP2	0,1321	0,0583	2,27	0,024	0,0178	0,2465
dslnFP3	0,0030	0,0104	0,29	0,775	-0,0174	0,0233
dslnEK	0,2703	0,0256	10,58	0,000	0,2202	0,3204
dslnB	0,0550	0,0463	1,19	0,234	-0,0357	0,1457
Konstante	8,5766	0,1315	65,24	0,000	8,3189	8,8343
H Groß	0,5623	0,0470	11,96	0,000	0,4701	0,6545
H Klein	0,3423	0,0776	4,41	0,000	0,1901	0,4944
Diff H	0,2200	0,0907	2,43	0,015	0,0421	0,3979

Tabelle 12: Regression mit Größenklassen (Basis: Verwaltungsaufwand), Modell I

F(10, 3842) = 83,0 Prob > F = 0,000 Beobachtungen = 4280 abhängige Variable: lnZE					R² = 0,9970 Adj. R² = 0,9966 Gruppen = 428	
Variable	**Koeff.**	**Standard-abw.**	**t**	**p**	**95%-Konfidenzintervall**	
dllnFP1	0,3403	0,0242	14,08	0,000	0,2929	0,3877
dllnFP2	0,2130	0,0381	5,60	0,000	0,1384	0,2877
dllnFP3	0,0133	0,0077	1,72	0,085	-0,0019	0,0285
dllnEK	0,2557	0,0246	10,39	0,000	0,2074	0,3039
dllnB	-0,0023	0,0319	-0,07	0,943	-0,0648	0,0602
dslnFP1	0,2047	0,0314	6,52	0,000	0,1431	0,2662
dslnFP2	0,1393	0,0571	2,44	0,015	0,0273	0,2512
dslnFP3	0,0015	0,0105	0,15	0,884	-0,0191	0,0221
dslnEK	0,2702	0,0250	10,79	0,000	0,2211	0,3193
dslnB	0,0470	0,0450	1,05	0,296	-0,0412	0,1352
Konstante	8,5765	0,1319	65,01	0,000	8,3179	8,8352
H Groß	0,5666	0,0473	11,97	0,000	0,4738	0,6595
H Klein	0,3455	0,0760	4,55	0,000	0,1965	0,4944
Diff H	0,2211	0,0895	2,47	0,014	0,0456	0,3967

Tabelle 13: Regression mit Größenklassen (Basis: Einlagen v. Nichtbanken), Mod. I

F(10, 3842) = 94,3 | R^2 = 0,9970
Prob > F = 0,000 | Adj. R^2 = 0,9967
Beobachtungen = 4280 | Gruppen = 428
abhängige Variable: lnZE

Variable	Koeff.	Standard-abw.	t	p	95%-Konfidenzintervall	
dllnFP1	0,3174	0,0217	14.60	0,000	0,2747	0,3600
dllnFP2	0,2115	0,0365	5.79	0,000	0,1398	0,2831
dllnFP3	0,0089	0,0063	1.40	0,162	-0,0035	0,0213
dllnEK	0,2355	0,0205	11.49	0,000	0,1954	0,2757
dllnB	-0,0406	0,0325	-1.25	0,211	-0,1043	0,0231
dslnFP1	0,2375	0,0404	5.88	0,000	0,1583	0,3167
dslnFP2	0,1578	0,0586	2.69	0,007	0,0429	0,2727
dslnFP3	0,0069	0,0134	0.51	0,609	-0,0194	0,0331
dslnEK	0,2991	0,0346	8.64	0,000	0,2312	0,3669
dslnB	0,0987	0,0386	2.55	0,011	0,0230	0,1745
Konstante	8,6234	0,1227	70.28	0,000	8,3828	8,8639
H Groß	0,5377	0,0468	11.49	0,000	0,4459	0,6294
H Klein	0,4022	0,0822	4.89	0,000	0,2410	0,5634
Diff H	0,1355	0,0946	1.43	0,152	-0,0500	0,3209

Tabelle 14: Regression mit Größenklassen (Basis: Gesamteinlagen), Modell I

F(10, 3842) = 82,3 | R^2 = 0,9970
Prob > F = 0,000 | Adj. R^2 = 0,9966
Beobachtungen = 4280 | Gruppen = 428
abhängige Variable: lnZE

Variable	Koeff.	Standard-abw.	t	p	95%-Konfidenzintervall	
dllnFP1	0,3380	0,0243	13,92	0,000	0,2904	0,3856
dllnFP2	0,2067	0,0373	5,54	0,000	0,1335	0,2799
dllnFP3	0,0131	0,0078	1,68	0,092	-0,0021	0,0283
dllnEK	0,2577	0,0243	10,59	0,000	0,2100	0,3054
dllnB	-0,0065	0,0315	-0,21	0,836	-0,0683	0,0553
dslnFP1	0,2066	0,0317	6,53	0,000	0,1445	0,2686
dslnFP2	0,1412	0,0586	2,41	0,016	0,0262	0,2562
dslnFP3	0,0020	0,0104	0,19	0,851	-0,0185	0,0224
dslnEK	0,2688	0,0255	10,53	0,000	0,2188	0,3189
dslnB	0,0522	0,0465	1,12	0,261	-0,0389	0,1433
Konstante	8,5741	0,1315	65,18	0,000	8,3162	8,8320
H Groß	0,5578	0,0469	11,89	0,000	0,4658	0,6498
H Klein	0,3497	0,0778	4,5	0,000	0,1972	0,5023
Diff H	0,2080	0,0908	2,29	0,022	0,0299	0,3862

Tabelle 15: Regression mit Größenklassen (Basis: Bilanzsumme), Modell IV

F(12, 3732) = 79,4 | R^2 = 0,9972
Prob > F = 0,000 | Adj. R^2 = 0,9969
Beobachtungen = 4280 | Gruppen = 428
abhängige Variable: lnZE

Variable	Koeff.	Standard-abw.	t	p	95%-Konfidenzintervall	
dllnFP1	0,3224	0,0249	12,94	0,000	0,2735	0,3713
dllnFP2	0,2352	0,0378	6,22	0,000	0,1610	0,3094
dllnFP3	0,0156	0,0076	2,06	0,039	0,0008	0,0305
dllnFP4	0,0185	0,0027	6,77	0,000	0,0131	0,0238
dllnEK	0,2701	0,0255	10,59	0,000	0,2201	0,3200
dllnS	-4,1323	0,4801	-8,61	0,000	-5,0737	-3,1910
dslnFP1	0,1928	0,0312	6,18	0,000	0,1316	0,2540
dslnFP2	0,1612	0,0554	2,91	0,004	0,0526	0,2698
dslnFP3	0,0065	0,0104	0,62	0,532	-0,0138	0,0268
dslnFP4	0,0259	0,0058	4,47	0,000	0,0146	0,0373
dslnEK	0,2863	0,0266	10,74	0,000	0,2340	0,3385
dslnS	-6,6447	0,9660	-6,88	0,000	-8,5387	-4,7508
Konstante	8,3033	0,1305	63,63	0,000	8,0475	8,5592
H Groß	0,5917	0,0478	12,37	0,000	0,4979	0,6855
H Klein	0,3864	0,0744	5,19	0,000	0,2405	0,5323
Diff H	0,2053	0,0885	2,32	0,020	0,0319	0,3788

Tabelle 16: Regression mit Größenklassen (Basis: Verwaltungsaufwand), Modell IV

F(12, 3732) = 79,5 | R^2 = 0,9972
Prob > F = 0,000 | Adj. R^2 = 0,9969
Beobachtungen = 4280 | Gruppen = 428
abhängige Variable: lnZE

Variable	Koeff.	Standard-abw.	t	p	95%-Konfidenzintervall	
dllnFP1	0,3247	0,0248	13,07	0,000	0,2760	0,3734
dllnFP2	0,2408	0,0386	6,23	0,000	0,1650	0,3165
dllnFP3	0,0156	0,0075	2,07	0,039	0,0008	0,0303
dllnFP4	0,0190	0,0028	6,84	0,000	0,0136	0,0245
dllnEK	0,2693	0,0256	10,50	0,000	0,2190	0,3195
dllnS	-4,1590	0,4820	-8,63	0,000	-5,1040	-3,2140
dslnFP1	0,1881	0,0310	6,06	0,000	0,1273	0,2489
dslnFP2	0,1604	0,0534	3,00	0,003	0,0557	0,2651
dslnFP3	0,0054	0,0104	0,52	0,602	-0,0150	0,0259
dslnFP4	0,0239	0,0054	4,47	0,000	0,0134	0,0344
dslnEK	0,2838	0,0263	10,80	0,000	0,2323	0,3353
dslnS	-6,4811	0,9585	-6,76	0,000	-8,3602	-4,6019
Konstante	8,3022	0,1306	63,57	0,000	8,0461	8,5582
H Groß	0,6001	0,0485	12,36	0,000	0,5049	0,6952
H Klein	0,3778	0,0720	5,25	0,000	0,2367	0,5189
Diff H	0,2223	0,0868	2,56	0,010	0,0521	0,3925

Tabelle 17: Regression mit Größenklassen (Basis: Einlagen v. Nichtbanken), Mod. IV

F(12, 3732) = 83,9 | R^2 = 0,9972
Prob > F = 0,000 | Adj. R^2 = 0,9969
Beobachtungen = 4280 | Gruppen = 428
abhängige Variable: lnZE

Variable	Koeff.	Standard-abw.	t	p	95%-Konfidenzintervall	
dllnFP1	0,3032	0,0231	13,11	0,000	0,2578	0,3486
dllnFP2	0,2360	0,0366	6,45	0,000	0,1642	0,3078
dllnFP3	0,0134	0,0065	2,07	0,038	0,0007	0,0260
dllnFP4	0,0178	0,0026	6,97	0,000	0,0128	0,0228
dllnEK	0,2454	0,0216	11,34	0,000	0,2030	0,2878
dllnS	-3,9826	0,4750	-8,39	0,000	-4,9138	-3,0514
dslnFP1	0,2217	0,0388	5,71	0,000	0,1456	0,2978
dslnFP2	0,1901	0,0571	3,33	0,001	0,0782	0,3020
dslnFP3	0,0062	0,0127	0,49	0,623	-0,0186	0,0311
dslnFP4	0,0263	0,0061	4,30	0,000	0,0143	0,0383
dslnEK	0,3221	0,0355	9,07	0,000	0,2525	0,3918
dslnS	-6,7980	0,9591	-7,09	0,000	-8,6784	-4,9175
Konstante	8,3718	0,1193	70,20	0,000	8,1380	8,6056
H Groß	0,5704	0,0476	11,99	0,000	0,4771	0,6637
H Klein	0,4444	0,0790	5,63	0,000	0,2896	0,5992
Diff H	0,1260	0,0922	1,37	0,172	-0,0548	0,3067

Tabelle 18: Regression mit Größenklassen (Basis: Gesamteinlagen), Modell IV

F(20, 3732) = 82,1 | R^2 = 0,9970
Prob > F = 0,000 | Adj. R^2 = 0,9966
Beobachtungen = 4280 | Gruppen = 428
abhängige Variable: lnZE

Variable	Koeff.	Standard-abw.	t	p	95%-Konfidenzintervall	
dllnFP1	0,3220	0,0249	12,95	0,000	0,2732	0,3707
dllnFP2	0,2319	0,0377	6,14	0,000	0,1579	0,3059
dllnFP3	0,0157	0,0076	2,08	0,038	0,0009	0,0305
dllnFP4	0,0184	0,0027	6,74	0,000	0,0130	0,0237
dllnEK	0,2704	0,0255	10,62	0,000	0,2205	0,3204
dllnS	-4,1079	0,4806	-8,55	0,000	-5,0501	-3,1657
dslnFP1	0,1915	0,0313	6,11	0,000	0,1301	0,2530
dslnFP2	0,1683	0,0555	3,03	0,002	0,0596	0,2770
dslnFP3	0,0054	0,0104	0,52	0,601	-0,0149	0,0258
dslnFP4	0,0262	0,0059	4,46	0,000	0,0147	0,0378
dslnEK	0,2850	0,0267	10,68	0,000	0,2327	0,3373
dslnS	-6,6849	0,9584	-6,97	0,000	-8,5640	-4,8058
Konstante	8,3036	0,1305	63,62	0,000	8,0477	8,5595
H Groß	0,5695	0,0472	12,08	0,000	0,4771	0,6620
H Klein	0,3653	0,0741	4,93	0,000	0,2200	0,5106
Diff H	0,2042	0,0878	2,33	0,020	0,0320	0,3764

Tabelle 19: Regression von Modell I, erstes Achtel

F(5, 481) = 52,2	R^2 = 0,9735
Prob > F = 0,000	Adj. R^2 = 0,9703
Beobachtungen = 540	Gruppen = 54
abhängige Variable: lnZE	

Variable	Koeff.	Standard-abw.	t	p	95%-Konfidenzintervall	
lnFP1	0,1855	0,0432	4,30	0,000	0,1007	0,2703
lnFP2	0,0706	0,0829	0,85	0,395	-0,0924	0,2335
lnFP3	-0,0078	0,0122	-0,64	0,522	-0,0317	0,0161
lnEK	0,3041	0,0355	8,56	0,000	0,2343	0,3740
lnB	0,0869	0,0600	1,45	0,148	-0,0309	0,2047
Konstante	7,0784	0,2369	29,88	0,000	6,6128	7,5439
H	0,2483	0,1083	2,29	0,022	0,0355	0,4611

Tabelle 20: Regression von Modell I, zweites Achtel

F(5, 472) = 31,7	R^2 = 0,9052
Prob > F = 0,000	Adj. R^2 = 0,8937
Beobachtungen = 530	Gruppen = 53
abhängige Variable: lnZE	

Variable	Koeff.	Standard-abw.	t	p	95%-Konfidenzintervall	
lnFP1	0,2374	0,0451	5,26	0,000	0,1487	0,3260
lnFP2	0,1934	0,0795	2,43	0,015	0,0373	0,3495
lnFP3	0,0043	0,0179	0,24	0,812	-0,0309	0,0394
lnEK	0,2763	0,0366	7,55	0,000	0,2044	0,3482
lnB	-0,0791	0,0681	-1,16	0,246	-0,2130	0,0548
Konstante	7,4803	0,2711	27,59	0,000	6,9475	8,0131
H	0,4350	0,1066	4,08	0,000	0,2255	0,6445

Tabelle 21: Regression von Modell I, mittlere Banken (2. und 3. Viertel)

F(5, 1921) = 59,6	R^2 = 0,9788
Prob > F = 0,000	Adj. R^2 = 0,9764
Beobachtungen = 2140	Gruppen = 214
abhängige Variable: lnZE	

Variable	**Koeff.**	**Standard-abw.**	**t**	**p**	**95%-Konfidenzintervall**	
lnFP1	0,3155	0,0336	9,39	0,000	0,2496	0,3813
lnFP2	0,2466	0,0507	4,87	0,000	0,1472	0,3460
lnFP3	0,0024	0,0110	0,22	0,826	-0,0192	0,0241
lnEK	0,2224	0,0344	6,47	0,000	0,1550	0,2898
lnB	0,0267	0,0382	0,70	0,485	-0,0482	0,1016
Konstante	8,8286	0,2101	42,03	0,000	8,4166	9,2406
H	0,5645	0,0620	9,10	0,000	0,4429	0,6861

Tabelle 22: Regression von Modell I, große Banken (4. Viertel)

F(5, 958) = 83,5	R^2 = 0,9923
Prob > F = 0,000	Adj. R^2 = 0,9914
Beobachtungen = 1070	Gruppen = 107
abhängige Variable: lnZE	

Variable	**Koeff.**	**Standard-abw.**	**t**	**p**	**95%-Konfidenzintervall**	
lnFP1	0,3810	0,0280	13,59	0,000	0,3260	0,4360
lnFP2	0,1636	0,0467	3,50	0,000	0,0719	0,2552
lnFP3	0,0416	0,0098	4,23	0,000	0,0223	0,0610
lnEK	0,2895	0,0246	11,76	0,000	0,2412	0,3377
lnB	-0,0502	0,0587	-0,85	0,393	-0,1655	0,0651
Konstante	9,4420	0,2307	40,93	0,000	8,9893	9,8947
H	0,5863	0,0635	9,23	0,000	0,4617	0,7109

Tabelle 23: Regression von Modell I für rollierende 3-Jahres-Abschnitte

abhängige Variable: lnZE						
Zeitraum	H	Standard-abw.	t	p	95%-Konfidenzintervall	
1993 - 1994 - 1995	0,3478	0,0822	4,23	0,000	0,1865	0,5091
1994 - 1995 - 1996	0,3571	0,0772	4,62	0,000	0,2055	0,5087
1995 - 1996 - 1997	0,1004	0,0694	1,45	0,148	-0,0357	0,2365
1996 - 1997 - 1998	0,1692	0,0795	2,13	0,034	0,0130	0,3253
1997 - 1998 - 1999	0,2794	0,0748	3,74	0,000	0,1327	0,4262
1998 - 1999 - 2000	0,4595	0,0546	8,42	0,000	0,3524	0,5667
1999 - 2000 - 2001	0,8287	0,0419	19,79	0,000	0,7465	0,9109
2000 - 2001 - 2002	0,5725	0,0505	11,34	0,000	0,4734	0,6715

Tabelle 24: Regression von Modell IV für rollierende 3-Jahres-Abschnitte

abhängige Variable: lnZE						
Zeitraum	H	Standard-abw.	t	p	95%-Konfidenzintervall	
1993 - 1994 - 1995	0,2439	0,0756	3,23	0,001	0,0955	0,3923
1994 - 1995 - 1996	0,3214	0,0678	4,74	0,000	0,1883	0,4545
1995 - 1996 - 1997	0,1888	0,0690	2,74	0,006	0,0534	0,3242
1996 - 1997 - 1998	0,2091	0,0749	2,79	0,005	0,0620	0,3562
1997 - 1998 - 1999	0,2839	0,0731	3,88	0,000	0,1405	0,4273
1998 - 1999 - 2000	0,4553	0,0553	8,24	0,000	0,3468	0,5637
1999 - 2000 - 2001	0,8307	0,0449	18,52	0,000	0,7427	0,9188
2000 - 2001 - 2002	0,6165	0,0551	11,19	0,000	0,5084	0,7247

Tabelle 25: Regression von Modell I für rollierende 3-Jahres-Abschnitte für kleine Banken

abhängige Variable: lnZE						
Zeitraum	H	Standard-abw.	t	p	95%-Konfidenzintervall	
1993 - 1994 - 1995	0,3814	0,0928	4,11	0,000	0,1985	0,5642
1994 - 1995 - 1996	0,0146	0,1589	0,09	0,927	-0,2986	0,3278
1995 - 1996 - 1997	-0,1009	0,1193	-0,85	0,399	-0,3361	0,1343
1996 - 1997 - 1998	0,0297	0,1424	0,21	0,835	-0,2511	0,3105
1997 - 1998 - 1999	0,1624	0,1413	1,15	0,252	-0,1162	0,4411
1998 - 1999 - 2000	0,4839	0,1175	4,12	0,000	0,2523	0,7155
1999 - 2000 - 2001	0,8544	0,0839	10,18	0,000	0,6889	1,0198
2000 - 2001 - 2002	0,4410	0,1022	4,32	0,000	0,2395	0,6424

Tabelle 26: Regression von Modell I für rollierende 3-Jahres-Abschnitte für große Banken

abhängige Variable: lnZE						
Zeitraum	H	Standard-abw.	t	p	95%-Konfidenzintervall	
1993 - 1994 - 1995	0,2169	0,1378	1,57	0,117	-0,0548	0,4886
1994 - 1995 - 1996	0,6722	0,1471	4,57	0,000	0,3823	0,9621
1995 - 1996 - 1997	0,3606	0,1561	2,31	0,022	0,0530	0,6683
1996 - 1997 - 1998	0,2106	0,1856	1,13	0,258	-0,1552	0,5764
1997 - 1998 - 1999	0,4009	0,1440	2,78	0,006	0,1171	0,6848
1998 - 1999 - 2000	0,5452	0,1063	5,13	0,000	0,3356	0,7548
1999 - 2000 - 2001	0,9286	0,0709	13,09	0,000	0,7887	1,0684
2000 - 2001 - 2002	0,6964	0,0874	7,97	0,000	0,5242	0,8686

Tabelle 27: Regression von Modell IV für rollierende 3-Jahres-Abschnitte für kleine Banken

abhängige Variable: lnZE						
Zeitraum	H	Standard-abw.	t	p	95%-Konfidenzintervall	
1993 - 1994 - 1995	0,2904	0,0991	2,93	0,004	0,0950	0,4858
1994 - 1995 - 1996	0,0313	0,1472	0,21	0,832	-0,2590	0,3215
1995 - 1996 - 1997	-0,0078	0,1149	-0,07	0,946	-0,2344	0,2187
1996 - 1997 - 1998	0,0741	0,1522	0,49	0,627	-0,2259	0,3742
1997 - 1998 - 1999	0,2286	0,1363	1,68	0,095	-0,0400	0,4973
1998 - 1999 - 2000	0,4783	0,1180	4,05	0,000	0,2456	0,7110
1999 - 2000 - 2001	0,9286	0,0883	10,52	0,000	0,7544	1,1027
2000 - 2001 - 2002	0,5393	0,1157	4,66	0,000	0,3110	0,7676

Tabelle 28: Regression von Modell IV für rollierende 3-Jahres-Abschnitte für große Banken

abhängige Variable: lnZE						
Zeitraum	H	Standard-abw.	t	p	95%-Konfidenzintervall	
1993 - 1994 - 1995	0,1969	0,1371	1,44	0,152	-0,0733	0,4671
1994 - 1995 - 1996	0,6707	0,1403	4,78	0,000	0,3940	0,9474
1995 - 1996 - 1997	0,4020	0,1628	2,47	0,014	0,0810	0,7230
1996 - 1997 - 1998	0,1742	0,1872	0,93	0,353	-0,1949	0,5433
1997 - 1998 - 1999	0,4485	0,1252	3,58	0,000	0,2017	0,6954
1998 - 1999 - 2000	0,5713	0,1086	5,26	0,000	0,3570	0,7855
1999 - 2000 - 2001	0,9438	0,0765	12,34	0,000	0,7929	1,0946
2000 - 2001 - 2002	0,7190	0,0970	7,41	0,000	0,5277	0,9102

Tabelle 29: Regression von Modell I

F(5, 3846) = 259,1				R² = 0,9972		
Prob > F = 0,000				Adj. R² = 0,9969		
Beobachtungen = 4279				Gruppen = 428		
abhängige Variable: lnZPE						
Variable	**Koeff.**	**Standard-abw.**	**t**	**p**	**95%-Konfidenzintervall**	
lnFP1	0,2724	0,0190	14,34	0,000	0,2351	0,3096
lnFP2	0,2373	0,0308	7,70	0,000	0,1769	0,2977
lnFP3	0,0151	0,0061	2,47	0,014	0,0031	0,0271
lnEK	0,2639	0,0179	14,77	0,000	0,2288	0,2989
lnB	0,0296	0,0261	1,14	0,256	-0,0215	0,0808
Konstante	8,3503	0,1216	68,66	0,000	8,1118	8,5887
H	0,5248	0,0401	13,10	0,000	0,4462	0,6033

Tabelle 30: Regression von Modell II

F(6, 3737) = 222,3				R² = 0,9973		
Prob > F = 0,000				Adj. R² = 0,9970		
Beobachtungen = 4171				Gruppen = 428		
abhängige Variable: lnZPE						
Variable	**Koeff.**	**Standard-abw.**	**t**	**p**	**95%-Konfidenzintervall**	
lnFP1	0,2752	0,0194	14,21	0,000	0,2373	0,3132
lnFP2	0,2575	0,0323	7,98	0,000	0,1943	0,3208
lnFP3	0,0149	0,0060	2,47	0,013	0,0031	0,0267
lnFP4	0,0130	0,0022	6,05	0,000	0,0088	0,0172
lnEK	0,2780	0,0191	14,52	0,000	0,2404	0,3155
lnB	0,0312	0,0260	1,20	0,230	-0,0198	0,0822
Konstante	8,1573	0,1358	60,09	0,000	7,8912	8,4235
H	0,5607	0,0422	13,30	0,000	0,4780	0,6434

Tabelle 31: Regression von Modell III

F(5, 3846) = 272,4 Prob > F = 0,000 Beobachtungen = 4279 abhängige Variable: lnZPE				R^2 = 0,9973 Adj. R^2 = 0,9970 Gruppen = 428		
Variable	**Koeff.**	**Standard-abw.**	**t**	**p**	**95%-Konfidenzintervall**	
lnFP1	0,2508	0,0192	13,03	0,000	0,2131	0,2886
lnFP2	0,2336	0,0297	7,87	0,000	0,1754	0,2918
lnFP3	0,0175	0,0061	2,87	0,004	0,0055	0,0294
lnEK	0,2527	0,0177	14,30	0,000	0,2181	0,2874
lnS	-3,1018	0,3375	-9,19	0,000	-3,7635	-2,4401
Konstante	8,3903	0,1046	80,20	0,000	8,1851	8,5954
H	0,5019	0,0386	12,99	0,000	0,4262	0,5777

Tabelle 32: Regression von Modell IV

F(6, 3738) = 231,1 Prob > F = 0,000 Beobachtungen = 4171 abhängige Variable: lnZPE				R^2 = 0,9974 Adj. R^2 = 0,9971 Gruppen = 428		
Variable	**Koeff.**	**Standard-abw.**	**t**	**p**	**95%-Konfidenzintervall**	
lnFP1	0,2538	0,0192	13,20	0,000	0,2161	0,2915
lnFP2	0,2615	0,0307	8,51	0,000	0,2013	0,3217
lnFP3	0,0173	0,0060	2,90	0,004	0,0056	0,0290
lnFP4	0,0186	0,0024	7,83	0,000	0,0139	0,0232
lnEK	0,2756	0,0186	14,81	0,000	0,2391	0,3120
lnS	-4,2800	0,4211	-10,16	0,000	-5,1055	-3,4544
Konstante	8,0809	0,1182	68,40	0,000	7,8493	8,3125
H	0,5512	0,0401	13,75	0,000	0,4726	0,6298

Tabelle 33: Regression von Modell I, kleine Banken (1. Viertel)

F(5, 958) = 115,1 | R² = 0,9854
Prob > F = 0,000 | Adj. R² = 0,9837
Beobachtungen = 1070 | Gruppen = 107
abhängige Variable: lnZPE

Variable	Koeff.	Standard-abw.	t	p	95%-Konfidenzintervall	
lnFP1	0,1616	0,0311	5,19	0,000	0,1005	0,2227
lnFP2	0,1797	0,0571	3,15	0,002	0,0677	0,2917
lnFP3	-0,0042	0,0101	-0,42	0,678	-0,0239	0,0156
lnEK	0,2893	0,0250	11,58	0,000	0,2403	0,3383
lnB	0,0441	0,0431	1,02	0,306	-0,0404	0,1286
Konstante	7,0408	0,1735	40,59	0,000	6,7004	7,3813
H	0,3371	0,0758	4,45	0,000	0,1885	0,4858

Tabelle 34: Regression von Modell I, mittlere Banken (2. und 3. Viertel)

F(5, 1920) = 109,2 | R² = 0,9810
Prob > F = 0,000 | Adj. R² = 0,9788
Beobachtungen = 2139 | Gruppen = 214
abhängige Variable: lnZPE

Variable	Koeff.	Standard-abw.	t	p	95%-Konfidenzintervall	
lnFP1	0,2817	0,0324	8,70	0,000	0,2182	0,3452
lnFP2	0,3069	0,0500	6,14	0,000	0,2088	0,4049
lnFP3	0,0077	0,0105	0,73	0,467	-0,0130	0,0283
lnEK	0,2232	0,0326	6,85	0,000	0,1593	0,2870
lnB	0,0327	0,0371	0,88	0,378	-0,0401	0,1056
Konstante	8,5761	0,2003	42,82	0,000	8,1833	8,9689
H	0,5963	0,0618	9,64	0,000	0,4750	0,7176

Tabelle 35: Regression von Modell I, große Banken (4. Viertel)

F(5, 958) = 123,3 | R^2 = 0,9932
Prob > F = 0,000 | Adj. R^2 = 0,9924
Beobachtungen = 1070 | Gruppen = 107
abhängige Variable: lnZPE

Variable	Koeff.	Standard-abw.	t	p	95%-Konfidenzintervall	
lnFP1	0,3474	0,0269	12,93	0,000	0,2947	0,4002
lnFP2	0,2123	0,0446	4,76	0,000	0,1247	0,2998
lnFP3	0,0464	0,0091	5,08	0,000	0,0285	0,0643
lnEK	0,2857	0,0238	12,02	0,000	0,2391	0,3323
lnB	-0,0318	0,0557	-0,57	0,567	-0,1411	0,0774
Konstante	9,2902	0,2192	42,38	0,000	8,8600	9,7203
H	0,6061	0,0606	10,01	0,000	0,4873	0,7249

Tabelle 36: Regression von Modell I für Viertel mit höchstem Provisionsanteil

F(5, 958) = 77,9 | R^2 = 0,9977
Prob > F = 0,000 | Adj. R^2 = 0,9974
Beobachtungen = 1070 | Gruppen = 107
abhängige Variable: lnZPE

Variable	Koeff.	Standard-abw.	t	p	95%-Konfidenzintervall	
lnFP1	0,3402	0,0305	11,16	0,000	0,2804	0,4000
lnFP2	0,2828	0,0527	5,37	0,000	0,1793	0,3862
lnFP3	0,0146	0,0087	1,68	0,094	-0,0025	0,0317
lnEK	0,2750	0,0351	7,83	0,000	0,2061	0,3438
lnB	0,1605	0,0444	3,62	0,000	0,0734	0,2475
Konstante	8,3532	0,2308	36,19	0,000	7,9002	8,8062
H	0,6376	0,0620	10,28	0,000	0,5159	0,7593

Tabelle 37: Regression von Modell I für Viertel mit höchstem Provisionsanteil

F(5, 958) = 134,7	R^2 = 0,9979
Prob > F = 0,000	Adj. R^2 = 0,9977
Beobachtungen = 1070	Gruppen = 107
abhängige Variable: lnZE	

Variable	Koeff.	Standard-abw.	t	p	95%-Konfidenzintervall	
lnFP1	0,3860	0,0327	11,81	0,000	0,3218	0,4501
lnFP2	0,2192	0,0562	3,90	0,000	0,1089	0,3296
lnFP3	0,0129	0,0095	1,37	0,172	-0,0056	0,0315
lnEK	0,2804	0,0377	7,44	0,000	0,2064	0,3544
lnB	0,1266	0,0476	2,66	0,008	0,0332	0,2201
Konstante	8,5674	0,2481	34,53	0,000	8,0804	9,0544
H	0,6181	0,0661	9,36	0,000	0,4885	0,7478

Tabelle 38: Regression von Modell I

F(5, 796) = 45,1				R² = 0,9841		
Prob > F = 0,000				Adj. R² = 0,9822		
Beobachtungen = 890				Gruppen = 89		
abhängige Variable: lnZE						
Variable	**Koeff.**	**Standard-abw.**	**t**	**p**	**95%-Konfidenzintervall**	
lnFP1	0,2468	0,0306	8,07	0,000	0,1868	0,3069
lnFP2	-0,0625	0,0283	-2,21	0,027	-0,1180	-0,0070
lnFP3	-0,0420	0,0106	-3,98	0,000	-0,0628	-0,0213
lnEK	0,2370	0,0295	8,02	0,000	0,1790	0,2950
lnB	0,0570	0,0313	1,82	0,069	-0,0045	0,1185
Konstante	9,5474	0,2907	32,85	0,000	8,9768	10,1179
H	0,1423	0,0477	2,98	0,003	0,0487	0,2360

Tabelle 39: Regression von Modell II

F(6, 748) = 37,5				R² = 0,9846		
Prob > F = 0,000				Adj. R² = 0,9826		
Beobachtungen = 843				Gruppen = 89		
abhängige Variable: lnZE						
Variable	**Koeff.**	**Standard-abw.**	**t**	**p**	**95%-Konfidenzintervall**	
lnFP1	0,2661	0,0323	8,25	0,000	0,2028	0,3295
lnFP2	-0,0711	0,0305	-2,33	0,020	-0,1310	-0,0112
lnFP3	-0,0515	0,0109	-4,71	0,000	-0,0730	-0,0300
lnFP4	0,0079	0,0029	2,68	0,007	0,0021	0,0137
lnEK	0,2542	0,0305	8,33	0,000	0,1943	0,3141
lnB	0,0463	0,0322	1,44	0,151	-0,0169	0,1094
Konstante	9,4592	0,2938	32,19	0,000	8,8823	10,0360
H	0,1514	0,0504	3,00	0,003	0,0524	0,2504

Tabelle 40: Regression von Modell III

F(5, 796) = 46,6 | R^2 = 0,9846
Prob > F = 0,000 | Adj. R^2 = 0,9828
Beobachtungen = 890 | Gruppen = 89
abhängige Variable: lnZE

Variable	Koeff.	Standard-abw.	t	p	95%-Konfidenzintervall	
lnFP1	0,2141	0,0304	7,05	0,000	0,1544	0,2737
lnFP2	-0,0483	0,0275	-1,76	0,079	-0,1023	0,0057
lnFP3	-0,0300	0,0108	-2,78	0,006	-0,0512	-0,0088
lnEK	0,2539	0,0213	11,95	0,000	0,2122	0,2956
lnS	-3,7630	0,8495	-4,43	0,000	-5,4306	-2,0955
Konstante	9,1217	0,1405	64,92	0,000	8,8459	9,3975
H	0,1357	0,0445	3,05	0,002	0,0483	0,2232

Tabelle 41: Regression von Modell IV

F(6, 748) = 47,4 | R^2 = 0,9857
Prob > F = 0,000 | Adj. R^2 = 0,9839
Beobachtungen = 843 | Gruppen = 89
abhängige Variable: lnZE

Variable	Koeff.	Standard-abw.	t	p	95%-Konfidenzintervall	
lnFP1	0,2345	0,0311	7,55	0,000	0,1735	0,2954
lnFP2	-0,0625	0,0291	-2,15	0,032	-0,1196	-0,0054
lnFP3	-0,0388	0,0108	-3,60	0,000	-0,0599	-0,0176
lnFP4	0,0156	0,0030	5,21	0,000	0,0097	0,0214
lnEK	0,2762	0,0214	12,92	0,000	0,2342	0,3182
lnS	-6,1087	1,0003	-6,11	0,000	-8,0725	-4,1449
Konstante	9,0223	0,1412	63,89	0,000	8,7451	9,2995
H	0,1487	0,0464	3,20	0,001	0,0575	0,2399

Tabelle 42: Gleichgewichtstest, Regression des ROA (Modell III)

F(5, 796) = 161,7 | R^2 = 0,6653
Prob > F = 0,000 | Adj. R^2 = 0,6262
Beobachtungen = 890 | Gruppen = 89
abhängige Variable: ROA

Variable	Koeff.	Standard-abw.	t	p	95%-Konfidenzintervall	
lnFP1	0,0272	0,0016	17,06	0,000	0,0241	0,0304
lnFP2	0,0012	0,0014	0,84	0,402	-0,0016	0,0040
lnFP3	0,0013	0,0006	2,23	0,026	0,0002	0,0024
lnEK	-0,0040	0,0011	-3,78	0,000	-0,0061	-0,0019
lnS	0,4390	0,0828	5,30	0,000	0,2764	0,6015
Konstante	0,1692	0,0083	20,30	0,000	0,1529	0,1856
HG	0,0297	0,0024	12,17	0,000	0,0249	0,0345

Tabelle 43: Gleichgewichtstest, Regression des ROE (Modell III)

F(5, 796) = 10,6 | R^2 = 0,3737
Prob > F = 0,000 | Adj. R^2 = 0,3005
Beobachtungen = 890 | Gruppen = 89
abhängige Variable: ROE

Variable	Koeff.	Standard-abw.	t	p	95%-Konfidenzintervall	
lnFP1	-0,0647	0,0354	-1,83	0,068	-0,1343	0,0048
lnFP2	0,0896	0,0437	2,05	0,040	0,0039	0,1753
lnFP3	0,0190	0,0110	1,74	0,083	-0,0025	0,0405
lnEK	-0,1138	0,0230	-4,94	0,000	-0,1590	-0,0686
lnS	8,5868	2,1360	4,02	0,000	4,3940	12,7796
Konstante	0,7913	0,1682	4,70	0,000	0,4611	1,1216
HG	0,0439	0,0672	0,65	0,513	-0,0879	0,1757

Tabelle 44: Regression mit Größenklassen, Modell I

F(15, 786) = 20,5
Prob > F = 0,000
Beobachtungen = 890
abhängige Variable: lnZE

R^2 = 0,9848
Adj. R^2 = 0,9828
Gruppen = 89

Variable	Koeff.	Standard-abw.	t	p	95%-Konfidenzintervall	
dllnFP1	0,3009	0,0586	5,14	0,000	0,1859	0,4158
dllnFP2	-0,1651	0,0871	-1,89	0,059	-0,3362	0,0060
dllnFP3	-0,0426	0,0189	-2,25	0,024	-0,0797	-0,0055
dllnEK	0,2535	0,0531	4,77	0,000	0,1492	0,3578
dllnB	0,1097	0,0553	1,98	0,048	0,0012	0,2181
dmlnFP1	0,2136	0,0444	4,81	0,000	0,1264	0,3007
dmlnFP2	-0,0152	0,0312	-0,49	0,627	-0,0763	0,0460
dmlnFP3	-0,0293	0,0152	-1,93	0,054	-0,0592	0,0005
dmlnEK	0,1746	0,0399	4,37	0,000	0,0962	0,2530
dmlnB	0,0289	0,0473	0,61	0,541	-0,0639	0,1218
dslnFP1	0,1540	0,0706	2,18	0,029	0,0154	0,2925
dslnFP2	-0,1927	0,1210	-1,59	0,112	-0,4302	0,0449
dslnFP3	-0,0535	0,0202	-2,64	0,008	-0,0933	-0,0138
dslnEK	0,3064	0,0621	4,94	0,000	0,1846	0,4282
dslnB	0,0855	0,0487	1,76	0,079	-0,0101	0,1811
Konstante	9,6851	0,2646	36,60	0,000	9,1657	10,2045
H Groß	0,0931	0,1306	0,71	0,476	-0,1632	0,3495
H Mittel	0,1691	0,0585	2,89	0,004	0,0543	0,2839
H Klein	-0,0922	0,1753	-0,53	0,599	-0,4364	0,2519
Diff H (Groß – Mittel)	-0,0759	0,1431	-0,53	0,596	-0,3568	0,2050
Diff H (Klein – Mittel)	-0,2613	0,1848	-1,41	0,158	-0,6241	0,1015

Tabelle 45: Regression mit Größenklassen, Modell IV

F(18, 736) = 20,1				R² = 0,9865		
Prob > F = 0,000				Adj. R² = 0,9846		
Beobachtungen = 843				Gruppen = 89		
abhängige Variable: lnZE						
Variable	**Koeff.**	**Standard-abw.**	**t**	**p**	**95%-Konfidenzintervall**	
dllnFP1	0,2549	0,0601	4,24	0,000	0,1370	0,3728
dllnFP2	-0,1244	0,0985	-1,26	0,207	-0,3179	0,0690
dllnFP3	-0,0317	0,0217	-1,46	0,145	-0,0743	0,0109
dllnFP4	0,0005	0,0057	0,09	0,926	-0,0106	0,0117
dllnEK	0,2880	0,0450	6,40	0,000	0,1997	0,3764
dllnS	-3,9588	2,4229	-1,63	0,103	-8,7154	0,7978
dmlnFP1	0,2331	0,0471	4,95	0,000	0,1406	0,3255
dmlnFP2	-0,0266	0,0292	-0,91	0,361	-0,0839	0,0306
dmlnFP3	-0,0314	0,0155	-2,03	0,043	-0,0618	-0,0010
dmlnFP4	0,0177	0,0039	4,50	0,000	0,0100	0,0254
dmlnEK	0,2106	0,0288	7,31	0,000	0,1540	0,2671
dmlnS	-5,8466	1,2510	-4,67	0,000	-8,3026	-3,3907
dslnFP1	0,0853	0,0655	1,30	0,193	-0,0432	0,2138
dslnFP2	-0,1982	0,1158	-1,71	0,087	-0,4255	0,0291
dslnFP3	-0,0521	0,0202	-2,57	0,010	-0,0918	-0,0123
dslnFP4	0,0218	0,0053	4,13	0,000	0,0114	0,0322
dslnEK	0,3447	0,0511	6,74	0,000	0,2443	0,4451
dslnS	-8,8516	1,3043	-6,79	0,000	-11,4122	-6,2911
Konstante	9,1381	0,1322	69,11	0,000	8,8785	9,3977
H Groß	0,0993	0,1388	0,72	0,474	-0,1731	0,3718
H Mittel	0,1927	0,0554	3,48	0,001	0,0839	0,3015
H Klein	-0,1432	0,1626	-0,88	0,379	-0,4623	0,1760
Diff H (Groß – Mittel)	-0,0933	0,1494	-0,62	0,532	-0,3867	0,2000
Diff H (Klein – Mittel)	-0,3359	0,1718	-1,96	0,051	-0,6731	0,0013

Tabelle 46: Regression von Modell I für rollierende 3-Jahres-Abschnitte

abhängige Variable: lnZE						
Zeitraum	H	Standard-abw.	t	p	95%-Konfidenzintervall	
1993 - 1994 - 1995	0,1929	0,0443	4,35	0,000	0,1054	0,2804
1994 - 1995 - 1996	0,3868	0,1615	2,40	0,018	0,0681	0,7056
1995 - 1996 - 1997	0,2335	0,1566	1,49	0,138	-0,0756	0,5426
1996 - 1997 - 1998	0,2844	0,1442	1,97	0,050	-0,0002	0,5690
1997 - 1998 - 1999	0,3615	0,1463	2,47	0,014	0,0728	0,6503
1998 - 1999 - 2000	0,4457	0,1041	4,28	0,000	0,2402	0,6512
1999 - 2000 - 2001	0,4038	0,0858	4,71	0,000	0,2345	0,5732
2000 - 2001 - 2002	0,3624	0,0940	3,85	0,000	0,1768	0,5480

Tabelle 47: Regression von Modell IV für rollierende 3-Jahres-Abschnitte

abhängige Variable: lnZE						
Zeitraum	H	Standard-abw.	t	p	95%-Konfidenzintervall	
1993 - 1994 - 1995	0,1535	0,0484	3,17	0,002	0,0580	0,2491
1994 - 1995 - 1996	0,4171	0,1545	2,70	0,008	0,1118	0,7223
1995 - 1996 - 1997	0,3481	0,1506	2,31	0,022	0,0508	0,6453
1996 - 1997 - 1998	0,3247	0,1566	2,07	0,040	0,0155	0,6340
1997 - 1998 - 1999	0,2852	0,1500	1,90	0,059	-0,0110	0,5814
1998 - 1999 - 2000	0,4281	0,0996	4,30	0,000	0,2314	0,6248
1999 - 2000 - 2001	0,4465	0,0786	5,68	0,000	0,2913	0,6016
2000 - 2001 - 2002	0,3912	0,1033	3,79	0,000	0,1871	0,5953

Tabelle 48: Regression von Modell I

F(5, 796) = 68,6	R^2 = 0,9850
Prob > F = 0,000	Adj. R^2 = 0,9833
Beobachtungen = 890	Gruppen = 89
abhängige Variable: lnZPE	

Variable	Koeff.	Standard-abw.	t	p	95%-Konfidenzintervall	
lnFP1	0,1711	0,0289	5,93	0,000	0,1145	0,2278
lnFP2	-0,0335	0,0243	-1,38	0,168	-0,0813	0,0142
lnFP3	-0,0415	0,0102	-4,08	0,000	-0,0615	-0,0215
lnEK	0,2585	0,0286	9,04	0,000	0,2024	0,3147
lnB	0,0565	0,0302	1,87	0,061	-0,0027	0,1157
Konstante	9,0659	0,2824	32,11	0,000	8,5117	9,6202
H	0,0961	0,0425	2,26	0,024	0,0127	0,1795

Tabelle 49: Regression von Modell II

F(6, 748) = 56,6	R^2 = 0,9855
Prob > F = 0,000	Adj. R^2 = 0,9836
Beobachtungen = 843	Gruppen = 89
abhängige Variable: lnZPE	

Variable	Koeff.	Standard-abw.	t	p	95%-Konfidenzintervall	
lnFP1	0,1892	0,0304	6,21	0,000	0,1294	0,2489
lnFP2	-0,0429	0,0249	-1,72	0,086	-0,0918	0,0061
lnFP3	-0,0503	0,0106	-4,76	0,000	-0,0711	-0,0296
lnFP4	0,0080	0,0028	2,86	0,004	0,0025	0,0135
lnEK	0,2749	0,0295	9,33	0,000	0,2170	0,3327
lnB	0,0470	0,0310	1,52	0,130	-0,0138	0,1078
Konstante	8,9870	0,2852	31,51	0,000	8,4271	9,5469
H	0,1040	0,0434	2,40	0,017	0,0188	0,1891

Tabelle 50: Regression von Modell III

F(5, 796) = 69,0				R² = 0,9854		
Prob > F = 0,000				Adj. R² = 0,9837		
Beobachtungen = 890				Gruppen = 89		
abhängige Variable: lnZPE						
Variable	**Koeff.**	**Standard-abw.**	**t**	**p**	**95%-Konfidenzintervall**	
lnFP1	0,1410	0,0295	4,79	0,000	0,0831	0,1988
lnFP2	-0,0196	0,0275	-0,72	0,475	-0,0736	0,0343
lnFP3	-0,0306	0,0105	-2,93	0,004	-0,0512	-0,0101
lnEK	0,2759	0,0209	13,21	0,000	0,2349	0,3170
lnS	-3,3759	0,7925	-4,26	0,000	-4,9315	-1,8204
Konstante	8,6467	0,1381	62,61	0,000	8,3756	8,9178
H	0,0907	0,0442	2,05	0,040	0,0040	0,1774

Tabelle 51: Regression von Modell IV

F(6, 748) = 65,1				R² = 0,9864		
Prob > F = 0,000				Adj. R² = 0,9847		
Beobachtungen = 843				Gruppen = 89		
abhängige Variable: lnZPE						
Variable	**Koeff.**	**Standard-abw.**	**t**	**p**	**95%-Konfidenzintervall**	
lnFP1	0,1596	0,0298	5,35	0,000	0,1010	0,2182
lnFP2	-0,0340	0,0262	-1,30	0,196	-0,0855	0,0175
lnFP3	-0,0386	0,0105	-3,68	0,000	-0,0593	-0,0180
lnFP4	0,0150	0,0029	5,21	0,000	0,0094	0,0207
lnEK	0,2970	0,0207	14,36	0,000	0,2564	0,3377
lnS	-5,6021	0,9489	-5,90	0,000	-7,4649	-3,7393
Konstante	8,5546	0,1380	62,01	0,000	8,2837	8,8254
H	0,1020	0,0425	2,40	0,017	0,0186	0,1854

Tabelle 52: Regression mit Größenklassen, Modell I

F(15, 786) = 31,2
Prob > F = 0,000
Beobachtungen = 890
abhängige Variable: lnZPE

R^2 = 0,9856
Adj. R^2 = 0,9837
Gruppen = 89

Variable	**Koeff.**	**Standard-abw.**	**t**	**p**	**95%-Konfidenzintervall**	
dllnFP1	0,2424	0,0560	4,33	0,000	0,1325	0,3522
dllnFP2	-0,0906	0,0843	-1,07	0,283	-0,2560	0,0748
dllnFP3	-0,0365	0,0177	-2,06	0,040	-0,0713	-0,0017
dllnEK	0,2560	0,0511	5,01	0,000	0,1557	0,3563
dllnB	0,1172	0,0528	2,22	0,027	0,0135	0,2209
dmlnFP1	0,1358	0,0438	3,10	0,002	0,0498	0,2218
dmlnFP2	0,0007	0,0347	0,02	0,984	-0,0674	0,0688
dmlnFP3	-0,0329	0,0148	-2,23	0,026	-0,0619	-0,0039
dmlnEK	0,1982	0,0387	5,13	0,000	0,1223	0,2741
dmlnB	0,0337	0,0458	0,74	0,461	-0,0561	0,1236
dslnFP1	0,0836	0,0668	1,25	0,211	-0,0474	0,2146
dslnFP2	-0,1288	0,1163	-1,11	0,268	-0,3571	0,0994
dslnFP3	-0,0497	0,0192	-2,59	0,010	-0,0874	-0,0120
dslnEK	0,3227	0,0612	5,27	0,000	0,2025	0,4429
dslnB	0,0682	0,0475	1,44	0,151	-0,0250	0,1615
Konstante	9,2271	0,2557	36,08	0,000	8,7251	9,7290
H Groß	0,1153	0,1259	0,92	0,360	-0,1318	0,3624
H Mittel	0,1036	0,0622	1,67	0,096	-0,0185	0,2257
H Klein	-0,0949	0,1680	-0,57	0,572	-0,4246	0,2348
Diff H (Groß – Mittel)	0,0117	0,1404	0,08	0,934	-0,2639	0,2873
Diff H (Klein – Mittel)	-0,1985	0,1791	-1,11	0,268	-0,5501	0,1531

Tabelle 53: Regression mit Größenklassen, Modell IV

F(18, 736) = 27,6	R² = 0,9872
Prob > F = 0,000	Adj. R² = 0,9853
Beobachtungen = 843	Gruppen = 89
abhängige Variable: lnZPE	

Variable	Koeff.	Standard-abw.	t	p	95%-Konfidenzintervall	
dllnFP1	0,2001	0,0584	3,43	0,001	0,0855	0,3147
dllnFP2	-0,0514	0,0963	-0,53	0,593	-0,2404	0,1376
dllnFP3	-0,0282	0,0210	-1,34	0,180	-0,0694	0,0131
dllnFP4	0,0019	0,0054	0,35	0,727	-0,0088	0,0126
dllnEK	0,2960	0,0440	6,74	0,000	0,2098	0,3823
dllnS	-3,7315	2,2292	-1,67	0,095	-8,1079	0,6449
dmlnFP1	0,1535	0,0465	3,30	0,001	0,0622	0,2447
dmlnFP2	-0,0095	0,0329	-0,29	0,773	-0,0741	0,0551
dmlnFP3	-0,0342	0,0151	-2,27	0,023	-0,0639	-0,0046
dmlnFP4	0,0165	0,0039	4,29	0,000	0,0090	0,0241
dmlnEK	0,2353	0,0281	8,37	0,000	0,1801	0,2905
dmlnS	-5,4070	1,2275	-4,40	0,000	-7,8169	-2,9971
dslnFP1	0,0184	0,0633	0,29	0,772	-0,1059	0,1426
dslnFP2	-0,1378	0,1130	-1,22	0,223	-0,3597	0,0840
dslnFP3	-0,0476	0,0197	-2,42	0,016	-0,0862	-0,0090
dslnFP4	0,0208	0,0051	4,08	0,000	0,0108	0,0309
dslnEK	0,3537	0,0515	6,87	0,000	0,2526	0,4547
dslnS	-8,2398	1,2667	-6,50	0,000	-10,7266	-5,7529
Konstante	8,6838	0,1303	66,65	0,000	8,4280	8,9396
H Groß	0,1224	0,1356	0,90	0,367	-0,1437	0,3886
H Mittel	0,1263	0,0595	2,12	0,034	0,0094	0,2431
H Klein	-0,1462	0,1579	-0,93	0,355	-0,4562	0,1638
Diff H (Groß – Mittel)	-0,0038	0,1481	-0,03	0,979	-0,2945	0,2869
Diff H (Klein – Mittel)	-0,2725	0,1688	-1,61	0,107	-0,6038	0,0588

Tabelle 54: Ost-West-Vergleich, Modell I

F(10, 4643) = 97,4 Prob > F = 0,000 Beobachtungen = 5170 abhängige Variable: lnZE				R^2 = 0,9961 Adj. R^2 = 0,9957 Gruppen = 517		
Variable	**Koeff.**	**Standard-abw.**	**t**	**p**	**95%-Konfidenzintervall**	
lnFP1	0,2468	0,0305	8,09	0,000	0,1870	0,3067
lnFP2	-0,0625	0,0282	-2,21	0,027	-0,1178	-0,0071
lnFP3	-0,0420	0,0105	-3,99	0,000	-0,0627	-0,0214
lnEK	0,2370	0,0295	8,04	0,000	0,1792	0,2948
lnB	0,0570	0,0312	1,82	0,068	-0,0043	0,1183
dwlnFP1	0,0602	0,0363	1,66	0,097	-0,0109	0,1314
dwlnFP2	0,2434	0,0421	5,78	0,000	0,1608	0,3260
dwlnFP3	0,0547	0,0123	4,44	0,000	0,0305	0,0788
dwlnEK	0,0269	0,0349	0,77	0,441	-0,0415	0,0953
dwlnB	-0,0416	0,0413	-1,01	0,313	-0,1226	0,0393
Konstante	8,7477	0,1164	75,18	0,000	8,5196	8,9759
H West	0,5007	0,0406	12,32	0,000	0,4210	0,5803
H Ost	0,1423	0,0476	2,99	0,003	0,0490	0,2357
Diff H	0,3583	0,0626	5,72	0,000	0,2356	0,4811

Tabelle 55: Ost-West-Vergleich, Modell IV

F(12, 4486) = 95,3 Prob > F = 0,000 Beobachtungen = 5015 abhängige Variable: ZE				R^2 = 0,9965 Adj. R^2 = 0,9960 Gruppen = 517		
Variable	**Koeff.**	**Standard-abw.**	**t**	**p**	**95%-Konfidenzintervall**	
lnFP1	0,2345	0,0309	7,58	0,000	0,1738	0,2951
lnFP2	-0,0625	0,0290	-2,16	0,031	-0,1193	-0,0057
lnFP3	-0,0388	0,0107	-3,62	0,000	-0,0598	-0,0178
lnFP4	0,0156	0,0030	5,23	0,000	0,0097	0,0214
lnEK	0,2762	0,0213	12,97	0,000	0,2345	0,3180
lnS	-6,1087	0,9963	-6,13	0,000	-8,0619	-4,1555
dwlnFP1	0,0525	0,0368	1,43	0,153	-0,0196	0,1246
dwlnFP2	0,2679	0,0424	6,32	0,000	0,1848	0,3510
dwlnFP3	0,0539	0,0124	4,35	0,000	0,0297	0,0782
dwlnFP4	0,0053	0,0039	1,37	0,172	-0,0023	0,0129
dwlnEK	0,0010	0,0288	0,03	0,973	-0,0555	0,0575
dwlnS	1,2044	1,0891	1,11	0,269	-0,9307	3,3396
Konstante	8,4213	0,1054	79,90	0,000	8,2147	8,6279
H West	0,5284	0,0403	13,13	0,000	0,4495	0,6073
H Ost	0,1487	0,0463	3,21	0,001	0,0580	0,2394
Diff H	0,3797	0,0613	6,19	0,000	0,2595	0,4999

Tabelle 56: Ost-West-Vergleich, größenabhängiges H, Modell IV

F(20, 4478) = 68,7 | R^2 = 0,9965
Prob > F = 0,000 | Adj. R^2 = 0,9961
Beobachtungen = 5015 | Gruppen = 517
abhängige Variable: ZE

Variable	Koeff.	Standard-abw.	t	p	95%-Konfidenzintervall	
lnFP1	0,1692	0,0444	3,81	0,000	0,0820	0,2563
lnFP2	-0,1071	0,0364	-2,94	0,003	-0,1783	-0,0358
lnFP3	-0,0535	0,0142	-3,76	0,000	-0,0815	-0,0256
lnFP4	0,0216	0,0037	5,77	0,000	0,0143	0,0289
lnFP1EK	2,16E-06	9,01E-07	2,40	0,017	3,93E-07	3,93E-06
lnFP2EK	1,89E-06	8,23E-07	2,30	0,021	2,81E-07	3,51E-06
lnFP3EK	4,28E-07	2,94E-07	1,45	0,146	-1,49E-07	1,01E-06
lnFP4EK	-1,62E-07	5,58E-08	-2,91	0,004	-2,72E-07	-5,30E-08
lnEK	0,2919	0,0263	11,12	0,000	0,2405	0,3434
lnS	-6,1727	0,9869	-6,25	0,000	-8,1076	-4,2378
dwlnFP1	0,0811	0,0501	1,62	0,105	-0,0171	0,1793
dwlnFP2	0,2914	0,0482	6,05	0,000	0,1970	0,3858
dwlnFP3	0,0514	0,0159	3,24	0,001	0,0203	0,0825
dwlnFP4	-0,0005	0,0048	-0,10	0,922	-0,0100	0,0090
dwlnFP1EK	-1,69E-06	9,14E-07	-1,85	0,064	-3,48E-06	1,00E-07
dwlnFP2EK	-1,51E-06	8,33E-07	-1,81	0,070	-3,15E-06	1,22E-07
dwlnFP3EK	-1,54E-07	2,98E-07	-0,52	0,604	-7,37E-07	4,29E-07
dwlnFP4EK	1,54E-07	5,77E-08	2,67	0,008	4,06E-08	2,67E-07
dwlnEK	-0,0082	0,0334	-0,25	0,806	-0,0737	0,0573
dwlnS	1,3945	1,0798	1,29	0,197	-0,7226	3,5115
Konstante	8,3019	0,1220	68,03	0,000	8,0627	8,5412
H_a West	0,4536	0,0446	10,17	0,000	0,3662	0,5410
H_a Ost	0,0302	0,0702	0,43	0,667	-0,1074	0,1678
Diff H_a	0,4234	0,0832	5,09	0,000	0,2604	0,5864
∂H/∂EK West	1,12E-06	2,76E-07	4,05	0,000	5,75E-07	1,66E-06
∂H/∂EK Ost	4,32E-06	1,70E-06	2,54	0,011	9,81E-07	7,66E-06
Diff ∂H/∂EK	-3,20E-06	1,73E-06	-1,86	0,063	-6,59E-06	1,79E-07

Tabelle 57: Ost-West-Vergleich mit identischem Größenbereich, Modell I

F(10, 3086) = 53,6				R² = 0,9849		
Prob > F = 0,000				Adj. R² = 0,9832		
Beobachtungen = 3440				Gruppen = 344		
abhängige Variable: lnZE						
Variable	**Koeff.**	**Standard-abw.**	**t**	**p**	**95%-Konfidenzintervall**	
lnFP1	0,2381	0,0322	7,38	0,000	0,1749	0,3013
lnFP2	-0,0536	0,0272	-1,97	0,049	-0,1068	-0,0003
lnFP3	-0,0390	0,0117	-3,34	0,001	-0,0618	-0,0161
lnEK	0,2339	0,0337	6,93	0,000	0,1678	0,3001
lnB	0,0359	0,0351	1,02	0,307	-0,0329	0,1046
dwlnFP1	0,0666	0,0429	1,55	0,121	-0,0175	0,1508
dwlnFP2	0,2825	0,0504	5,60	0,000	0,1835	0,3814
dwlnFP3	0,0399	0,0151	2,65	0,008	0,0103	0,0694
dwlnEK	0,0049	0,0435	0,11	0,910	-0,0804	0,0902
dwlnB	-0,0345	0,0486	-0,71	0,478	-0,1297	0,0608
Konstante	8,7500	0,1529	57,23	0,000	8,4502	9,0498
H West	0,5345	0,0545	9,81	0,000	0,4277	0,6413
H Ost	0,1456	0,0470	3,09	0,002	0,0533	0,2378
Diff H	0,3889	0,0720	5,40	0,000	0,2478	0,5301

Tabelle 58: Ost-West-Vergleich mit identischem Größenbereich, Modell IV

F(12, 2977) = 52,8				R² = 0,9861		
Prob > F = 0,000				Adj. R² = 0,9844		
Beobachtungen = 3333				Gruppen = 344		
abhängige Variable: ZE						
Variable	**Koeff.**	**Standard-abw.**	**t**	**p**	**95%-Konfidenzintervall**	
lnFP1	0,2402	0,0335	7,18	0,000	0,1746	0,3059
lnFP2	-0,0578	0,0290	-1,99	0,047	-0,1147	-0,0009
lnFP3	-0,0378	0,0119	-3,18	0,001	-0,0611	-0,0145
lnFP4	0,0174	0,0033	5,35	0,000	0,0110	0,0238
lnEK	0,2699	0,0246	10,96	0,000	0,2216	0,3182
lnS	-5,7720	1,0459	-5,52	0,000	-7,8227	-3,7212
dwlnFP1	0,0625	0,0442	1,41	0,158	-0,0243	0,1492
dwlnFP2	0,3270	0,0515	6,35	0,000	0,2261	0,4279
dwlnFP3	0,0378	0,0149	2,53	0,011	0,0085	0,0670
dwlnFP4	0,0057	0,0047	1,21	0,225	-0,0035	0,0148
dwlnEK	-0,0084	0,0379	-0,22	0,824	-0,0827	0,0658
dwlnS	1,6368	1,1740	1,39	0,163	-0,6650	3,9387
Konstante	8,3706	0,1380	60,67	0,000	8,1001	8,6412
H West	0,5950	0,0549	10,85	0,000	0,4874	0,7025
H Ost	0,1620	0,0469	3,46	0,001	0,0701	0,2540
Diff H	0,4329	0,0722	6,00	0,000	0,2914	0,5744

Tabelle 59: Regression von Modell I, Preisgleichung

F(5, 3847) = 13741,3 — R^2 = 0,9553
Prob > F = 0,000 — Adj. R^2 = 0,9503
Beobachtungen = 4280 — Gruppen = 428
abhängige Variable: lnZEzDBS

Variable	Koeff.	Standard-abw.	t	p	95%-Konfidenzintervall	
lnFP1	0,4911	0,0092	53,47	0,000	0,4731	0,5091
lnFP2	-0,3776	0,0181	-20,84	0,000	-0,4132	-0,3421
lnFP3	-0,0059	0,0027	-2,17	0,030	-0,0112	-0,0006
lnEK	-0,1239	0,0058	-21,38	0,000	-0,1353	-0,1126
lnB	0,1179	0,0123	9,56	0,000	0,0937	0,1420
Konstante	1,6256	0,0478	34,04	0,000	1,5320	1,7193
H	0,1076	0,0248	4,34	0,000	0,0590	0,1563

Tabelle 60: Regression von Modell IV, Preisgleichung

F(6, 3738) = 12064,2 — R^2 = 0,9585
Prob > F = 0,000 — Adj. R^2 = 0,9537
Beobachtungen = 4172 — Gruppen = 428
abhängige Variable: lnZEzDBS

Variable	Koeff.	Standard-abw.	t	p	95%-Konfidenzintervall	
lnFP1	0,4896	0,0095	51,35	0,000	0,4709	0,5083
lnFP2	-0,3425	0,0179	-19,12	0,000	-0,3776	-0,3074
lnFP3	-0,0062	0,0027	-2,30	0,021	-0,0115	-0,0009
lnFP4	0,0153	0,0013	12,22	0,000	0,0129	0,0178
lnEK	-0,1000	0,0058	-17,26	0,000	-0,1114	-0,0886
lnS	-2,7794	0,2273	-12,23	0,000	-3,2251	-2,3337
Konstante	1,1842	0,0455	26,00	0,000	1,0949	1,2734
H	0,1562	0,0254	6,16	0,000	0,1065	0,2060

Tabelle 61: Regression von Modell I mit Proxy für Arbeitspreis

F(5, 3847) = 478,6				R² = 0,9981		
Prob > F = 0,000				Adj. R² = 0,9979		
Beobachtungen = 4280				Gruppen = 428		
abhängige Variable: lnZE						
Variable	**Koeff.**	**Standard-abw.**	**t**	**p**	**95%-Konfidenzintervall**	
lnFP1	0,3589	0,0179	20,01	0,000	0,3237	0,3940
lnFP2	-0,6362	0,0187	-34,03	0,000	-0,6728	-0,5995
lnFP3	0,0003	0,0054	0,05	0,960	-0,0103	0,0108
lnEK	0,1569	0,0174	9,03	0,000	0,1228	0,1910
lnB	0,1453	0,0182	7,99	0,000	0,1096	0,1809
Konstante	7,8719	0,1140	69,06	0,000	7,6484	8,0953
H	-0,2770	0,0289	-9,57	0,000	-0,3338	-0,2203

Tabelle 62: Regression von Modell IV mit Proxy für Arbeitspreis

F(6, 3738) = 395,9				R² = 0,9982		
Prob > F = 0,000				Adj. R² = 0,9980		
Beobachtungen = 4172				Gruppen = 428		
abhängige Variable: lnZE						
Variable	**Koeff.**	**Standard-abw.**	**t**	**p**	**95%-Konfidenzintervall**	
lnFP1	0,3278	0,0183	17,95	0,000	0,2920	0,3636
lnFP2	-0,5986	0,0179	-33,41	0,000	-0,6338	-0,5635
lnFP3	0,0040	0,0053	0,76	0,448	-0,0063	0,0143
lnFP4	0,0141	0,0020	6,92	0,000	0,0101	0,0181
lnEK	0,1848	0,0181	10,21	0,000	0,1494	0,2203
lnS	-3,8986	0,3630	-10,74	0,000	-4,6102	-3,1869
Konstante	7,5722	0,1151	65,81	0,000	7,3466	7,7978
H	-0,2527	0,0294	-8,59	0,000	-0,3104	-0,1951

Tabelle 63: Regression von Modell I, Preisgleichung und Proxy für Arbeitspreis

F(5, 3847) = 11623,2				R² = 0,9498		
Prob > F = 0,000				Adj. R² = 0,9442		
Beobachtungen = 4280				Gruppen = 428		
abhängige Variable: lnZEzDBS						
Variable	**Koeff.**	**Standard-abw.**	**t**	**p**	**95%-Konfidenzintervall**	
lnFP1	0,5807	0,0076	76,59	0,000	0,5659	0,5956
lnFP2	0,1769	0,0111	15,91	0,000	0,1551	0,1986
lnFP3	-0,0145	0,0029	-4,97	0,000	-0,0202	-0,0088
lnEK	-0,1473	0,0059	-25,00	0,000	-0,1588	-0,1357
lnB	0,0672	0,0123	5,47	0,000	0,0431	0,0913
Konstante	1,4663	0,0517	28,35	0,000	1,3649	1,5677
H	0,7431	0,0120	62,10	0,000	0,7197	0,7666

Tabelle 64: Regression von Modell IV, Preisgleichung und Proxy für Arbeitspreis

F(6, 3738) = 10938,9				R² = 0,9572		
Prob > F = 0,000				Adj. R² = 0,9522		
Beobachtungen = 4172				Gruppen = 428		
abhängige Variable: lnZEzDBS						
Variable	**Koeff.**	**Standard-abw.**	**t**	**p**	**95%-Konfidenzintervall**	
lnFP1	0,5622	0,0075	74,75	0,000	0,5474	0,5769
lnFP2	0,2057	0,0117	17,53	0,000	0,1827	0,2287
lnFP3	-0,0123	0,0028	-4,38	0,000	-0,0179	-0,0068
lnFP4	0,0200	0,0014	14,54	0,000	0,0173	0,0226
lnEK	-0,1094	0,0058	-18,79	0,000	-0,1208	-0,0980
lnS	-3,1445	0,2386	-13,18	0,000	-3,6123	-2,6766
Konstante	1,1178	0,0484	23,09	0,000	1,0229	1,2127
H	0,7755	0,0117	66,16	0,000	0,7525	0,7985

Tabelle 65: Regression von Modell I

F(5, 4648) = 147,2				R² = 0,9960		
Prob > F = 0,000				Adj. R² = 0,9956		
Beobachtungen = 5170				Gruppen = 517		
abhängige Variable: lnZE						
Variable	**Koeff.**	**Standard-abw.**	**t**	**p**	**95%-Konfidenzintervall**	
lnFP1	0,2471	0,0172	14,35	0,000	0,2134	0,2809
lnFP2	0,0438	0,0284	1,54	0,123	-0,0119	0,0994
lnFP3	0,0055	0,0057	0,96	0,339	-0,0057	0,0167
lnEK	0,2747	0,0153	17,92	0,000	0,2446	0,3048
lnB	-0,0032	0,0180	-0,18	0,858	-0,0385	0,0320
Konstante	8,7705	0,1142	76,78	0,000	8,5466	8,9944
H	0,2964	0,0390	7,59	0,000	0,2198	0,3729

Tabelle 66: Regression von Modell IV

F(6, 4492) = 149,8				R² = 0,9963		
Prob > F = 0,000				Adj. R² = 0,9959		
Beobachtungen = 5015				Gruppen = 517		
abhängige Variable: lnZE						
Variable	**Koeff.**	**Standard-abw.**	**t**	**p**	**95%-Konfidenzintervall**	
lnFP1	0,2198	0,0164	13,42	0,000	0,1877	0,2519
lnFP2	0,0353	0,0263	1,34	0,180	-0,0163	0,0869
lnFP3	0,0110	0,0055	2,01	0,045	0,0003	0,0218
lnFP4	0,0154	0,0018	8,54	0,000	0,0118	0,0189
lnEK	0,2825	0,0155	18,25	0,000	0,2521	0,3128
lnS	-5,3872	0,4038	-13,34	0,000	-6,1787	-4,5956
Konstante	8,6486	0,0958	90,24	0,000	8,4607	8,8365
H	0,2815	0,0352	8,00	0,000	0,2125	0,3505

GPSR Compliance

The European Union's (EU) General Product Safety Regulation (GPSR) is a set of rules that requires consumer products to be safe and our obligations to ensure this.

If you have any concerns about our products, you can contact us on ProductSafety@springernature.com

In case Publisher is established outside the EU, the EU authorized representative is:

Springer Nature Customer Service Center GmbH
Europaplatz 3
69115 Heidelberg, Germany

FSC
www.fsc.org
MIX
Papier | Fördert gute Waldnutzung
FSC® C083411

Kolibri 360 GmbH
Ferdinand-Jühlke-Straße 7
99095 Erfurt, Deutschland
produktsicherheit@kolibri360.de